KB202680

성령과 아름다움

# 성령과 아름다움

패트릭 세리 지음
손호현 옮김

## Spirit and Beauty

동연

## 지은이 머리말

　최근 들어 성령에 대한 관심이 신학자들 사이에서뿐 아니라 교회에서도 새롭게 고조되고 있다. 하지만 이러한 관심이 미학의 영역으로 확장되는 경우는 거의 없는 실정이다. 이에 비해 우리는 신학의 역사를 거슬러 올라가 보면 초대 교부들 가운데 몇몇이 성령을 '자연의 아름다움'이나 '예술적 기교'와 관련시키는 것을 발견할 수 있다. 그들은 창조에 관한 성서 본문들이나 출애굽기에 나오는 장인 브살렐의 경우처럼 하나님의 성령에 의해 영감을 받은 이야기를 가지고 이러한 자신들의 견해를 뒷받침한다[출 31:2 이하-역자]. 또한 우리는 같은 연관관계가 후대의 신학자들에 의해서도 제기되어지는 것을 종종 볼 수 있다. 즉 이 주제는 기독교 역사 저변에 깔려 흐르다가 광범위하게 다른 시대와 다른 장소에서 주기적으로 다시 지면으로 솟아나는 지하수와도 같다(타종교들에서 발견되는 비슷한 신앙은 말할 것도 없을 것이다). 나아가 우리는 이것을 에큐메니칼적인 주제라고 볼 수 있는데 이레니우스(Irenaeus), 알렉산드리아의 클레멘트(Clement of Alexandria), 칼빈(Calvin), 조나단 에드워즈(Jonathan Edwards), 세르기우스 불가코프(Sergius Bulgakov), 한스 우어스 폰 발타자(Hans Urs von Balthasar) 등과 같은 다양한 교파적 혹은 지적인 배경을 지닌 자들에 의해 다루어졌기 때문이다. 물론 이 주제가 신학자들에 의해서만 독점된 것은 아니다. 많은 평범한 사람들이 뛰어난 예술작품들을 하나님의 영감을 받은 것으로 그리고 자연의 아름다움을 하나님의 영광을 드러내는 것으로 여겨왔기 때문이다.

이 책은 성령의 역할을 집중적으로 연구하는 신학적 미학 개론서이다. 여기서 우리는 성령과 아름다움 사이의 관계뿐 아니라, 하나님의 영광이나 영감의 본질과 같은 보다 광범위한 주제들도 다루게 될 것이다. 이러한 과정 속에서 우리는 현재 기독교에서 활발하게 관심이 제기되고 있는 두 영역을 다리 놓으려고 시도하게 될 것이다. '성령의 신학'과 '신학적 미학'.

이 연구의 대부분은 빼어난 아름다움을 자랑하는 두 곳에서 이루어졌다(한 곳은 도시적이고 다른 한 곳은 전원적이다). 본인을 미네소타의 컬리지빌에 있는 Institute for Ecumenical and Cultural Research에 연구교수로 초대해준 Patrick Henry에게 감사드리고 싶다. 또한 에딘버러대학의 인문학부에 있는 Institute for Advanced Studies에 연구교수로 초대해준 Peter Jones 교수께도 사의를 표하고 싶다. 이 두 곳에서 그들과 또한 다른 동료들과 나눈 대화가 많은 도움이 되었기 때문이다. 마지막으로 본인은 랭커스터에 있는 동료들의 도움과 격려에 대해 그리고 Joan Chesters 부인의 꼼꼼한 타자 솜씨에 감사를 드리고 싶다.

## 개정판 머리말

　개정판의 수정은 초판 텍스트에 대한 간략한 추가적 설명이나 부연에 국한된다. 그 대부분이 서평자들에 대한 응답이나 참고문헌을 갱신한 것이다. 또한 "후기"를 새롭게 추가하였는데, 여기서는 초판이 출판된 후 일어난 관련된 신학적 논의를 다루고 있다. 본인은 이 책을 개정하여 다시 출판하도록 권고해준 Alex Wright에게 사의를 표하고 싶다.

## 옮긴이의 글

아름다움이 없는 세계는 얼마나 초라할까? 『창세기』는 하나님이 태초에 만물을 창조하셨고, 마치 거울처럼 우주가 하나님의 아름다움을 반영하고 있기에 매우 아름답다고 전하고 있다. 그래서 아우구스티누스는 자연이 아름다운 이유는 먼저 하나님이 아름다우시기 때문이라고 한다. 또한 철학자 플라톤은 네 가지 거룩한 광기 곧 예언자의 영감, 신비가의 영감, 시인의 영감 그리고 연인의 광기를 언급하면서 특히 세 번째 예술적 영감과 관련하여 뮤즈의 도움 없이 오로지 인간의 문장력과 기술로만 "시의 문지방"을 넘으려는 이는 결코 성공적인 시인이 될 수 없다고 한다(*Phaedrus*, 245a). 성서는 장인이자 예술가인 브살렐과 오홀리압이 이러한 "하나님의 영"이 주는 영감으로 가득하였다고 한다(출 31:1-11). 영국의 시인이자 화가인 윌리엄 블레이크(William Blake)는 예술을 모르는 자는 진정한 의미에서 기독교인이 아니라고 한다. "시인, 화가, 음악가, 건축가 – 이들 가운데 그 어느 것에도 속하지 않는 자는 기독교인이 아니다."[1]

하지만 자연의 아름다움과 예술의 아름다움에 대한 신학자들의 글은 그리 흔치 않을 뿐 아니라, 하나님의 아름다움에 관한 설교는 거의 들어본 기억이 없는 것이 현대인이 처한 현실이다. 패트릭 셰

---

1 W. 블레이크/김종철 옮김, 『천국과 지옥의 결혼』(서울: 민음사, 1996), 95.

리의 이 저작은 그렇게 간과되어왔던 신학적 미학, 특히 '성령의 신학적 미학'을 확립하려는 시도이다. 자연의 아름다움과 예술의 영감이 아름다움의 영이신 성령 하나님의 활동 결과라고 셰리는 일관되게 이 글에서 주장한다.

한국의 독자들에게 『성령과 아름다움』을 소개함에 있어서 역자는 특별한 바람을 가지고 있다. 역사적으로 볼 때 조선 최초의 기독교인들은 신앙의 예배를 드림에 있어서 성서의 내용을 단지 독서만 한 것이 아니라 그것을 거문고 연주에 맞추어 찬송하였다. "천지창조 때부터의 역사를 끊임없이 기록하여 구약성서와 신약성서에 명백하게 실어 놓았기 때문에 오늘날까지도 집집마다 이 성경을 암송하고 거문고로 노래하고 있습니다."[2] 또한 풍류신학의 개척자 소금 유동식 선생은 한 멋진 삶이라는 한국인의 예술적 영성에 기초한 한국신학을 정초하고자 노력하였다. 21세기라는 새로운 시대에 한국신학의 미래와 방향에 대해 고민하는 독자들에게도 아름다움의 길을 성령과 동행하며 걸어보시길 권하고 싶다. 그러한 여행을 위해 셰리의 저작은 기독교 전통에 대한 탄탄한 분석을 길잡이로 제공한다. 각 장의 주제를 아래에서 소개함으로 독자 스스로 그러한 창조적 사유의 여행을 나서도록 소망한다.

1장 "성령과 미학"은 신학적 미학(theological aesthetics)의 역사에 대한 연구를 제공한다. 구약성서로부터 초대와 중세의 신학자들(이레니우스, 클레멘트, 아우구스티누스, 토마스 아퀴나스) 그리고 조나단 에드워즈, 칼 바르트, 한스 우어스 폰 발타자 같은 보다 최근의 인물

---

2 정하상/윤민구 옮김, 『상재상서』 (서울: 성요셉출판사, 1999), 18.

로 이어지는 이러한 전통에 대한 간략한 역사적 고찰을 한 후, 현대 신학이 성령과 아름다움에 대해 "짓지 않는 개"가 된 이유 곧 침묵하게 된 이유를 셰리는 한편으로 신학의 미학주의 혹은 엘리트주의에 대한 염려와 다른 한편으로 예술이 종교를 대체하려는 유혹에 대한 경계심에서 찾는다.

2장 "아름다움의 유형들"은 그리스 철학과 기독교 종교에서 어떻게 '물리적 아름다움'이 한편으로 '도덕적이고 영적이고 지성적인 아름다움'으로, 다른 한편으로 '초세계적인 아름다움'으로 다양하게 확장되어 왔는가를 분석한다. 세계는 아름다움의 사다리이며, 세계 너머 절대적 아름다움 자체를 유비적(analogical)으로, 그렇기에 초월적으로(transcendental) 드러내고 있는 것이다.

3장은 "하나님의 아름다움"이 현대신학에서 가장 간과되어진 하나님의 존재론적 속성 중 하나라는 사실을 주목한다. 칼 바르트와 폰 발타자는 영광을 의미하는 구약의 '카보드'(*kabod*)와 신약의 '독사'(*doxa*)가 하나님의 아름다움을 위한 정당한 텍스트적 근거를 제공한다고 주장했다. 셰리는 나아가 추가적으로 우리의 삶이 지니는 경험과 예배의 컨텍스트 그리고 논쟁의 컨텍스트 때문에도 하나님의 아름다움을 경험하고 논해야 한다고 제안한다.

4장 "삼위일체와 성령"은 기독교의 신학이 단지 유일신론이 아닌 삼위일체론에 기초하는 것처럼, 신학적 미학도 동일하게 삼위일체론적이어야 한다는 점을 상기시킨다. 보다 구체적으로 아름다움이라는 개념을 삼위일체 중 특히 성령에 관련시키는 정당한 이유가 무엇인지 셰리는 여기서 질문한다. 그리고 동방교회와 서방교회의 삼위일체론에 대한 자신의 매우 응축적인 분석에 기초하여, 성화와 미화(sanctifying *as* beautifying)의 거룩한 영이 단지 교회, 특별한 종교적 체험, 영적 생활 등의 차원에만 제한되어서는 안 되며, 자연 전체를 아름답게 하고 인간의 마음을 예술적 영감으로 움직이는 역할 곧 세계와 삼위일체의 "접촉점"(point of contact) 역할을 한다고 셰리는 제안한다.

5장 "영감과 상상력"은 우리가 일상의 삶과 대화에서 사용하는 "영감"(inspiration)의 현상학에서 출발해서 성령이라는 신학적 대상을 향해 나아간다. 예술가, 과학자, 작가, 음악가, 종교가 등등이 영감을 받았다고 할 때 우리는 무엇을 의미하는가? 몇몇 세속 작가들의 이른바 '창조성의 심리학'이 제안하듯, 세속적인 모델은 인간 마음의 어떤 우연적 창조성이 영감이 뜻하는 것이라고 본다. 반면 종교적 모델은 하나님의 창조성이라는 일차적 원인이 인간이라는 이차원 혹은 도구적 원인을 통해 표현되어진 결과가 영감이라는 보는 '창조의 교리'를 주장한다. 셰리는 두 접근법 모두 나름의 장점을 지니는 동시에 예술 혹은 성서라는 영역만을 배타적으로 선택하는 제한성을 지닌다고 평가하며, 보다 폭넓은 접근법이 필요하다고 제안한다.

6장 "신성한 아름다움의 거울들"은 하나님과 세계의 관계를 거울, 닮은꼴, 그림자 등으로 묘사한 기독교 플라톤주의 전통에 대한 비판적 반론을 제공한다. 하나님의 아름다움을 세계의 아름다움으로 반영하고 영감을 주는 것이 성령의 역할이라고 한다면, 이러한 반영 혹은 재현의 본질은 무엇인가? 기존의 전통 대부분은 이러한 관계를 일종의 부분의 전체에 대한 참여라고 본다. 예를 들어 아름다운 장미라는 개별자는 아름다움 자체라는 보편자에 참여하기 때문에 아름답다는 것이다. 이러한 "보편자 이론"(theory of universals) 대신에, 셸리 자신은 서로 다른 범주의 사물들이 그럼에도 동시에 비교될 수 있다는 "범주-교차적인 비교"(cross-categorial comparison)를 주장한다. 마치 '색깔 있는 음악'이나 '달콤한 성격' 등의 경우와 같이, 하나님의 아름다움과 세계의 아름다움은 이러한 범주-교차적인 비교의 성격을 가진다는 것이다.

7장 "사물들의 궁극적 변모를 예견하며"는 미학적 종말론이다. 코스모스의 아름다움은 어떻게 종말론적으로 완성될까? 우리 인간뿐 아니라 우주 전체가 어떤 미학적 완성을 가질까? 셰리는 그리스도론이 인간의 종말론적 완성을 예견한다면, 성령론이 우주의 그것을 동일하게 예견한다고 본다. 예수 그리스도의 변모(transformation)와 부활(resurrection)이 인간의 궁극적 완성에 대한 종말론적 약속이라면, 성령의 성화(sanctifications)와 미화(beautification)는 지금 세계 내에 존재하는 자연의 물리적 아름다움과 인간의 예술적 아름다움을 종말론적으로 완성시키는 두 방법일 수도 있다고 그는 본다. 이러한 통찰은 오늘날 우리가 생태신학이라고 부르는 것을 일종의 생태신학적 미학으로 보다 풍부하게 발전시킬 수 있는 가능성도 제공한다.

8장 "결론"은 신학이 본질적으로 기쁨이라는 것, 곧 이러한 코스모스의 미화자(Beautifier) 성령에 대한 개방성을 지니고 그의 거룩하고 아름다운 활동을 우리가 보고 기뻐하고 또한 감사를 돌리는 것이 중요하다는 통찰로 마감한다.

2002년 추가된 "개정판의 후기"는 초판이 출판된 후 십여 년의 기간 동안 리차드 빌라데서의 『신학적 미학: 상상력, 아름다움, 그리고 예술 속의 하나님』과 리차드 헤리스의 『예술과 하나님의 아름다움』 등 중요한 저작들이 등장하였음에도 불구하고 여전히 전체적으로 볼 때 클라우델이 굶주린 상상력의 비극이라 부른 현상이 신학계를 지배하고 있다고 진단한다. 그렇기에 자연의 아름다움과 예술의 아름다움을 주목하는 성령의 신학적 미학으로 이 저작이 여전히 유효하고 필요하다는 관찰로 셰리는 마치고 있다.

끝으로 상업적 가치가 신학저서를 포함해 모든 출판 과정을 압박하고 있는 현실에서 묵묵히 시대를 가늠하며 무게 있는 이론서들을 출판하며 또한 본 역서도 빛을 보게 허락하여 준 도서출판 동연 김영호 대표님께 애정의 사의를 표하는 바이다.

2019년 7월

손호현

# 차례

# 제 1 장
# 서론: 성령과 미학

1956년에 신학자 칼 바르트(Karl Barth)는 모차르트의 서거 200주년을 기념하는 소책자를 쓴 적이 있다. 그는 수년 동안 모차르트의 음악을 듣는 것으로 하루를 시작했고, 오직 그런 이후에(신문을 읽은 후라는 건 말할 것도 없을 것이다) 자신의 『교회교의학』에 관심을 가졌다고 고백했다. 그가 만약 천국에 간다면 모차르트를 우선 찾아 만나본 다음에야 아우구스티누스, 토마스 아퀴나스, 루터, 칼빈 그리고 쉴라이에르마허에 대해 수소문할 것이라고도 했다. 바르트는 단지 자신이 가장 좋아하는 작곡자에 대한 존경을 표현하고 있는 것만이 아니다. 왜냐하면 그는 모차르트의 음악에 숨어있는 "천국의 비유들"에 대해 말한 적이 있었고, "우리 주님이 모차르트와 어떤 특별하고 직접적인 관계를 가지셨다고 우리는 추정해야만 할 것이다"라고 생각했기 때문이다.[1] 여기서 바르트는 자신이 몇

---

1 Karl Barth, *Wolfgang Amadeus Mozart*, trans. Clarence K. Pott (Grand Rapids, 1986), 57, 26.

년 전에 『교회교의학』 3권에서 다루었던 몇몇 질문들을 다시 제기하고 있다. 그 책에서 바르트는 모차르트가 어떻게 교부도 아니고 특별히 경건한 기독교인도 아니었으면서 신학에서, 특히 창조론과 종말론에서 중요한 위치를 가질 수 있는지 질문했었다. 그는 자신의 질문에 다음과 같이 대답한다:

> 왜냐하면 그는 '창조 그 전체의 선함'에 대해서 교회의 교부들이나… 그의 이전과 이후의 위대한 음악가들이 몰랐던 어떤 것을 알고 있었기 때문이다. 그들은 모차르트처럼 그 선함을 표현하고 그 가치를 보여주지는 못했다. … 그는 우리가 오직 시간의 끝에 가서야 볼 수 있는 것을 보았고, 지금도 들을 귀 있는 자들에게는 이것을 듣도록 도왔다: '하나님의 섭리의 총체적 일관성.'

바르트는 모차르트를 하나님의 도구라고 말한다. "모차르트는 호른, 관악기 혹은 현악기가 창조의 목소리로 기능할 수 있도록 자신을 그러한 기회로서 제공하였다."[2]

바르트의 찬사는 본인이 이 책에서 탐험하고자 하는 영역을 보여준다. 하나님이 모차르트와 직접적 관계를 가졌고 모차르트는 자신을 그러한 기회로 제공하였다는 바르트의 견해는 초기 교부들과 또한 구약성서로까지 거슬러 올라간다. 여기서 우리가 다루고자 하는 핵심주제는 하나님이 자신의 신 혹은 영(Spirit)을 통해서 장차

---

2 Karl Barth, *Church Dogmatics* (이후로는 *CD*), iii, pt. 3, trans. G. W. Bromiley and R. J. Ehrlich, (Edinburgh, 1960), 298.

다가올 세계를 예견하는 아름다움(beauty)을 창조하신다는 생각이다. 흥미롭게도 바르트는 이러한 맥락에서 직접적으로는 성령에 대해 말하고 있지는 않다. 하지만 바르트가 생략하고 있는 것을 셰퍼(Peter Chaffer)는 자신의 극작품 『아마데우스』에서 표현하고 있다. 여기서 모차르트의 라이벌이었던 살리에리는 하나님의 영이 모차르트를 통해서 활동하고 있는 것을 인식하며, 질투심으로 인해 모차르트의 활동을 저지함으로써 하나님의 작품을 방해하고자 한다.[3]

　　이러한 생각을 보다 완전히 발전시키면 우리는 다음과 같은 이 책의 중심 주장들을 만나게 된다. 하나님의 영은 자연의 아름다움의 경우 창조(Creation)를 통해서 그리고 예술적 아름다움의 경우 영감(inspiration)을 통해서 하나님의 아름다움을 세계에 의사소통한다; 따라서 지상적 아름다움은 하나님의 신성한 영광의 반영이고, 성령이 창조를 완성하는 한 방식이다; 아름다움은 종말론적 중요성을 가지며, 하나님의 나라의 충만함 즉 회복되고 변화된 세상을 예견한다. 따라서 우리는 자연적 그리고 예술적 아름다움 둘 다를 성찰해야만 하는 것이다. 창조와 영감은 하나님이 자신의 영광을 계시하는 두 형태들이다(물론 이러한 아름다움 둘 다가 창조로 이해될 수도 있을 것이다; 하지만 후자인 영감의 경우에 하나님은 인간의 마음을 통해서 활동하신다). 이것은 단지 하나님이 영을 통해서 아름다움의 원인(the cause of beauty)이 된다고 말하는 것만은 아니다. 왜냐하면 여기서 우리는 하나님 자신

---

3 이 주제에 대한 바르트와 셰퍼의 다른 해석의 비교로는 본인의 "Mozart, Amadeus and Barth," *New Blackfriars*, 67 (1986), 233-40을 참조하라.

이 아름답고(Himself beautiful), 나아가 아름다움 자체(beauty itself)라고 주장하기 때문이다. 지상적 아름다움은 하나님의 본질에 참여하거나, 혹은 최소한 그 본질을 어떤 식으로든 반영한다.

만약 자연과 예술의 아름다움이 하나님의 영광을 진정 반영한다면, 그것들은 하나님에 대해 무엇인가를 우리에게 '보여준다.' 하지만 이것이 소위 자연신학(natural theology)이라고 불리는 것처럼 우리가 아름다운 것들을 통해서 하나님의 존재와 본성을 추론하려 한다는 것을 의미하지는 않는다. 사실 많은 철학자들과 신학자들이 아름다움을 그러한 주장의 근거로서 사용하였고, 하나님의 존재가 아름다움에 대한 최상의 설명이라고 주장하였다. 예를 들어 15세기의 신플라톤주의자 피치노(Marsilio Ficino)는 "세계는 그 유용성, 조화 그리고 장식성을 통해서 성스러운 예술가의 기술을 증언하고 있으며, 하나님이 그 조물주라는 것을 증거한다"라고 말한 바 있다.[4] 보다 최근에는 테넌트(F. R. Tennant)가 자신의 『철학적 신학』이라는 저작에서 세계의 설계(design) 혹은 계획에 의한 하나님 존재 증명의 일부분으로 세계의 아름다움을 포함시키고 있다.[5] 하지만 이러한 논의들이 여기서의 우리의 주된 관심사는 아닌데, 왜냐하면 우리는 세계 내에서의 성령의 임재와 활동을 주목한 사상가들의 주장에 집중하고자 하기 때문이다. 이러한 논의들의 신빙성을 부

---

4 Wladyslaw Tatarkiewicz, *History of Aesthetics*, iii (The Hague, 1974), 102에 인용되고 있다.
5 F. R. Tennant, *Philosophical Theology*, ii (Cambridge, 1930), 89-93. 또한 Mark Wynn, *God and Goodness: A Natural Theological Perspective* (London, 1999), 특히 16-35를 참조하라. 아퀴나스의 네 번째 신존재 증명은 세계-내-완성의-정도(degrees of perfection in the world)에 기초한 논의의 한 예로서 아름다움에 대한 호소를 포함할 수도 있을 것이다 (*Summa Theologiae*, 1a. ii. 3).

정하고자 의도하지는 않지만, 본인은 크로슨(Frederic Crosson)의 "추론된 신은 부재하는 신이다"라는 주장에서처럼, 자연신학의 주장들이 철학적 관점에서 아무리 타당성을 가지더라도 동시에 종교적 성찰의 측면을 외면할 수는 없다고 생각한다.[6]

하나님의 임재나 성령의 활동을 분간하고자 하는 시도는 '아름다움' 이외의 다른 특질들과도 종종 연관이 되었다. 그중에서 가장 두드러진 예가 '성스러움'일 것이다(우리가 앞으로 살펴보게 될 것처럼, 몇몇 신학자들은 성스러움을 아름다움의 한 종류로 생각했다). 톨스토이는 암브로시 장로에 대해서 말하며, "우리는 그런 사람과 이야기할 때면 하나님과 가까이 있는 것을 느낀다"라고 했다.[7] 여기서 톨스토이는 추론을 하고 있는 것이 아니라, 암브로시 장로 속에서 하나님의 임재를 발견하는 자신의 느낌을 표현하고 있는 것이다. 성자를 만나는 경험과 위대한 아름다움을 주목하는 경험은 둘 다 어떤 의미에서는 성례전적이라고 묘사될 수도 있을 것이다. 많은 이들에게 있어 이러한 경험은 하나님의 현존과 활동의 표시, 영적인 것의 감각적 계시 그리고 경이와 경외의 기회가 된다는 의미에서 성례전적이다. 사람들은 아름다움과 성스러움 둘 다에 있어 종종 영감이라는 생각을 떠올리게 되는 것이다. 물론 이 둘 사이에는 중요한 차이들도 존재한다. 성자같다는 의미에서의 성스러움은 이

---

6 C. F. Delaney (ed.), *Religion and Rationality* (London and Notre Dame, 1979), 54 참조. Andrew Louth의 *Discerning the Mystery* (Oxford, 1983)에서의 논의는 여기서 많은 연관점을 가진다.

7 K. Leech, *Soul Friend* (London, 1977), 48에 인용되고 있다. 또한 도스토예프스키의 『카라마조프의 형제들』에 나오는 조시마 신부가 그에 근거해서 창조된 것이라고 주장된다.

성적 존재인 인간의 완성을 의미하는 반면, 아름다움은 영혼 없는 자연이나 예술작품에 의해서도 드러날 수 있고 여기서 예술가는 창조의 매개체로서 봉사하게 되는 것이다.

　본인이 위에서 개괄적으로 제시한 견해는 인간 실존의 두 가지 중요한 영역들 즉 '종교'와 '미학'을 함께 고려한다는 측면에서 매우 흥미로운 접근법이다. 이 둘은 우리 삶을 근원적으로 깊숙이 움직이는 어떤 것과 관계되기 때문이다(혹은 그렇게 관계되어야 하기 때문이다). 플라톤 이래로 철학자들은 비록 예술적 창조들에 대한 희미하고 분명치 않은 견해라고 할지라도 아름다움의 힘에 주목하여 왔다. 바로 이러한 힘과 그것이 일깨우는 경이감은 철학자들이 왜 아름다움을 진리나 선과 같은 가장 중요한 주제들과 함께 취급하였고, 비록 인간 창조성의 영역에 똑같이 속하지만 유머와 같이 보다 사소한 것들과 관련시키기를 꺼렸는지를 설명해준다. 종교인들도 또한 자연의 아름다움을 소중히 여겼고, 예술이 도덕적 혹은 종교적 측면을 가지며 종교적 비전을 담는 그릇으로 역할을 할 수 있다는 것을 인식하였다. 이러한 문제를 구체적으로 성령의 신학(the theology of the Holy Spirit)에 연결시킴으로써, 본인은 가톨릭과 개신교 둘 다를 막론하고 최소한 서방 교회들에서는 수 세기 동안 상대적으로 간과되었다가 최근에 들어서야 주목되어지기 시작한 신학의 한 분야를 보다 풍요롭게 만들고자 의도하는 것이다.

　또한 이러한 주제는 신학자들의 논의에 있어서 그 시기와 배경이 다양하다는 점에서도 매우 흥미롭다. 초기 알렉산드리아, 18세기의 뉴잉글랜드, 20세기 러시아 정교회 등을 포함한다는 의미에서 이 주제는 실로 에큐메니칼적이다. 이러한 초교파적이고 보편적인 문제의 특성을 보다 분명하게 드러내기 위해서 그 논의의 역사를 간략하게 살펴보도록 하자.


## 간략한 역사적 고찰

본인이 아는 한에 있어 이 주제를 다룬 최초의 기독교 신학자는 이레니우스(St. Irenaeus)였다. 2세기 후반에 쓰인 그의 『이단들에 반대하여』(*Against the Heresies*)의 네 번째 책에서, 그는 하나님의 말씀이 성자이고 하나님의 지혜가 성령이라고 밝히면서 이 둘은 창조 전에 성부와 함께하셨는데 하나님은 만물을 말씀으로 창조하시고 지혜로서 장식하셨다고 주장한다(iv. 20. 1-3). 이레니우스는 당시 이같은 견해를 영지주의자들에 대한 비판으로서 주장한 것이다. 그들에 반대하며 이레니우스는 물질의 선함을 주장하였고, 하나님의 "두 손"인 성자와 성령을 통해 세계를 창조하시고 자기 자신을 계시하시는 하나님의 인식가능성을 옹호하였다. 그의 또 다른 저작 『사도적 가르침의 증명』(*Demonstration of the Apostolic Preaching*)에서 이레니우스는 시편 33:6을 인용한다. "여호와의 말씀으로 하늘이 지음이 되었으며 만상(萬象)이 그 입기운으로 이루었도다." 즉 말씀이 존재의 실재를 설정하였고, 성령이 여기에 질서와 형태를 부여하였다는 것이다(5장 참고; 여기서 그는 단어들의 유사성에 주목하는데, 히브리어와 헬라어 둘 다에 있어서 동일한 단어가 "입기운"과 "성령"을 의미한다). 또한 그는 두 장 뒤인 7장에서 구원의 질서에 있어 세 위체들의 관계에 대한 중요한 원칙을 제시하는데 이것이 이후의 삼위일체에 대한 논의들에서 종종 반복되었다. 성령이 없이는 성자를 보는 것이 불가능하고, 성자가 없이는 아무도 성부에게 접근할 수 없다.[8]

이레니우스의 간략한 진술은 두 세기 이후에 카파도키아 교부들 중의 한 명인 나치안추스의 그레고리(Gregory of Nazianzus)에 의해 보다 체계적인 이론으로 확장되었다. 그는 삼위일체의 세 위체들을 각각 원인자(the Cause), 제작자(the Maker), 완성자(the Perfecter)로 묘사하였다.[9] 그의 주장은 20세기에 들어 신학자들 가운데에서, 특히 러시아 정교회 안에서 종종 반향을 일으켰다. 예를 들어 불가코프(Sergius Bulgakov)는 "하나님은 영화로우시며, 그분의 영광은 아름다움 그 자체이다"라고 쓰고 있다. 나아가 그는 성부가 성자를 통해 세계에 존재를 부여하였고, 성령을 통해서 세계를 완성시킨다고 말한다. 시간의 끝에 천상적 예루살렘이 도래할 것이고, "전 세계 바다들과 땅들이 성령에 의해 변화되어 그 자신들의 아름다움을 드러내게 될 것이다."[10] 또 다른 러시아 작가 플로렌스키(Pavel Florensky)

---

8 *Demonstration*, ch. 7. 같은 주장이 *Against the Heresies* (이후로는 *Adv. Haer.*), v. 36. 2에서도 이루어진다.

9 *Oration*, xxxiv. 8 (Migne, *Patrologia Graeca* [이후로는 *PG*] 36: 249a); 여기서 사용된 세 용어들은 각각 *aitios, demiurge* 그리고 *telepoios*이다. Or. xxxviii. 9 (*PG* 36: 320c) 참조. 그의 동료였던 니사의 그레고리(Gregory of Nyssa)에 따르면, 모든 선한 것이 성부의 뜻에 의해서 성령의 능력 속에서 독생자 하나님을 통해서 완성에 다다르게 된다. 그의 *On Not Three Gods* (*PG* 45: 129ab)를 보라; 또한 St Basil, *On the Holy Spirit*, xvi. 38 (*PG* 32: 136b)을 참조하라. '완성자'로서의 성령에 대한 보다 자세한 설명으로는 Yves Congar, *I Believe in the Holy Spirit*, trans. David Smith (3 vols.: London, 1983), iii. 153, n. 28을 보라.

는 말씀의 사역과 성령의 사역을 조금 다르게 구분한다. 그는 과학의 영역에 속하는 합법칙성, 선한 질서 그리고 '우주'는 말씀에 뿌리내리고 있는 반면에 영감, 창조성, 자유, 금욕 그리고 아름다움과 같은 과학적 연구 너머의 일들은 성령에 기인한다고 주장한다. 왜냐하면 여기서는 합법칙성(lawfulness) 대신에 중단성(interruptedness)이 주요하게 드러나기 때문이다.11

이레니우스는 자연의 아름다움을 생각하였다. 하지만 또 다른 초기 기독교 신학자인 알렉산드리아의 클레멘트(Clement of Alexandria)는 성령과 예술적 아름다움 사이의 관계를 주목하였다. 그는 하나님의 영이 어떻게 장인 브살렐에게 강림하여서 브살렐이 모든 종류의 공예에 관한 지혜, 이해, 지식 그리고 기교를 가지게 되었는지 설명하는 구약성서 출애굽기 31:2-5를 인용한다. 클레멘트에 따르면 이 본문은 "예술적 혹은 기교적 고안은 하나님으로부터 기인한다"는 것을 보여준다.12 앞으로 우리가 보게 되겠지만 이 본문은 또한 많은 후대의 저자들에 의해서도 인용된다. 그것은 사람이 하나님의 영으로 채워지는 것을 묘사하는, 특히 브살렐의 예술적 재

---

10 Sergius Bulgakov, "Religion and Art," in E. L. Mascall (ed.), *The Church of God: An Anglo-Russian Symposium* (London, 1934), 175-6. 또한 그의 *Le Paraclet* (Paris, 1946), 특히 세계의 아름다움을 성령의 영향으로 묘사하고 있는 4장을 참조하라. Charles Lee Graves, *The Holy Spirit in the Theology of Sergius Bulgakov* (Geneva, 1972), ch. 2도 보라.

11 Pavel A. Florensky, "On the Holy Spirit," in Alexander Schmemann (ed.), *Ultimate Questions: An Anthology of Modern Russian Religious Thought* (New York, 1965), 137-72, 특히 155 페이지를 참조하라. 이것은 플로렌스키의 *Pillar and Ground of Truth*를 발췌한 것이다. 또한 V. Ivanov, "The Aesthetic Views of Fr. Pavel Florensky," *Journal of the Moscow Patriarchate* 1982, no. 9, 75-8도 보라.

12 *Stromateis* (Miscellanies) i. 4.

능을 성령에 의해 주어진 지혜와 관련시키는 최초의 성서 텍스트이기 때문이다.[13] 비록 클레멘트는 다양한 교양을 갖추었고 그리스 철학을 이방인 세계에서 그리스도를 위한 준비로서 유익하다고 보았지만, 그 자신은 이 주제를 더 깊게 추구하지는 않았다. 오히려 그는 같은 저작의 뒷부분에서 예술가들이 창조의 신성한 특권을 주장하는 것에 대해 경고하기도 한다(*Strom.* vi. 16). 하지만 클레멘트는 이후의 모든 논의에 중요한 영향을 끼친 두 가지 주장을 하였다. 하나님은(혹은 그리스도는) 진정한 아름다움이라는 것과 지상에서 가장 뛰어난 종류의 아름다움은 영적 아름다움이라는 것이다. 클레멘트는 그리스도에 대해 요한복음 1:9를 인용하며 다음과 같이 말한다. "진정한 아름다움을 사모하는 자들은 우리 주님의 아름다우심을 사모했다. 왜냐하면 그는 '참빛'이셨기 때문이다"(*Strom.* ii. 5). 따라서 말씀이 내적으로 거주하는 사람은 하나님을 닮게 변화되고 또한 아름다워진다. "이것이 진정한 아름다움인데, 왜냐하면 그것이 하나님이기 때문이다."[14] 그러한 아름다움은 "영적 아름다움"(spiritual beauty)이라 이름이 붙여졌는데 성령의 활동을 통해 발생하기

---

13 탈무드는 브살렐의 지혜, 이해력, 지식에 병행하여 잠언 3:19-20을 인용하며 주님의 땅을 기초 짓는 지혜, 하늘을 기초 짓는 이해력 그리고 깊이를 꿰뚫고 내려가는 지식을 유비적으로 제시한다(*Berakoth 55a, in The Babylonian Talmud*, i, ed. I. Epstein [London, 1948], 336). Joseph Gutmann은 P문서 기자들이 황금 등잔대(출. 37:17ff.)와 같은 성전의 기물들은 이미 사막에서 유랑하던 시절의 장막에서도 발견된다고 주장함으로써, 성전의 예술적 기물들의 정당화를 위해 브살렐 전승을 이용하고 전용하였다고 주장한다. 거트만은 출애굽기에 언급되는 값비싼 물품들은 반(半)-유목적 생활 양태와 잘 맞지 않았을 것이라고 생각한다. 그의 *Beauty in Holiness: Studies in Jewish Customs and Ceremonial Ar* (New York, 1970), 4-5를 참조하라.

14 *Paedagogus* (Instructor), iii. 1.

때문이다. "최상의 아름다움은 영적(spiritual, *psychikon*) 아름다움으로서… 영혼이 성령에 의해 장식되어지고 성령의 광채인 의로움, 이성, 용기, 절제, 선을 사랑함, 겸손 등에 의해 영감이 주어질 때 이러한 아름다움이 발생한다. 이것은 그 어떤 보기 좋은 색깔과도 견줄 수 없는 것이다"(*Paed.* iii. 11). 그의 브살렐에 대한 진술이 보여 주듯 클레멘트는 자연이나 예술의 아름다움을 부정하지는 않으나, 그것들을 영속적이지는 않은 것으로 보았다. 『향연』에서의 플라톤처럼 그도 지상적 아름다움을 아름다움 자체로 올라가는 사다리의 가장 밑부분으로 여겼다. 순결하게 아름다움을 바라보는 자들은 몸의 아름다움을 통해서 그것의 예술가와 진정한 아름다움에 자신들을 나아가게 만들며, 몸의 아름다움을 단지 하나의 이미지로 여긴다고 클레멘트는 말한다[15](반면 타락한 천사들은 퇴색하는 아름다움을 위해 하나님의 아름다움을 버렸다[16]).

클레멘트의 아름다움의 '영성화'(spiritualization)는 몇몇 다른 초기 기독교 교부들에 의해서 계승되었다. 예를 들어 바실(St. Basil 혹은 Basilius)도 하나님을 예술가에 비유하며 그의 작업장인 세계가 하나님의 경이로운 작품들을 보여준다고 주장한다. 그는 또한 성령에게 창조의 역할을 돌린다.[17] 하지만 그의 『성령에 관하여』에서 바실은 신성한 아름다움과 또한 우리의 영적 아름다움에 보다 관심을 가진다. 그에 따르면 악의 수치로부터 정화되고 그들의 본래적

---

15 *Strom.* iv. 12.

16 *Paed.* iii. 2 또한 Tatarkiewicz, *History of Aesthetics*, ii (The Hague, 1970), 18-20, 24-5를 보라.

17 *In Hexaemeron,* iv. 33 (*PG* 29: 80b); ii. 6 (*PG* 29: 41c-44b).

아름다움으로 돌아간 자들은 성령에 보다 가까이 나아갈 수 있다. 성령은 "태양과 같아서 그 자신 속에서 당신들의 정화된 눈에게만 보이지 않는 것의 이미지(image)를 보여줄 것이다. 그리고 그러한 이미지의 축복된 광경 속에서 당신들은 원형(archetype)의 표현 불가능한 아름다움을 보게 될 것이다"(ix. 23; 여기서 이미지와 원형은 각각 성자와 성부를 가리킨다). 바실은 내재하는 성령에 의해 조명되는 영혼을 햇빛에 의해 비추어지는 밝고 투명한 몸에 비유한다. 그것은 자신의 은총을 다른 이들에게 비추어준다. 마찬가지로 알렉산드리아의 시릴(Cyril of Alexandria)도 성령과 아름다움 사이의 구체적 연결점을 제시하지만, 그 또한 자신의 논의를 영적인 혹은 도덕적인 아름다움에만 제한시키고 있다. 예를 들어 마태복음에 대한 그의 주석서 끝 부분에서 시릴은 다음과 같이 주장한다. 하나님이 아담을 창조하실 때 하나님은 그에게 가장 완벽한 아름다움을 부여하였고 자신의 영의 공유자로 만드셨으나(창 2:7), 아담은 죄를 통해서 그것을 잃어버렸다. 하지만 하나님은 모든 만물이 그리스도 속에서 다시 태어나고 우리의 본성이 이전의 아름다움에로 회복되기를 원하셨다. 그래서 부활 후 그리스도가 "성령을 받으라"고 말씀하셨을 때(요 20:22) 그가 우리의 이전의 아름다움을 회복시키셨고 그로 인해 성령이 우리와 재결합하셨다.[18] 시릴은 또한 성령이 우리 속에 신성한 이미지를 새겨 넣어주며 마치 도장처럼 초월적 아름다움을 찍어줌으로써 우리를 신성한 본질에 동참하는 참여자로 만들어준

---

18 *In Mt.* xxiv. 51 (*PG* 72: 446c). 또한 *In Jn.* xiv. 20 (*PG* 74: 277b-d) 그리고 성령에 관한 논쟁들의 제목들(*PG* 75: 1144b-c)을 참조하라.

다고 한다.[19] 하지만 우리가 나중에 6장에서 살펴보게 될 것처럼, 시릴은 영혼과 육체에 대한 견해에 있어서 이원론자로서 하나님과 인간 존재 사이의 닮음을 단지 영혼에 제한시켰다.

우리는 이와 유사한 논의들을 초대의 교부 아우구스티누스(St. Augustine)에서도 찾아볼 수 있다. 그는 비록 성령의 역할이라는 우리의 구체적 관심사에는 크게 공헌하지 않았지만 미학의 문제들에 깊은 관심을 가졌었다. 아우구스티누스는 아름다움의 중요성에 대해 양분된 의견을 동시에 지니고 있었던 것처럼 보인다. 한편으로, 그는 하나님의 예술은 아름답고 조화로운 물건들을 만드는 예술가들을 통해 이루어진다고 보는 클레멘트의 '예술'에 대한 견해를 따른다.[20] 그는 '세계의 아름다움'이 하나님에 의해 창조되었다고 하며, "들의 백합화가 어떻게 자라는가 생각하여 보라"[마 6:28, 역자]는 본문을 인용한다(*City of God*, x. 14). 그는 또한 '하나님의 아름다움'에 대해 많은 진술들을 남겼다. 자신의 『고백록』에서 아우구스티누스는 하나님을 "오 나의 높고 선한 아버지, 아름다운 모든 것들의 아름다움이여"(iii. 6)라고 부르며, 하나님을 하늘과 땅의 모든 광채의 근원이라고 말한다. "이것들을 만든 분은 주님 당신이십니다. 이것들이 아름다운 이유는 당신이 아름다우시기 때문입니다"(xi. 4). 진정 하나님은 아름다움 자체이고, "그것을 모방하는 데서 다른 모든 것들이 아름답다."[21] 하나님은 "선이신 동시에 아름다움이시며 그 속에서, 그에 의해서 그리고 그

---

19 *Dialogue 7 on the Holy Trinity* (PG 75: 1085a, 1088b-c).

20 *On Eighty-three Questions*, no. 78 (Migne, *Patrologia Latina* 40: 89-90; 이후로는 *PL*).

21 *De Ordine* ii, ch. 19 (*PL* 32: 1019); 그는 바로 뒤에 하나님과 비교해서 다른 모든 것들은 단지 불결하고 더러운 것일 뿐이라고 첨언한다.

를 통해서 모든 선하고 아름다운 것들이 그러한 특질들을 가지게 되는 것이다"(*Soliloquia*, i. 1. 3).

다른 한편으로, 아우구스티누스는 지상적 아름다움이 사람들을 유혹하여 하나님으로부터 멀어지게 하고 오직 순간적인 만족만을 제공하는 일종의 덫일 수도 있다고 생각하였다. 이러한 아름다움에 대한 의심은 아마 아우구스티누스 자신의 경험에 기초한 것일지도 모른다. 『고백록』의 한 유명한 부분에서 그는 다음과 같이 탄식한다. "너무 늦게 당신을 사랑하게 되었습니다. 고대와 새로움의 아름다움이여, 너무 늦게 당신을 사랑하였습니다! 당신은 내 속에 있었으나, 나는 밖에 있었습니다. 나는 거기서 당신을 찾아 헤맸고, 당신이 만든 아름다운 것들에 내 자신을 내던졌었습니다"(x. 27). 아우구스티누스는 물리적 아름다움이 아름다움의 가장 저등한 단계로서 모든 불완전한 것들과 섞여 있다고 우리에게 경고한다(*On True Religion*, xl. 74f.). 오히려 우리는 영혼의 아름다움을 추구해야만 하는 것이다. 그러한 비육체적 아름다움은 마음에 '형상'(form)을 부여하며, 우리는 그것을 통해 현자의 행동들을 아름답다고 판단할 수 있게 된다(*Letter* 118). 더군다나 가장 위대한 아름다움은 다름 아닌 하나님 자신으로서, 그에 비해 다른 어떤 것들도 아름다울 수는 없다(*Confessions*, xi. 4).

아우구스티누스는 우리로 하여금 보이는 아름다운 사물들에서부터 아름답지만 보이지 않는 창조자를 사랑하도록 권고한다.[22] 하지만 그는 많은 이들이 아름다운 사물들 너머로 나아가서 그것들의

---

22 *Exposition on the Psalms*, lxxix. 14 (*PL* 36: 1028).

원천을 추구하리라고 기대하지는 않았고, 지상적 아름다움으로부터 결국에는 진정한 아름다움이신 그분을 찾게 되리라고 믿지는 못했다. 더 위로 올라가기보다는 사다리의 밑바닥에 남는 것으로 만족하고, 아름다운 것들로 인해 하나님으로부터 멀어질 수 있는 위험이 너무 크다고 그는 생각한 것이다. 여기서 우리는 또다시 그의 자전적 요소를 발견할 수 있다. 자신의 『고백록』에서 아우구스티누스는 빛으로부터 등을 돌려서 그 빛이 조명하는 사물들에만 주목했던 자신의 젊었을 때의 모습을 엄하게 꾸짖는다(iv. 16; 여기서 그는 미학에 대한 자신의 초기 작품인 『아름다움과 적절함』[De Pulchro et Apto]에 대해 언급하고 있는 것이다). 보다 일반적으로 말해, 아우구스티누스는 시간적인 것들에 대한 사랑이 우리가 천상적인 것들에 도달하는 데 장애가 될 수 있음을 경고한다(On True Religion, xxiv. 45).

본인이 언급한 이 모든 글에서 아우구스티누스는 유일자 하나님에 대해 말하고 있지만 이것을 삼위일체론적 성찰로서 발전시키지는 않고 있다. 그가 아름다움을 어떤 구체적인 위체들과 연관시킬 때에는 보통 그 대상이 성자였다. 자신의 『삼위일체론』(On the Trinity)에서 아우구스티누스는 세 위체들을 각각 '성부'(Father), '이미지'(Image) 그리고 '선물'(Gift)로 묘사한 힐러리(St. Hilary)를 언급한다. 그리고 그는 아름다움을 성자에게 돌리는데, 성자가 성부의 정확한 이미지인 동시에 "전능하고 지혜로우신 하나님의 완벽한 말씀이며 예술"이기 때문이다. 아우구스티누스는 또한 성령을 "모든 피조물들 위에 부어지는, 낳는 이와 낳아진 이 사이의 달콤함으로서… 하나님의 엄청난 하사품이며 그 선물들의 충만성"이라고 묘사한다(*De Trin*. vi. 10. 11). 하지만 아우구스티누스는 이 선물들 중에서 아름다움을 특별히 언급하지는 않고 있다.

정통적인 기독교 신앙이 아름다움을 성자와 성령 '둘 다'에 관련시키지 못할 그 어떤 이유도 없을 것이다. 오히려 이 둘은 성부의 영광을 계시하는데 서로 다른 역할을 가지는 것일지도 모른다(본인은 이후에 이것이 올바른 입장이라고 논의하게 될 것이다). 사실 본인이 이미 언급한 몇몇 초기의 기독교 신학자들도 아름다움을 성자와 연결시킴에 있어 그 어떤 모순이 있다고 생각하지는 않았다. 우리가 보았듯이 클레멘트는 아름다움을 성자에게 돌렸고, 바실은 우리가 독생자 속에서 낳아지지 않은 아름다움(즉, 성부의 아름다움)을 본다고 하였다.23; 알렉산드리아의 시릴은 요한복음 17:6을 주석하며, 제자들이 성자의 자연적 아름다움에서 성부의 아름다움으로 이끌려졌고 정확한 '이미지'로부터 그 '원형'을 인식하였다고 말한다24 (히 1:3 참조). 이에 비해, 아우구스티누스는 오직 아름다움과 성자 사이의 관계에 대해서만 언급하였는데, 이러한 아우구스티누스의 견해는 그의 영향력으로 인해 이후 수 세기 동안 서방교회 신학의 주도적 견해가 되었다.

우리는 그러한 아우구스티누스의 견해가 모범적으로 토마스 아퀴나스(St. Thomas Aquinas)에 의해 발전되는 것을 볼 수 있다. 『신학대전』(*Summa Theologiae*)의 종종 인용되는 한 부분에서 그는 어떤 것을 아름답다고 말하는 데 있어 세 가지 조건을 제시한다. '통합성'

---

23 *Letter* 38 (*PG* 32: 340b).
24 *Thesaurus*, xxxii (*PG* 75: 560d-561a).

혹은 '완벽성'(integrity or completeness: *integritas sive perfectio*), '정확한 비례' 혹은 '조화'(right proportion or harmony: *debita proportio sive consonantia*) 그리고 '명확성' 혹은 '발광성'(radiance: *claritas*) (*ST*, 1a. xxxix. 8). 아퀴나스는 이어서 이러한 세 가지 속성들 때문에 아름다움을 성자와 연관시키는 것이 특히 적절하다고 말한다. 통합성 혹은 완벽성은 성자가 완벽함 그 자체인 성부의 본성을 진정으로 그리고 온전하게 소유하고 있다는 것을 드러낸다. 정확한 비례는 성자가 성부의 정확한 이미지라는 것을 드러낸다. 그리고 명확성 혹은 발광성은 성자가 광채 나는 이해의 빛, 즉 말씀이라는 것을 드러낸다. 이와 유사하게 아퀴나스는 조화(혹은 관계성)와 기쁨을 성령에게 돌리는 것이 적합하다고 보는데, 이 입장은 삼위일체에서 성령이 가지는 위치와 관계되는 것으로 후에 우리는 4장에서 이 문제를 살펴보게 될 것이다(아우구스티누스는 이미 성령을 삼위일체의 조화라고 묘사한 바가 있다[25]).

아퀴나스가 아름다움은 '오직' 성자에게만 돌려야 한다고 말하지는 않는다는 것을 우리는 주목하여야만 한다. 여기서 그는 다소 기술적인 "전유"(appropriation)라는 용어를 사용하는데, 그보다 일찍 중세의 사상가 앨런(Alan of Lille)에 의해 널리 보급된 말로서 아퀴나스가 바로 앞부분에서 이미 설명한 것이다(1a. xxxix. 7). 어떤 한 특질이나 행동을 삼위일체의 한 특정한 위체에게 "전유"시킨다는 것은 사실 그 특질이나 행동이 모든 세 위체들에게 공통적이지만, 그 위체가 삼위일체 속에서 가지는 독특한 위치 때문에 그 특질이나

---

25 *On Christian Doctrine*, i. 5.

행동을 한 위체에게 돌리는 것을 의미한다. 따라서 비록 창조가 세 위체들 모두의 사역이지만 성부에게 자연스럽게 돌려지게 되는데, 왜냐하면 그는 삼위일체 속에서 낳는 이, 원천 그리고 기원의 위치를 가지기 때문이다. 이와 마찬가지로 아름다움은 신성 전체의 소유이지만, 앞에서 언급된 이유로 특히 성자에게 전유된다. 따라서 아퀴나스가 아름다움과 성령 사이의 연관 관계를 미연에 배제하려는 것은 아니다. 하지만 이 문제에 대해 그는 더 이상의 논의를 발전시키지는 않았다. 자신의 신학 속에서 아름다움에 가장 광범위한 역할을 부여한 중세의 신학자는 아마 보나벤투라(St. Bonaventure)일 것이다. 그도 아름다움을 말씀에 연관시키며 영원한 빛(Eternal Light)의 닮은꼴이며 광채라고 부른다. "그에 의해서, 그를 통해서, 또한 그의 본을 따라서 모든 아름다운 사물들이 형성되어진 영원한 예술(Eternal Art)"이 곧 성자이다.26

하지만 중세의 다소 알려지지 않은 몇몇 신학자들은 초대 교부들에 의해 제안된 성령과 아름다움 사이의 연관 관계를 비록 온전히 발전시키지는 못했다 하더라도 주목하였었다. 루펄트(Rupert of Deutz)는 출애굽기 35장에 대한 그의 논의에서 장인 브살렐과 오홀리압을 언급하며, "이런 종류의 모든 예술이 하나님의 선물들이라는 것을 누가 의심할 수 있단 말인가?"라고 묻는다. 그는 예술이 하

---

26 *Itinerarium (The Soul's Journey to God)*, ch. 2, §§7-9. 여기에 대한 논의로는 Hans Urs von Balthasar, *Glory of the Lord: A Theological Aesthetics, ii*, trans. Andrew Louth et al. (1984), 260-362를 참조하라. 또한 여기에 대한 아퀴나스와 보나벤투라의 차이점에 관해서는 Edgar de Bruyne, *Études d'esthétique médiévale*, iii (Bruges, 1946), 214-16과 298-9를 참조하라.

나님에게 봉사하는 데 사용되어야 한다고 결론짓는다.[27] 브살렐의 예는 교회 장식에 대한 최초의 저작들을 남긴 이들 중 하나인 12세기의 신학자 테오필루스(Theophilus)에 의해 보다 흥미로운 방식으로 다루어졌다. 그는 그것을 성령의 일곱 가지 선물들이라는 관점에서 논의한다. 그는 출애굽기 31:1-11을 언급하며, 하나님의 집을 장식하는 예술가는 그의 마음이 하나님의 영으로 채워졌다는 것을 굳게 믿게 될 것이라고 한다. 그는 이것을 성령의 일곱 가지 선물들을 가지고 설명한다(이 선물들은 이사야 11:1-2에 기초한 것들이다). '지혜의 영'(the spirit of wisdom)을 통해서 예술가는 모든 창조된 것들이 하나님으로부터 유래함을 안다. '슬기의 영'(the spirit of understanding)을 통해서 예술가는 기교와 기술을 선물로 받는다. '경륜의 영'(the spirit of counsel)을 통해서 예술가는 사역과 가르침으로 자신의 선물을 드러낸다. '용기의 영'(the spirit of fortitude)을 통해서 예술가는 왕성하게 일하고 작업한다. '지식의 영'(the spirit of knowledge)을 통해서 예술가는 자신의 기술을 완벽하게 습득한다. '경건의 영'(the spirit of godliness)을 통해서 예술가는 자신의 작품과 그 대가를 단속한다. '여호와를 경외하는 영'(the spirit of fear of the Lord)을 통해서 예술가는 그 자신만으로는 아무것도 할 수 없음을 기억한다.[28]

성령과 아름다움의 관계에 대한 언급은 또한 예배와 예전에 관한 문서들에서도 종종 발견된다. 예를 들어 12세기의 성가 "성부와 성자의 사랑"(*Amor Patris et Filii: The English Hymnal*의 438번)은

---

27 *De Trinitate et Operibus Eius. In Exod.* bk. 4 (*PL* 167: 744b).
28 Theophilius, *The Various Arts*, trans. C. R. Dodwell (London, 1961), 62-3.

다음과 같이 시작한다:

성부의 사랑, 하나님 성자의 사랑,

그분들로부터 모든 것이 왔으며, 그분들 속에서 모든 것이 시작되었다;

그분들은 다툼으로부터 천상의 아름다움을 만드셨고,

피조물 전체의 소원과 생명의 숨을 형성시키셨다.

13세기 영국의 신학자 헤일스의 알렉산더(Alexander of Hales)가 쓴『신학대전』에서 또 다른 생각이 발견되는데, 그는 다음과 같은 견해를 제안한다. "신성 속의 아름다움은 신성한 위체들 사이의 질서에서 유래한다." 즉 성자를 출생한 성부에 대한 성자의 관계, 또한 이 둘로부터 나아오는 성령의 그들에 대한 관계에서 이와 같은 아름다움이 발생한다는 것이다.[29] 하지만 그의 이러한 진술은 반대에 대한 대답이라는 맥락에서 만들어진 것으로 더이상 발전되어지지는 못하였다.

성령과 아름다움의 관계에 대한 초기 기독교 교부들의 이러한 다소 단순한 제안은 종교개혁에 와서 칼빈의 저작에서도 발견된다. 비록 그 자신은 교회 내에서의 회화나 조각의 사용을 별로 좋아하지 않았지만, 칼빈은 브살렐의 예를 통해 모든 예술이 하나님으로부터 오며 "하나님의 고안물"로서 존중되어야 한다고 주장함에 있어 많은 다른 이들과 견해를 같이하였다.[30] 칼빈은 또한 자신의 창

---

29 Alexander of Hales, *Summa Theologica*, pt. i. inq. 1, tract. 3, q. 3, art. 2, ad 2(Quaracchi edn., i, n. 103, p. 163).

세기 주석에서 수금과 퉁소의 고안자 유발에 대해 논의할 때[cf. 창 4:21, 역자], 음악을 "성령의 뛰어난 선물들" 중의 하나로도 묘사하였다.[31] 자연의 아름다움에 관해서는 칼빈은 하나님의 영 혹은 신이 창조 때 수면 위를 운행하였던 것을 묘사한 창세기 1:2를 인용하며 다음과 같이 말한다. "(우리가 지금 보고 있는) 우주의 아름다움이 그 것의 뛰어난 질서와 보존에 있어서 성령의 힘에 의지하고 있을 뿐 아니라, 이러한 장식이 더해지기 전에도 이미 성령은 그 무질서한 덩어리를 보살피고 계셨다."[32]

우리는 이러한 생각들이 18세기 뉴잉글랜드의 신학자 조나단 에드워즈(Jonathan Edwards)에 의해 보다 체계적이고 온전하게 발전 되어지는 것을 본다. 그는 미학에 대한 자신의 논의들을 삼위일체 신학에 기초시킨다. 그에 따르면 성령의 아름답게 만드는 사역이 삼위일체 내에서의 성령의 역할에서 유래한다고 본다. 이러한 그의 신학은 성령이 삼위일체의 조화라고 보는 아우구스티누스의 사상 을 발전시킨 것이다.

에드워즈는 아름다움 혹은 "사랑스런 장엄함"(lovely majesty)[33]이

---

30 그의 *Commentaries* 3권(Charles W. Bingham 영역; Grand Rapids, 1950), 291, 297을 보라; 또한 그의 *Institutes,* i. 11, §12; ii. 2 §16도 참조하라.

31 John Calvin, *Commentaries on Genesis*, ed. John King(Grand Rapids, 1948), 218.

32 *Institutes*, i. 13. §14, trans. Ford Lewis Battles. 미학에 있어 칼빈과 칼빈주의에 관한 논의로 는 Abraham Kuyper, *Lectures on Calvinism* (Grand Rapids, 1953), 5장 "Calvinism and Art"를 보라; 그리고 그의 *Work of the Holy Spirit*, trans. H. de Vries (Grand Rapids, 1975), 19, 27-21; Léon Wencelius, *L'Esthétique de Calvin* (Paris, 1937; reprinted Geneva, 1979 등도 참조하라.

33 Jonathan Edwards, *A Treatise concerning Religious Affections*, ed. John E. Smith (New Haven, 1959), 265, 298 f. 여기서의 에드워즈의 사상을 체계적이고 유용하게 다룬 것으로는 Roland Delattre, *Beauty and Sensibility in the Thought of Jonathan Edwards* (New

하나님의 속성들 중에서도 빼어난 것이라고 보았다: 하나님은 아름답고, 진정 아름다움 자체이며, 세계 내 모든 아름다움의 원천이며 근거이다. 에드워즈에 따르면 성부는 성자와 함께 세계를 창조하였고(그는 요 1:3, 골 1:16, 히 1:10을 인용한다[34]), 성령은 신성에 있어서의 조화, 탁월함 그리고 아름다움이기 때문에 세계에 아름다움과 조화를 전달하는 독특한 기능을 가진다.[35] 이러한 기능은 삼위일체 내에서의 성령의 역할에서 기인하는 것이다. 자신의 『삼위일체에 관한 에세이』(Essay on the Trinity)에서 에드워즈는 다음과 같은 주장을 한다. 성부와 성자는 서로를 기뻐하며 사랑과 즐거움 속에서 성령을 내어 쉬기 때문에, "하나님의 사랑과 기쁨으로서의 성령은 곧 하나님의 아름다움과 행복으로서, 우리는 하나님과의 교제 속에서 같은 성령에 참여하게 되는 것이다."[36] 물론 에드워즈는 여기서 성령을 성부와 성자 사이에서 발생하는 사랑의 관계로 보는 아우구스티누스의 삼위일체론을 당연한 것으로 받아들이고 있다. 하지만 그는 여기에 이러한 사랑을 아름다움의 원천으로, 나아가 아름다움 자체로서 보는 새로운 해석을 첨가하고 있다.

에드워즈는 성령이 피조물과 관련하여 세 가지 기능을 가진다고 말한다. 1) 모든 사물을 활기 있게 만들고, 생기를 주며, 아름답게 미화시킨다(beautify). 2) 지능적 존재들에게 하나님의 사랑을 의사

---

Haven, Conn., 1968)를 참조하라.

34 Jonathan Edwards, *Miscellaneous Observations on Important Theological Subjects*, ed. John Erskine (Edinburgh, 1793), 434.

35 Jonathan Edwards, *Miscellanies*, §293, in *The Works of Jonathan Edwards*, xiii, The "*Miscellanies*," ed. Thomas A. Schafer (New Haven, 1994), 384.

36 Jonathan Edwards, *Essay on the Trinity*, ed. George P. Fisher (New York, 1903), 108.

소통함으로써(성령은 곧 하나님의 사랑으로서 존재한다) 그것들을 성화시킨다(sanctify). 3) 위안자로서 하나님의 백성들의 영을 위로하고 격려한다(comfort)(*Essay*, pp. 97-102). 칼빈과 마찬가지로 에드워즈도 성령의 첫 번째 기능을 소개할 때 창세기 1:2를 인용하며 "하나님의 신이 수면과 혼돈의 위를 운행하며 그것을 혼돈으로부터 조화와 아름다움에로 가져오셨다"라고 주석하였으며, 또한 욥기 26:13의 "그 신으로 하늘을 단장하시고"를 인용하였다(p. 90; 또한 여기서 그는 "바람"과 "신"의 용어의 동일성에 주목한다). 따라서 그는 다음과 같은 결론을 내리게 된다. "창조자의 아름다움과 기쁨 자체로서 모든 만물에 그것들의 아름다움과 달콤함을 수여하는 것은 그 적절한(properly) 의미에서 성령의 역할인 것이다"(p. 98). 성령은 창조 속에서 하나님의 사랑과 아름다움을 세상에 의사소통하는 특별한 역할을 하는 것이다.

에드워즈는 미화시키고 성화시키는 두 역할이 밀접하게 연관되어있는 것으로 보았다. 사실 이 둘은 동일한 것인데 하나님의 아름다움이 '곧' 그의 성스러움이고, 우리가 스스로를 성화시키는 것이 하나님의 아름다움에 동참하는 가장 중요한 방식이기 때문이다. 에드워즈는 하나님의 성스러움을 "그 본성의 무한한 아름다움과 탁월함"이라고 묘사한다(*Essay*, p. 97). 또한 그는 『하나님이 세계를 창조하신 목적에 대하여』(*Dissertation concerning the End for which God created the World*)에서 이렇게 말하고 있다: 하나님이 피조물들에게 그의 덕과 성스러움을 의사소통하실 때, 피조물들은 하나님의 "도덕적 탁월함, 즉 하나님의 본성의 아름다움"을 공유하게 되는 것이다.37 그러한 공유를 에드워즈는 햇빛에 반사되는 보석의 광채에 비유하였다. 여기서 성령은 영혼으로 하여금 하나님의 아름다움에 참여하게 만드는 독특한 역할을 하는 것으로 보였는데, "성스러움은 하나님의 본성이 가지는 아름다움과 달콤함으로서, 열이 불의 본성인 것과 마찬가지로 성령의 적절한 본성이기 때문이다."38

에드워즈가 아름다움을 단지 성령에게 관계시킨 것만은 아니다. 왜냐하면 그는 성자 또한 하나님의 영광의 이미지로서 하나님의 아름다움을 계시한다고 보았기 때문이다. "그리스도의 탁월함"에 대한 한 글에서 그는 다음과 같이 말한다: 우리가 꽃이 만개한 들판, 푸른 나무와 언덕, 강과 졸졸거리는 시내, 지저귀는 새 그리고 다른 모든 자연의 영화로움에 기뻐할 때면, 우리는 동시에 그것들이 "예수 그리스도의 달콤한 인자하심의 발산"이라는 것을 알아야 한다. 하지만 에드워즈는 여기서도 도덕적 아름다움과 영적 아름다움에 더욱 관심을 가지는데, 그래서 그는 그리스도의 아름다움의 가장 적합한 이미지는 인간의 영에서 발견된다고 끝맺는다.39 자신의 한 설교문에서 에드워즈는 "사람들의 의지를 복종시키고 그 마음을 끌어당기는 것은 이러한 그리스도의 신성한 아름다움을 바라봄이다"라고 하였다.40 에드워즈는 여기에 어떤 모순이 있다고 생각하지는 않았는데, 우리가 신성에 있어 말씀을 성령으로부터 분리시켜

---

37 Ch. 1, §3; in *The Works of Jonathan Edwards*, viii, *Ethical Writings*, ed. Paul Ramsey (New Haven, 1989), 442.

38 Edwards, *Religious Affections*, 201; cf. 257.

39 *Miscellany* 108, in *The Works of Jonathan Edwards*, xiii, 278-80.

40 "True Grace Distinguished from the Experience of Devils," in *Works*, Bohn edn., ii (London, 1865), 49.

서도 혹은 그리스도의 생애와 사역에서 성령의 영향력을 무시해서
도 안 된다고 보았기 때문이다. 같은 설교문에서 그는 우리로 하여
금 하나님의 아름다움을 이해할 수 있게 만드는 것은 다름 아닌 하
나님의 영의 구원하시는 은혜라고 하였다.[41] 또 다른 설교문에서는
성령의 빛이 "하나님의 아름다움의 발산"으로서, 성자들로 하여금
"하나님과 그리스도의 비교할 수 없는 영광과 탁월함"을 발견하게
끔 그들에게 "마음의 의미"를 부여한다고 그는 말한다.[42] 성자와 성
령의 존재와 사역이 서로 상호보완적이라는 에드워즈의 이러한 사
상을 들라뜨르(Roland Delattre)는 간결하게 다음과 같이 요약하였다.
"하나님의 아름다움은 '곧' 성령으로서(is), 이것은 특히 성자 속에서
'드러난다'(appear)."[43] 이러한 상호보완성은 신성 내에서의 그들의
관계뿐만 아니라, 세계를 향한 그들의 사역에도 동일하게 적용되는
것이다. 에드워즈는 그 자신의 입장을 요약하기 위해 그의 『에세이』
마지막 부분에서 초대 교부들이 사용한 태양의 유비를 채용한다:
성부는 그 실체 혹은 내적 구성이라고 할 수 있으며, 성자는 그 밝음
과 영광이며, 성령은 그 비추이는 햇살이다. 태양에서 비추이는 햇
살과 그것의 아름다운 색깔이 곧 성령을 나타내는 것이라고 그는
결론짓는다.

에드워즈의 견해는 성자와 성령의 관계에 대한 많은 난제들을,

---

41 Ibid. 48.

42 "A Divine and Supernatural Light," in *The Works of Jonathan Edwards, xvii, Sermons and Discourses 1730-1733*, Ed. Mark Valeri (New Haven, 1999), 408-26. 인용문은 413, 422.

43 Roland Delattre, *Beauty and Sensibility in the Thought of Jonathan Edwards*, 156.

특히 서방 교회에서 주도적인 아우구스티누스의 삼위일체 모델을 사용함에 있어서의 문제를 제기한다. 우리는 4장에서 이러한 것들에 대해 다시 논의할 기회를 가지게 될 것인데, 거기서 본인은 그의 접근법을 현대의 러시아 신학자 에브도키모프(Paul Evdokimov)의 그것과 비교하고자 한다. 러시아 정교도 신자로서 에브도키모프는 삼위일체에 대한 에드워즈의 아우구스티누스주의적 견해를 공유하지는 않는다. 그에게 있어 성령의 위체는 숨겨져 있는 것이고, 성령의 발생은 신비이기 때문이다. 그럼에도 불구하고 그는 자신의 책 『아이콘 예술: 아름다움의 신학』(*L'Art de l'icône: Théologie de la beauté*)을 다마스커스의 존(John of Damascus)의 다음과 같은 진술로서 마치고 있다. "성자는 성부의 이미지이고, 성령은 성자의 이미지이다"(*On the Orthodox Faith*, i. 13). 이러한 원칙을 그는 앞에서 성자의 아름다움은 성부의 이미지이며, 성부는 아름다움의 원천인 동시에 아름다움의 성령에 의해 계시된다고 해석하였었다.[44] 그는 동료 러시아 신학자들인 불가코프나 플로렌스키와 마찬가지로 이레니우스 전통의 견해를 피력하며, 그 어떤 이도 성령의 도움 없이는 주님의 이미지를 표현할 수는 없는데 성령이 말씀을 계시하며 들을 수 있게 만들기 때문이라고 주장한다(pp. 12 f.). 이러한 그의 견해는 다음과 같은 진술에 요약되어있다. "성부는 그의 말씀을 공포하고 성령은 그것을 계시하는데, 왜냐하면 성령은 '말씀의 빛'이기 때문

---

44 Paul Evdokimov, *L'Art de l'icône: Théologie de la beauté* (Paris, 1970), 298, 29. 에브도키모프의 책은 그 제목이 말해주듯 대체로 아이콘의 신학에 관련되는데, 그는 아이콘들에게 성례전적 특성을 부여하는 것은 곧 성령의 역할이라고 한다. 특히 2부의 5장과 3부의 8장을 참조하라.

이다"(p. 15). 성령의 발생에 대한 그들의 서로 다른 견해에도 불구하고, 그와 에드워즈는 세상에서 성령이 가지는 계시적 기능과 사명에 대해 유사한 설명을 제공한다. 에브도키모프의 다음과 같은 진술은 에드워즈의 사상을 온전히 전달하고 있는 것이다. "그리스도의 형상은 하나님의 인간적 모습이며, 성령이 그의 위에 머물러서 우리에게 신성하며 동시에 인간적인, 즉 절대적 아름다움을 계시한다"(p. 20).

또한 에드워즈의 접근법은 아마 신학적 미학에 있어서 현대의 가장 위대한 신학자인 한스 우어스 폰 발타자(Hans Urs von Balthasar)의 그것에 대조될 수 있을 것이다. 흥미롭게도, 폰 발타자는 그의 『주님의 영광』(*Herrlichkeit*)에서 성령에게 오직 주변적인 역할만을 부여하였고, 거의 3천 페이지가량이나 되는 방대한 그의 저작에서 에드워즈의 이름은 한 번도 언급되지 않고 있다.[45] 이 책의 부제가 "신학적 미학"으로 부쳐졌지만, 폰 발타자는 이 개념을 대부분의 사람들보다도 훨씬 광범위한 의미에서 사용한다. 왜냐하면 그는 '인식'(perception)이라고 하는 미학의 원래 그리스적인 의미로 돌아가고자 하기 때문이다. 리치스(John Riches)는 폰 발타자의 신학이 "무엇이 우리로 하여금 십자가의 드라마, 지옥으로 내려가심 그리고 부활을 하나님의 영광의 계시로서 '인식'할 수 있게 만드는지에 대한 성찰로 이루어진다는 의미에서 '미학적'이다"라고 적절하게 지적한다.[46] 하지만 동시에 폰 발타자의 신학이 하나님의 '영광'의

---

45 『주님의 영광』은 *The Glory of the Lord: A Theological Aesthetics* (Edinburgh, 1982-91)로 영역되었다.

계시 즉 하나님의 아름다움에 관심을 가지기 때문에, 그의 저작은 또한 보다 좁고 일반적인 의미에서도 미학적이라 이해될 수 있을 것이다. 더군다나 그는 예술작품을 세심하게 주목하여 살피는 것과 기독교의 신비를 성찰하는 것, 둘 사이에 어떤 유비적인 면이 있다고 제안한다. 이 두 가지 경우에 모두 우리는 우리에게 주어지는 것을 바라보기 때문이다.[47]

대부분의 서방교회 신학자들과 마찬가지로 폰 발타자는 신성한 아름다움을 특히 성자에 관련시킨다. 어쩌면 『주님의 영광』 전체가 하나님의 영광은 그리스도의 자기 비우심 속에서 계시된다는 사실에 대한 집중적인 성찰이라고 이해될 수도 있을 것이다. 그는 그리스도를 하나님의 형상(form: Gestalt)으로, 따라서 모든 미학적 아름다움에 대한 규범으로서 묘사한다.[48] 그는 요한복음 15:26과 16:14을 인용하며 성령의 역할은 성자를 증거하는 것이라고 주장한다(이와 유사하게 성자는 성부를 증거한다). 성령은 우리 속에서 성자의 형상을 인식함을 통해서 하나님을 인식하는 능력을 창조하는 것이다.[49]

에드워즈와 마찬가지로, 폰 발타자는 성령이 성부와 성자 둘 다

---

46 John Riches (ed.), *The Analogy of Beauty* (Edinburgh, 1986), 181.

47 Von Balthasar, *The Glory of the Lord*, i, trans. Erasmo Leiva-Merikakis (Edinburgh, 1982), 465; cf. 140-1.

48 Ibid. 609. 그는 바로 다음의 페이지에서 하나님의 그리스도 속에서의 계시는 아름다움에 대한 어떠한 세상적인 범주들에도 환원될 수는 없다고 주장한다. 즉 여기서 일종의 '지양'(*Aufhebung*)이 일어나는데, "미학의 범주들이 단순히 제거된 것이 아니라 오히려 이해할 수 없는 긍정적인 방식으로 승화되어서… 그 자신들보다도 무한히 위대한 것을 담게 되는 것이다"(610); cf. 477 and vol. vii, trans. B. McNeil (Edinburgh, 1989), 316.

49 Ibid. i. 602; cf. 605-6, 249.

에서 발생한다는 아우구스티누스주의 전통의 입장을 수용하며, 자신의 미학 이론에 삼위일체적 성찰의 틀을 채용한다. 그에게 있어 성령은 성부와 성자 사이의 사랑의 관계이기 때문에, 성령이 어떤 의미에서는 삼위일체에 형상을 부여하게 되는 것이다. 성령은 성부와 성자 둘 다의 일치성이기 때문에, 성령이 그 일치성 속에서 둘 다를 변모시킨다는 것이다. 따라서 성령은 사랑과 열정의 영이며 동시에 형상을 부여하는 '형상의 영'이라고 그는 주장한다. "이러한 이해불가능한 일치성 속에서 성령은 하나님의 아름다움의 자리인 것이다."[50] 비록 폰 발타자는 에드워즈를 언급하지는 않지만, 그는 성령이 곧 삼위일체의 조화라고 본 에드워즈의 견해에 매우 가깝게 접근하고 있다.

우리는 4장에서 폰 발타자의 신학에 대해 다시 논의하게 될 것이다. 여기서 본인의 의도는 지난 이천 년 동안 우리가 다루고자 하는 주제에 대한 몇몇 신학자들의 견해를 간략하게 고찰하고 어떠한 질문들이 논의되었는가를 살펴보고자 하는 것이다. 물론 본인이 언급한 신학자들은 다양한 관심의 정도를 보여준다. 어떤 이들에게 있어서는 미학이 단지 주변적인 관심사인데 비해, 폰 발타자와 같은 또 다른 이들에게는 자신의 신학의 중심적 주제로 자리한다. 이러한 사람들은 또한 다양한 배경에서 다양한 목적을 가지고 저술하였다. 이레니우스는 창조된 세계의 선함을 열렬하게 축하하였고, 성령이 그 세계를 장식하였다는 그의 진술은 이러한 창조 속에서의 지혜의 역할에 대한 성찰의 부산물이었다. 이러한 지혜에 대한 관

---

50 Ibid. 494. 본인은 4장에서 이 진술을 분석하게 될 것이다.

심은 아주 다른 방식으로 불가코프의 저작에서도 발견된다. 반면에, 조나단 에드워즈는 다른 것들 중에서도 하나님의 속성으로서의 아름다움이 가지는 중요성에 관심을 가졌고, 그 아름다움을 하나님의 영광이라는 성서적 개념에 연결시켰으며, 삼위일체 속에서와 세상 속에서의 성령의 역할을 강조하였다. 이와 마찬가지로, 폰 발타자는 자신의『주님의 영광』에서 하나님의 영광과 세상 속에서의 그것의 반영에 대한 성찰에 중심적인 자리를 부여하였다. 우리가 논의를 진행시켜감에 따라 이들의 신학적 관심들에 대해 보다 자세하게 이야기하게 될 것이다. 하지만 이미 우리는 기독교 세계의 가장 위대한 지성들이 고민하였고 많은 중요한 신학적 질문들을 일으켰던 하나의 두드러진 주제를 만나게 된다. 이 주제는 또한 피터 셰퍼의 극작품『아마데우스』의 예에서와 같이, 예술적 영감에 대한 비신학적이고 보다 대중적인 견해들에서도 종종 제기되어졌다. 또한 우리는 기독교 이외의 타 종교들에서도 유사한 예들을 만나게 되는데, 세계의 물리적 아름다움과 크리슈나(Krishna)의 아름다움의 임재 사이에는 상호작용이 존재한다는 힌두교의 사상이 한 예이다.[51]

## 짖지 않은 개

이러한 문제들을 살펴보기에 앞서, 우리는 또 하나의 질문을 예

---

51 Rāmānuja, *Vedārthasamgraha*, trans. S. S. Raghavachar (Mysore, 1978), para. 220, pp. 172-3 참조; 그리고 다른 예들에 대해서는 Ananda Coomeraswami, "Asiatic Art," in his *The Traditional Doctrine of Art* (Ipswich, 1977)를 보라.

비적으로 물을 수 있을 것이다. 비록 다양한 시대와 장소에서 많은 신학자들이 우리가 관심하는 주제를 제기하였지만(시몬느 베이유와 같이 우리가 아직 언급하지 않는 자들도 많다), 그것을 체계적으로 발전시키지는 못한 이유가 무엇인가? 우리는 중세에 이 문제를 논의한 자들이 아퀴나스나 보나벤투라 같은 위대한 신학자들이었기보다는 별로 알려지지 않은 자들이었다는 것을 앞에서 살펴보았다. 보다 최근에는 대부분의 신학적 미학 이론들이 최소한 서방교회에서는 성자의 역할을 강조하는 아우구스티누스 전통을 계속적으로 따르고 있다(이것도 그리 활발하게 논의되는 것 같지는 않다). 예를 들어, 바르트는 폰 발타자와 마찬가지로 성자를 하나님의 영광의 광채이며 원형이라고 묘사하고, 성육화를 하나님의 아름다움의 지고한 계시라고 본다. 비록 그가 "하나님의 삼위일체성이 곧 하나님의 아름다움의 비밀이다"라고 말하지만, 바르트는 이러한 맥락에서 성령의 역할을 주제적으로 고찰하지는 않고 있으며 단지 피조물이 성령의 사역을 통해 영화롭게 된다고 진술할 뿐이다.[52] 물론 1970년대를 전후로 성령에 대한 많은 책들이 쏟아져 나오고 있는 것이 사실이다. 하지만 성령과 미학 사이의 관계에 대한 성찰은 단지 학문적인 신학에서뿐만 아니라, 카리스마적 운동과 종종 연관되는 보다 대중적인 저작들에서조차도 거의 완전하게 무시되어지고 있다.[53] 왜 이리 침묵한 것일까? 만약 셜록 홈즈가 밤에 개가 짖지 '않

---

52 Barth, *Church Dogmatics*, iii, pt. 1, trans. T. H. L. Parker et al. (Edinburgh, 1957), 661, 670.

53 본인은 예술가들의 영감을 성령의 선물이라고 표현한 몇몇 짤막한 글들만을 발견할 수 있었다: Robert Faricy, "Art as a Charism in the Church," *Thought*, 57 (1982), 94-9; id., "Art and

은' 것을 중요한 단서로 인식하였다면, 신학자들의 이 주제에 대한 침묵도 어떤 중요성을 드러내는 것이리라!

이 침묵에 대해 본인이 생각하는 신학적 이유는 아마 두 단어로 요약될 수 있을 것이다. "성령"과 "아름다움." 이것들은 둘 사이의 연관 관계라는 측면에서는 말할 것도 없고, 그 자체로도 신학에서 미개발된 분야이다. 공식적인 교회의 가르침이나 신학의 고전들은 성령에 관해서는 상대적으로 잠잠하다. 전통적으로 신학자들은 기독론, 삼위일체의 신학, 교회론, 또한 보다 최근에는 신자 개인의 실존적 경험에 보다 집중하였기 때문에, 이러한 전통에서 자연, 역사, 혹은 문화 속에서의 성령의 역할에 대한 언급을 발견하기는 쉽지 않다. 물론 창조에서의 성령의 역할은 창세기 1:2과 2:7에 대한 언급과 함께 공공연히 인정되었으나, 가톨릭과 개신교를 막론하고 대부분 —특히 서방교회 신학자들 가운데서는— 더 이상의 논의가 되지 않고 있다.54 미학과 성령의 관계에 대한 논의의 부재는 보다 광범위하게 성령에 대한 논의의 부재에서 기인하는 것으로 볼 수 있다.

아름다움의 신학이 부재한 것은 '미학주의' 혹은 '엘리트주의'라는 조롱의 용어들에서 표현되고 있듯 아름다움에 대한 의심과 두려움에 부분적인 이유가 있을 것이다. 아름다움 일반과 하나님의 아

---

the Holy Spirit," *Theological Renewal*, 16 (Oct. 1980), 27-32; 그리고 Peter D. Ashton, "The Holy Spirit and the Gifts of Art," *Theological Renewal*, 21 (July 1982), 12-23.

54 판넨베르크(Wolfhart Pannenberg)는 "The Doctrine of the Spirit and the Task of a Theology of Nature," *Theology*, 75 (1972), 8-21에서 이러한 경향을 지적하였다; 또한 Kilian McDonnell, "The Determinative Doctrine of the Holy Spirit," *Theology Today*, 39 (1982), 142-61도 참조하라.

름다움 둘 다의 경우에 있어서도 마찬가지다. 가장 최상의 경우에 조차도, 신학자들은 진리와 선이라는 다른 두 자매들에게 엄청난 관심을 가진 데 비해 아름다움은 단지 신데렐라로서 취급하였다. 최근 수 세기 동안 신학은 교리와 윤리에만 집중함으로써 종교의 지식화를 가져온 감이 없지 않다. 어떤 신학자들은 아름다움이 이러한 자매들에 속하지도 못한다고 보았다. 폰 발타자는 키에르케고르(Kierkegaard)가 미학과 종교 사이를 분리한 것에 주목하며, 신학의 영역으로부터 미학의 추방을 키에르케고르 그 자신과 가톨릭과 개신교 내에서의 그의 추종자들 때문이라고 비판한다.[55] 가장 최악의 경우에 있어서, 아름다움은 저속한 헬레니즘의 수입품으로서 선한 기독교인들을 탈선시킨다고 여겨졌다. 바르트는 아퀴나스 등과 같은 많은 중세의 신학자들에 깊은 영향을 끼친 위-디오니시우스(Pseudo-Dionysius)가 하나님의 아름다움에 대해 성찰한 것을 가리켜서, 후에 종교개혁자들과 개신교 정통주의에 의해 올바르게 무시되어진 "제대로 감춰지지도 못한 플라톤주의"라고 혹평하였다. 바르트는 아름다움이 즐거움, 욕망, 향락과 같은 세속적이고 그리스적인 가치들과 가지는 연관 관계 때문에, 하나님의 완벽성을 나타내는 데 사용하기에는 다소 위험한 개념이라고 독자들에게 경고한다 (CD ii, pt. 1, p. 651; 바르트 자신도 하나님의 완벽성의 하나로서 아름다움을 인정하지만, 하나님의 영광에 비해서 부수적인 것으로 여긴다). 하지

---

55 Von Balthasar, *The Glory of the Lord*, i, 50. 폰 발타자가 아우구스티누스에 대해 다루는 부분과 비교해 보라 (2권, 특히 123-9). 여기서 그는 아우구스티누스의 감각과 상상력에 대한 불신에 주목한다.

만 우리가 3장에서 살펴보게 될 것처럼 아름다움을 하나님에게 돌리는 것은 단지 플라톤주의에서만 발견되는 것은 아니다. 위-디오니시우스가 활동하기 이미 천 년 전에 쓰인 구약성서 특히 시편에서도 그 같은 예는 발견되며, 여기서 아름다움이 단지 보조적 역할을 하는 개념이라고 여길 어떠한 구체적 이유도 없다. 모차르트에 대한 그의 찬사에도 불구하고, 바르트의 위의 진술들은 아마 아름다움을 감각적 쾌락의 문제로서 단지 부수적일 뿐이며 종교라는 중요한 문제와 연결시켜서는 안 된다고 보는 '청교도적 잔재'에 기인한 것인지도 모르겠다. 종종 아름다움의 개념을 보다 넓게 도덕적 아름다움과 영적 아름다움을 포함하는 것으로 이해하는 자들조차도 이것을 자연적 혹은 예술적 아름다움과 관계시키는 데는 실패하였으며, 후자의 아름다움을 비항구적이라고 여기거나 육체적인 것들에 제한시키는 경향이 있다.

우리는 또한 아름다움의 숭배가 단지 아름다움에 대한 숭배에 그침으로, 종교의 대체물이 된다는 의심을 종종 발견하게도 된다. 셸리(Shelley)의 『지성적 아름다움에 대한 찬가』(*Hymn to Intellectual Beauty*)는 종교적 언어를 사용한다. 또한 낭만주의는 '쏟아진 종교'라고 이야기되어져 왔다. 따라서 앙드레 지드에 보낸 자신의 편지에서 폴 클라우델(Paul Claudel)은 다음과 같이 탄식한다. "난 사람들이 '예술'과 '아름다움'이라고 부르는 것들이 차라리 천 번이라도 사라져 버렸으면 좋겠다. 사람들은 그러한 피조물들을 그것들의 창조자보다 더 선호하며, 상상력의 허무한 공상들을 우리가 유일하게 즐거움을 발견할 수 있는 리얼리스틱한 현실보다 더 선호한다."[56]

여기서 우리는 감각적 아름다움의 추구가 일종의 덫이 되어서 보다 고귀한 형태의 아름다움을 추구하는 것으로부터 사람들을 방해하게 될지도 모른다는 클레멘트와 아우구스티누스의 두려움을 다시금 발견하게 된다. 나아가 어떤 현대의 작가들은 예술의 숭배가 실제로 일종의 대리적 종교가 될지도 모른다고 제안하였다. 미국의 에세이 작가 울프(Tom Wolfe)는 한 강의에서 "오늘날 예술은… 교육받은 계급을 위한 종교이다"라고 다소 일반화시키는 판단을 내렸다.57 니콜라스 볼터쉬토르프(Nicholas Wolterstorff)는 기독교에서 말하는 구속과 해방의 복음에 대한 대체물로서 "미학주의적 종교"에 대한 위험성을 경고한다.58 그는 19세기 플로베르(Flaubert)와 페이터(Pater)의 아름다움과 미학주의에 대한 숭배에서 그리고 보다 최근에는 마르쿠제(Herbert Marcuse)의 저작에서 그러한 대체적 종교의 예를 발견한다. 그러한 숭배 집단들은 이러한 사상의 공급과 소비에 있어 자신들만의 엘리트를 가지는 경향이 있다고 한다. 볼터쉬토르프는 최근 수 세기 동안 예술가들에게 사제적인 나아가 신적인 역할을 돌리는 경향에 주목하면서, 15세기 이래로 예술가들을 창조주 하나님에 비유하는 불경한 행태가 공공연하게 이루어져 왔다고 여긴다. 또한 그는 극장, 박물관 그리고 콘서트홀과 같은 특수한 목적의 건물들을 "우리의 고급예술 기관"이라고 부르면서, 그 속의 예술작

---

56 *The Correspondence between Paul Claudel and André Gide*, trans. John Russell (London, 1952), 42.

57 "The Social Psychology of the Arts," quoted in Hilary Fraser, *Beauty and Belief: Aesthetics and Religion in Victorian Literature* (Cambridge, 1986), 233.

58 Nicholas Wolterstorff, *Art in Action: Toward a Christian Aesthetics* (Grand Rapids, 1980), 50.

품들이 대체로 우리의 일상생활에서 벗어나 명상에만 집중하도록 만든다고 비판한다. 오늘날 예술 박물관이 일종의 신전이 되어가고 있는 중이라는 앙드레 말로(André Malraux)의 진술에 그는 동의한다.[59] (본인은 종종 식도락가들이 찾는 식당이 어떤 이에게는 이와 유사한 기능을 하지는 않을까 의아해했다!)

볼터쉬토르트의 공격은 대체로 현대 예술계에서 발견되는 문화적 엘리트주의에 집중되고 있으나, 다른 이들은 예술의 소유주의적 경향성 나아가 종종 악마적 경향성을 지적함으로써 이러한 공격을 더욱 날카롭게 한다. 질송(Gilson)은 예술가는 성자와는 달리 자신의 완성을 그의 창조물에서 찾는다고 말한다. 예술가는 그 창조물의 완성을 위해 자신의 모든 것들을 바치고, 그러한 소명은 편집증적인 집착이 되어서 여기에는 하나님조차도 끼어들 수 없다고 하였다. 왜냐하면 "예술이 하나님에 대항하는 유혹인 것처럼, 하나님은 예술에 대항하는 유혹이기 때문이다."[60] 펠리칸(Jaroslav Pelikan)은 니체가 예술의 중독성을 인식하고, 자신의 초기 미학주의와 바그너에 대한 열정에서 돌아서게 되었다고 지적한다. 성스러운 것과 아름다운 것 사이의 혼동은 악마적일 수 있는데, 그것이 자신의 권력에의 의지를 감추고 나아가 성스러움의 도전적이고 비판적인 힘을 강탈하기 때문이다. 그것은 또한 약물중독과도 같은 자기기만일 수도 있으며, 이를 통해서 사람들은 헛되게도 자신의 걸음 하나하나

---

59 Ibid., esp. pt. 2, §§ 1-2 그리고 12-14 참조.
60 Étienne Gilson, L'Ecole des Muses (Paris, 1951), 263. 이 책의 9장은 예술가와 성자가 어떻게 다른가에 대한 흥미로운 논의를 하고 있다.

를 따라다니는 외로움과 패배의 끔찍함을 달래려고 시도한다.[61]

지금까지 본인이 언급했던 견해들은 왜 많은 신학자들이 미학에 별로 관심 갖지 않았는지를 조금은 설명해준다. 하지만 그런 견해들이 항상 정당한 것은 아니라고 본인은 생각한다. 그중에 어떤 것들은 과장된 감도 없지 않다. 예술에 있어 미학주의는 사태들의 바른 질서가 왜곡된 것으로서, 예술 자체의 본질적인 면은 아니라는 것을 우리는 쉽게 지적할 수 있다. 만약 우리가 감각적 즐거움을 일종의 대체적인 신(a surrogate God)으로 만든다고 한다면, 그것은 어떤 사악한 것을 선한 것으로 여기는 것이라기보다는 어떤 제한적인 선을 궁극적 선처럼 여기는 것이라고 볼터쉬토르프도 지적한다.[62] 하지만 본인은 여기에 덧붙여 아름다움의 신학을 발전시키려는 어떠한 시도들도 간과해서는 안 될 몇몇 추가적인 질문들이 있다고 생각한다. 보다 구체적으로 몇몇 문제들은 아름다움의 개념에 직접 관계되고, 다른 문제들은 그 범위가 다양한데 예를 들어 신학적 미학의 범위나 그것을 오늘날 발전시키는 데 있어서의 어려움 등을 들 수 있을 것이다.


## 현대적 문제들

오늘날 아름다움은 단순히 무엇이 우리를 즐겁게 하는가의 문제

---

61 Jaroslav Pelikan, *Fools for Christ: Essays on the True, the Good, and the Beautiful* (Philadelphia, 1955), ch. 5.
62 Wolterstorff, *Art in Action*, pt. 3, ch. 1, §4.

라고 그리고 사람들을 즐겁게 하는 것은 개인에 따라서 혹은 문화에 따라서 다르다고 보통 말해지고 있다. 또 혹자는 아름다움이 이미 시대에 뒤떨어진 개념이라고 본다. 그래서 타타르키비츠(Wladislaw Tatarkiewicz)는 "아름다움과 그 쇠퇴의 위대한 이론"(The Great Theory of Beauty and its Decline)이라는 제목의 글에서, "지금 우리 세기에 와서 아름다움에 대한 이론뿐 아니라 아름다움이라는 개념 자체도 위기에 놓여있음을 발견하게 된다"라고 하였다.[63] 본인은 나중에 이러한 주장들을 반박할 것이고, 아름다움이라는 개념이 우리 시대에 와서 불필요해진 것은 아니라고 주장할 것이다. 하지만 우리가 언급한 대부분의 신학자들이 오늘날 통용되고 있는 미학 이론과는 아주 다른 배경에서 글을 썼었고, 그때처럼 오늘날에도 아름다움이 중심적 개념으로 역할하고 있지는 않다는 것은 사실이다. 오히려 최근의 철학적 미학 이론은 예술작품의 존재론적 위상, 미학적 경험의 현상학, 표상과 표현의 본질, 미학적 판단의 척도 등과 같은 문제들에 보다 관심을 갖고 있다. 그리고 예술에 관한 글들은 창조성, 상상력, 감정의 고양과 같은 것을 강조하며 예술작품의 독창성, 그것의 새로움과 신비에 몰두하는 경향을 보인다. 미학적 판단의 근거나 본질에 대한 질문은 많은 주제들 중 단지 하나의 주제로 여겨지고 있으며, 여기서조차도 아름다움에 대한 성찰은 대부분 오직 주변적인 것으로 별로 도움이 되지 않는다고 여겨지고 있다. 오스틴(J. L. Austin)은 다음과 같은 유명한 말을 한 적이 있다. "만약 우리가 잠시라도 아름다운 것에 대해 잊어버리고, 대신 고상한 것과 우

---

63 *Journal of Aesthetics and Art Criticism,* 31 (1972-3), 165-80. 인용문은 169페이지를 보라.

울한 것에로 내려갈 수 있다면!"[64] 아름다움의 개념에 대한 이러한 교체 현상은 18세기에 시작된 것으로 보이는데, 이때에 "숭엄", "개성", "취향" 등과 같은 다른 개념들이 비판적 논의에 소개되었다. [65] 물론 아름다움은 칸트와 헤겔의 미학 이론에서 중요한 개념으로 계속 역할을 하였고, 헤겔은 그의 철학 전반에서 아름다움에 중요한 형이상학적 역할을 부여하였다. 러스킨(Ruskin)과 같은 19세기 후기의 작가들은 아름다움에 대해 매우 '높은', 어쩌면 종교적이기까지 한 견해를 보여준다. 하지만 지금 대부분의 사람들이 아름다움에 대해 가지고 있는 견해는 대체적으로 낭만주의 예술의 영향을 받은 것이며(헤겔은 이것을 가장 높은 예술형태로 여긴다), 그들은 예술작품의 형태보다는 내용에 주목하여 과연 그것이 우리의 감정을 작품의 의미를 통해서 자극할 수 있는지에 주목한다. 또한 오늘날 많은 작가들은 음악이 보다 근본적인 미학적 경험을 제공하는 것으로 여기게 되었는데, 이러한 변화는 시각적 예술을 하나님의 '비전'을 중재하는 패러다임으로 여겼던 전통 신학과 대조를 이룬다.

20세기에 와서 아름다움에 대한 이러한 평가절하는 한편으로는 예술과 아름다움에 대한 이전의 높은 평가에 대한 반작용으로, 또 다른 한편으로는 철학적 회의주의의 결과라고 볼 수 있을 것이다. 아름다움이라는 말은 문제만 많이 만드는 것처럼 여겨진다. 아름다움이란 무엇인가, 왜 우리는 그것을 정의하고 평가하는 데 어려움

---

64 J. L. Austin, "A Plea for Excuses," in *Philosophical Papers* (3rd edn., Oxford, 1961), 183.
65 Jerome Stolnitz, "'Beauty': Some Stages in the History of an Idea," *Journal of the History of Ideas*, 22 (1961), 185-204.

을 가지는가, 왜 사람들은 그것에 대해 의견을 달리하는가, 그것은 사물 자체들에 내재하는가 혹은 "감상자의 눈 속에만" 존재하는가? 비트겐슈타인(Ludwig Wittgenstein)은 아름다움의 개념이 많은 해악을 가져왔다고 보는 반면,[66] 듀프렌(Mikel Dufrenne)은 아름다움을 불필요하고 위험한 개념으로 여기면서 "빼어남," "숭엄함," "우아함"과 같은 보다 정확한 용어들을 선호한다. 듀프렌은 또한 아름다움이라는 용어가 조화, 순수함, 고상함, 평온함 등과 같은 고전예술의 이상들을 종용하는데 사용되었으며, 이것이 자의적이고 메마른 교조주의를 불러왔다고 본다.[67]

이러한 평가절하는 단지 비평가나 철학자에게서만 발견되는 것이 아니라, 예술가 사이에서도 또한 발견된다. 그들은 예술가의 역할이 창조의 아름다움을 즐거워하는 것이라는 전통적인 견해를 거부한다. 그러한 반응의 극단적 형태가 마르셀 뒤샹(Marcel Duchamp)의 "반(反)-예술"에서 발견되는데, 그는 변기를 가지고 『샘』(*Fountain*)이라는 작품을 만들었다. 이것은 아마 부르조아 계급에게 충격을 주기 위해서였을 것이다. 하지만 볼터쉬토르프는 다른 보다 심각한 예들을 제시한다(그 자신은 아름다움을 이용 가능한 개념으로 여기나, 미학적 탁월함에 있어 충분하거나 필연적인 조건은 아니라고 본다). 예를 들어 모리스(Robert Morris)는 자신의 심리적 구상물 『연도』(連禱,

---

66 그의 *Culture and Value*, trans. Peter Winch (2nd edn., Oxford 1980), 55를 보라; 또한 그의 *Lectures and Conversations on Aesthetics, Psychology and Religious Belief*, ed. Cyril Barrett (Oxford, 1966), i, §§7-9, p. 3을 참조하라.

67 Mikel Dufrenne, *The Phenomenology of Aesthetic Experience*, trans. Edward Casey *et al*. (Evanston, Ill., 1973), pp. lviii-lx.

*Litanies*)가 '어떠한' 미학적 특질이나 내용도 가지지 않는다고 주장하며, 미국의 화가 뉴먼(Barnett Newman)의 진술을 인용한다. "여기 미국에서 우리 중 몇몇은 유럽문화의 무게로부터 자유로워져서, 예술이 아름다움의 문제에 어떠한 연관도 가진다는 것을 부정함으로써 그것을 어디서 발견할지의 문제에 대답한다."[68]

유럽의 (그리고 다른) 문화가 맞는 것으로 판명될지도 모른다. 하지만 본인이 제기한 문제들은 신학적 미학에 관심을 가지는 이에게 난제들을 제공할 것임에는 틀림없다. 이러한 난제들로부터 탈출할 수 있는 가장 손쉬운 방법은 우리의 논의에서 아름다움이라는 개념을 생략해 버리는 것이다. 출애굽기 31장과 35장의 브살렐과 오홀리압에 대한 텍스트는 그들의 예술적 기교를 성령의 선물이라고 묘사함에 있어서 아름다움을 언급하지는 않는다. 따라서 우리는 아름다움의 신학을 발전시킬 필요 없이도 단지 예술을 성령의 선물로 여길 수도 있을 것이다. 우리가 자연과 예술의 아름다움을 하나님의 선물로 여긴다고 하더라도, 그것을 신성한 아름다움의 닮은꼴 내지 성례로 여기는 견해가 하나님의 초월성을 위협할 수도 있기 때문이다. 달리 말해, 우리는 조나단 에드워즈나 다른 이들의 야심에 찬 시도보다는 훨씬 제한적으로 신학적 미학에서 성령의 자리를 마련할 수도 있을 것이다. 즉 우리는 아름다움의 개념을 완전히 생략해 버리거나, 또는 최소한 성령을 미화자(beautifier)라고만 말하고 하나님의 아름다움 자체와 그것이 지상적 아름다움에 가지는 관계에 대해서는 성찰하기를 거절할 수도 있을 것이다.[69]

---

68 Wolterstorff, *Art in Action*, 54.

본인은 이러한 보다 제한적인 견해들이 적합할 수도 있지만, 성서적 증언과 기독교 전통의 풍부함에 온전히 충실하지는 못하다고 생각한다. 아름다움의 개념을 생략하자는 제안은 매우 극단적일 뿐 아니라, 본인의 생각에는 성급한 것이기도 하다. 본인이 언급한 타타르키비츠의 글이 발표된 이후로, 영미 분석철학의 전통에 속한 두 철학자 마더실(Mary Mothersill)과 서셀로(Guy Sircello)는 아름다움이 사물들의 실제적 속성이라는 견해를 옹호하는 중요한 책들을 썼다.[70] 또한 토마스주의 전통 혹은 다른 전통에 서 있는 작가들의 견해도 언급할 수 있을 것이다.[71] (특히 타타르키비츠 자신도 인정하듯이[72]) "미학적" 등등 아름다움을 대체한 개념 중 몇몇은 정의와 분석에 있어 이와 유사한 어려움에 봉착하게 된다.

본인이 제안하고자 하는 해결책은 아름다움의 개념을 계속적으로 사용하지만, 미학적이고 종교적인 이유에서 여러 다른 개념들도 함께 채용하는 것이다. 종종 몇몇 위대한 예술작품들에게 '아름답다'는 표현이 부적절해 보인다는 지적이 있어 왔다. 『리어왕』, 베토벤의 푸가곡, 콜머에 있는 그륀네발트의 『십자가형』, 『매직 마운튼』,

---

69 그러한 '제한된' 미학에 대해서는 Calvin Seerveld, *Rainbows for the Fallen World* (Toronto, 1980)을 참조하라. 특히 pp. 181과 196에서 성령의 역할이 논의되고 있다. 또한 볼터쉬토르프의 책도 참조하라. 비록 조나단 에드워즈가 예외적이기는 하지만, 본인은 이러한 제한적 미학 이론을 "칼빈주의적 입장"이라고 부르고자 한다.

70 Mary Mothersill, *Beauty Restored* (Oxford, 1984); Guy Sircello, *A New Theory of Beauty* (Princeton, NJ, 1975).

71 예를 들어 Armand Maurer, *About Beauty* (Houston, Tex., 1983) 그리고 H. G. Gadamer, *The Relevance of the Beautiful and other Essays*, trans. Nicholas Walker (Cambridge, 1986)을 보라.

72 "The Great Theory of Beauty," 178.

소포클레스의 『오이디푸스왕』 등이 과연 '아름답다'고 할 수 있을까?73 몇몇의 경우에 있어 우리는 예이츠(Yeats)의 "공포스러운 아름다움"이라는 표현을 빌릴 수도 있을 것이다.74 하지만 이것조차도 그로츠(George Grosz)의 그림들에서는 부적절한 것처럼 보인다. 우리는 차라리 『리어왕』과 같은 작품들을 강력하다, 감동적이다, 장엄하다, 혹은 숭엄하다 등등으로 묘사하기를 선호한다. 따라서 우리가 아름다움의 개념과 관련되는 난제들을 극복하거나 혹은 최소한 그런 것들을 용인할 수 있다고 하더라도, 우리 자신을 아름다움에만 제한시켜야 할 이유는 없는 것이다. 왜냐하면 다른 종류의 미학적 가치들이 존재하며, 또한 '미학적 가치'라는 표현조차도 인간의 심리에 대한 세익스피어의 통찰이나 뛰어난 상상력에 대해 우리가 느끼는 감동을 온전히 표현하기에는 부적절하기 때문이다.75 동일한 입장이 종교적 관점에서도 적용될 수 있을 것이다: 왜 우리는 예술작품 속에서의 성령의 현존이 그것의 아름다움에만 제한된다고 가정하는가? 성령은 일반적으로 진리와 관련되고, 통찰과 경험의 열매로서의 그러한 성령의 진리는 문학과 다른 예술 장르들 속에서 추구될 수도 있다. 이와 유사하게, 전통적으로 성령은 또한 마음을 따뜻하게 만드는 것과 관련되어있는데, 이것은 예술이 가지는 '감정적' 특질 혹은 감동의 힘과도 관계될 수 있다. 예술은 우리

---

73 Wolterstorff, *Art in Action*, 163; 그리고 Monroe C. Beardsley, *Aesthetics: Problems in the Philosophy of Criticism* (2nd edn., Indianapolis, 1981), 509 참조.

74 "공포스러운 아름다움이 태어났다"라는 표현은 그의 시작품 *Easter 1916*의 후렴을 이룬다.

75 여기에 대해서 David Pole, *Aesthetics, Form and Emotion*, ed. G. Roberts (London, 1983), 1장과 2장을 참조하라.

들의 감정이나 상상력을 움직이며, 우리의 감정의 폭을 확대시킨다 (그리고 비록 오늘날에는 별로 인기 없는 주장이겠지만, 아마 예술은 교훈적이고 도덕적인 측면들을 통해서 그렇게 하는지도 모른다). 성령의 행동 양식은 다양하여서 아름다움이나 혹은 '미학적 가치'에만 관련될 필요는 없을 것이다. 우리는 또한 문학에서의 상상력이나 도덕적 통찰, 음악에서의 감정 등의 예들을 관찰하며 서로 다른 성령의 매개물들에 대해 이야기할 수도 있을 것이다. 어떤 예술들은 자연의 세계를 반영하는 데 비해 다른 예술들은 내면의 세계를 표현한다. 이러한 사실은 자연의 세계나 인간의 마음과 같이 성령이 임재하고 활동하는 서로 다른 영역들이 존재한다는 것을 보여주는 것이다. 따라서 예술작품들의 다면성 그 자체가 일종의 신학적 중요성을 가지며, 특히 성령에 관련되어 있을지도 모른다. 더군다나 현대의 미학 이론은 그 논의의 범위를 엄청나게 확장시켜왔기 때문에, 그것이 예술에 대한 신학적 접근을 위협한다기보다는 오히려 '더 폭넓은' 접근을 제공할 수도 있다.

결론적으로 본인은 다양한 방식으로 우리의 경직된 접근법을 '보다 느슨하게' 만들어야만 하고, 그것이 오히려 유익할 것이라고 제안한다. 우리는 아름다움 이외에 여러 다른 특질들도 고려해야만 하며, 또한 초대의 기독교 교부들은 아름다움에 대해 지금 우리의 그것보다는 보다 포괄적인 관념을 가졌었다는 것을 기억해야 할 것이다(어떤 경우든, 그리스어 'kalos'는 영어 'beautiful'에 비해 보다 풍부한 함의들을 가지고 있었다). 우리는 또한 우리에게 즐거움을 주는 예술의 힘 이외에도 그 상징적, 재현적, 혹은 표현적 능력이나 감정을 움직이는 힘 등과 같은 예술의 다양한 기능에도 주목하여야만 할 것이다.

하지만 본인이 논의를 시작하며 제기했던 문제들 중에서 아직 답하지 않은 것도 있다: 우리는 얼마나 광범위하게 우리 논의의 폭을 정해야 하는 것일까? 예를 들어, 우리는 음악이나 자연의 아름다움 이외에도 건축술이나 요리법도 포함해야만 할까? 신학적 미학은 대부분 그 예들을 음악, 회화, 조각, 문학과 같은 순수예술이나[76] 혹은 자연의 아름다움에서 가져오는 경향이 있다. 또한 어떤 작품이나 매개물은 특히 신학적으로 적합하다고 여겨져 왔다. 바르트처럼 많은 이들이 모차르트 음악의 '초자연적인' 아름다움에 주목하였고, 음악을 성령에 주목할 수 있는 가장 적합한 예술형태로 여겼다. 아퀴나스와 헤겔은 비록 다른 이유에서였지만 그림이나 시와 같이 시각 혹은 청각과 관련된 예술형태를 선호하였다.[77] 또한 우리는 예를 들어 건축과 같은(종교적 건축은 여기서 예외에 속할 것이다) 예술형태들은 신학적 미학의 저자들에 의해 혹평을 당하는 것을 종종 본다. 사실 이런 예술들은 우리의 주제를 표현하기에는 힘든 매개체인 것처럼 보인다. 건축가는 어떻게 자신의 작업에서 성

---

76 마리땡과 볼터쉬토르프는 '순수예술'(fine arts)이라는 현대적 구분이 오직 18세기에 와서야 대두되었다고 한다. 보다 이전의 시대에서는 주로 '종속예술'(servile arts)과 '자유예술'(liberal arts)로 구분되었으며, 건축술이나 회화가 전자에 속하는 것으로 보아졌다. Jacques Maritain, *Art and Scholasticism*, trans. J. W. Evans (New York, 1962), 4장과 Wolterstorff, *Art in Action*, pt. 1, §4를 참조하라.

77 Aquinas, *Summa Theologiae* (이후로 ST), 1a2ae. xxvii. 1 ad 3. 아퀴나스는 아름다움이 인식의 능력과 관련된다고 보았고, 따라서 미각과 후각을 제외시켰다. Hegel, *Aesthetics: Lectures on Fine Art*, trans. T. M. Knox (Oxford, 1975), I. 38-9. 헤겔은 시각과 청각의 감각들을 통해서 영이 예술에서 감각적으로 드러난다고 보았다.

령의 영감이나 인도를 받을 수 있단 말인가? 어떤 건물이 성령의 영감의 결과인지 아닌지 어떻게 구분할 수 있는가?(본인은 미국의 작가 메일러[Norman Mailer]가 텔레비전의 한 토론회에서 과대 망상적으로 현대 건축물은 악마에 의해 영감을 받았다고 선언하는 것을 들은 적이 있다!) 영화도 역시 상대적으로 간과되고 있으며, 요리법은 거의 언급도 되지 않는다(비록 시어벨드[Calvin Seerveld]가 자신의 『타락한 세상을 위한 무지개』[Rainbows for the Fallen World]에서 "부엌에서 주님께 영광"이라는 장을 포함시키긴 했지만). 아마 이러한 현상은 미각이나 후각은 그 인식력에 있어 가장 떨어지는 감각기관이며, 따라서 아름다움과 아무 상관이 없다는 아퀴나스적인 견해에서 기인하는 것 같다(하지만 터그웰[Simon Tugwell]은 초대 교회에서 향내가 성령의 임재의 표시로서 광범위하게 받아들여졌다고 보고 한다[78]). 만약 우리가 음악을 신학자들이 가장 소중하게 여기는 예술형태들 중의 하나라는 견해를 받아들인다 하더라도, 그 고찰의 범위를 어느 정도까지 정해야 하는 것일까? 허멜(Hummel)과 같은 고전음악의 거장들까지, 에릭 코츠(Eric Coates)와 같은 '세미 클레식' 작곡가들까지, 재즈까지, 혹은 팝음악까지?

이러한 흥미롭지만 충분히 논의하기에는 시간이 부족한 문제들에 대해 본인은 실용적인 접근을 하고자 한다. 예술작품과 자연의 아름다움의 예들에서 우리는 가장 근원적이고 감동적인 성령의 역할을 발견할 수 있는 것 같다. 따라서 본인은 그러한 예들에 주목하

---

78 Simon Tugwell, "Faith and Experience V: Religious 'Natural History,'" *New Blackfriars*, 60 (1979), 74. 또한 Aquinas, *ST* 1a2ae. xxvii. 1 ad 3을 참조하라.

고자 하지만, 그렇다고 여기에 제한되어야 한다고 주장하지는 않는다. 이와 유사하게 본인은 아름다움과 미학적 가치에 대한 논의에 있어, 점차 확장하여 토론을 진행하고자 한다. 다음의 두 장에서 본인은 일반적 아름다움의 개념과 신성한 아름다움의 개념을 고찰하는 것으로 시작해서, 다른 관련이 있는 미학적 개념들을 살펴보게 될 것이다. 그런 다음에 4장과 5장에서 성령의 역할과 영감의 본질에 대해 집중하고자 한다. 마지막으로 6장과 7장에서 본인은 미학적 특질들과 하나님의 완벽성들 사이의 관계에 대해 논의하고, 아름다움과 거기에 관련된 특질들이 앞으로 올 세상에서의 만물의 갱신을 예견한다는 견해를 제안하고자 한다. 이러한 주제에 대한 논의에서 우리는 크게 세 가지 과제를 가지게 될 것이다. 여러 시대와 장소에 걸쳐 광범위하게 흩어져있는 신학자들이나 다른 작가들의 각 주제에 대한 진술을 모아들이는 일, 그러한 것들이 어떻게 일관적이고 체계적으로 성령의 신학을 발전시키는 데 도움이 되는지 보여주는 일 그리고 마지막으로 미학에 대한 현대의 우리 경험과 이해에 비추어 그러한 성령의 신학이 과연 타당성을 지니는지 고찰하는 일.

# 제 2 장
# 아름다움의 유형들

　우리는 "아름답다"라는 말을 그 분석의 어려움이나 여러 가지 다른 미학적 용어들의 효용성에도 불구하고 아직 일반적으로 사용하고 있다. 이것은 분명 난해하고 기술적인 용어는 아니다. 아름답다는 말은 주로 어떤 사물이나 사람에 대한 평가로서 사용되는데, 이것은 이후에 보다 자세한 미학적 판단의 용어들에 의해 정당화되거나 혹은 어떤 구체적인 측면이나 속성을 가리키는데 채용된다. 후자의 경우 서셀로가 지적하듯 "아름답게"라는 부사가 또 다른 용어를 수식하도록 종종 사용되어 진다: 그래서 가을하늘이 아름답게 맑을 수 있고, 연극이 아름답게 연출될 수 있는 것이다.[1]

　아름다움이나 다른 미학적 특질들에 대한 진술은 종종 도덕적 판단과 한 덩어리로 모아져 '가치 판단'이라 묘사되기도 한다. 하지만 이들 사이에는 몇몇 중요한 차이들도 존재한다. 도덕적 판단은 대체로 낙태나 거짓말같이 어떤 행동들의 전체 범주에 대해 내려지

---

1 Guy Sircello, *A New Theory of Beauty* (Princeton, NJ, 1975), §5.

는 반면, 미학적 판단은 보통 개별적인 것에 대해 내려지며 그 판단이 전체 범주에로 확장되는 경우는 아주 드물다. 예를 들어 사람들은 터너(Turner)가 그린 어떤 한 구체적인 작품을 아름답다고 칭송할 수는 있어도, 대부분의 경우 그의 모든 작품들이 아름답다고 말하지는 않는다(비록 이것이 사실인 경우에도 마찬가지일 것이다; 하지만 본인이 미학에 있어서의 '모든' 일반화를 배제시키려고 의도하는 것은 아니다). 그래서 마더실은 미학을 윤리의 틀에 강제적으로 집어넣으려는 시도는 무익하다고 주장한다: 윤리의 기초적 판단들은 그 자체로 거의 법칙적이라고 말할 수 있는 반면, 미학의 그것들은 어떤 구체적인 사물이 왜 즐거움을 주고, 감동시키고, 유쾌하게 만드는 지에 대한 판단들이다.[2] 나아가 그녀는 고전이라는 잣대가 미학에 있어 중요한 모범적 역할을 한다고 주장한다. '일리아드는 위대한 시이다'라는 판단은 '우리는 진리를 말해야만 한다'는 판단과 동일한 위상을 가진다는 것이다(하지만 아시시의 프란치스코 혹은 오츠 선장과 같은 성자들과 영웅들은 윤리에 있어 유비적인 역할을 한다고 본인은 또한 생각한다).

우리의 기본적인 미학적 판단들은 구체적 사물들에 대한 반응으로서 이루어지기 때문에, 우리들은 그런 판단들에 '합리적 추론'(reason)을 통해 도달하기보다는 오직 이후의 성찰을 통해 그 판단들을 정당화하고자 시도할 뿐이다. 또한 미학적 판단들은 예를 들어 우리에게 즉각적으로 매력적이지는 않지만 우리가 존경하는 어떤 이에 의해 추천되었기 때문에 한 작품을 그렇게 감상하고자 노력하

---

2 Mary Mothersill, *Beauty Restored* (Oxford, 1984), 170-5.

는 경우를 제외하고는, '의지'(will)와 관련된 것도 아니다. 이런 추천의 경우에조차도 우리는 자신들로 하여금 아름다움이나 다른 미학적 특질들을 발견하도록 '만들' 수는 없는 것이다. 그래서 맥도웰 (John McDowell)에 따르면, 미학적 가치판단은 결정함이나 선택함 보다는 눈으로 봄에 더 가깝다고 한다.3 이런 견해는 '미학'이라는 용어의 어원을 고려할 때 당연한 것인지도 모르겠다.

하지만 어떤 경우들에 있어 우리는 그러한 미학적 판단을 하는 것일까? 본 장에서 본인은 예술적일 뿐 아니라 도덕적이고 영적인 경우들을 포괄하여 '광범위한' 경우들이 여기에 해당한다고 제안할 것이다. 또한 본인은 이러한 경우들 사이에는 유비적인 유사성도 존재한다고 주장하고자 한다. 그리고 마지막으로 아름다움이나 다른 미학적 개념들이 가지는 종교적 중요성을 논의함으로 이 장을 마칠 것이다.


## 아름다움의 다양성

대부분의 현대 미학 이론은 예술작품들에 관심을 갖는다. 헵번 (Ronald Hepburn)이 지적하듯이, 많은 20세기 작가들은 미학을 예술 철학이라고 정의한다.4 이러한 경향은 이미 헤겔이 보여주고 있는

---

3 John McDowell, "Aesthetic Value, Objectivity, and the Fabric of the World," in Eva Schaper (ed.), *Pleasure, Preference and Value* (Cambridge, 1983), 1-16, esp. 5.

4 Ronald Hepburn, "Contemporary Aesthetics and the Neglect of Natural Beauty," in his *"Wonder" and Other Essays* (Edinburgh, 1984), 1장 참조.

데, 그는 '미학'(aesthetics)이라는 말보다는 '순수예술의 철학' (philo-sophy of fine arts)이라는 표현을 선호하였고 예술의 아름다움이 자연의 그것보다 더 고차원적인 것이라고 주장하였다. 왜냐하면 그것은 "'영으로부터 태어났고 거듭 태어난 것'이기 때문이고, 보다 고차원적인 영과 그것의 생산물이 자연과 자연적 현상들 위에 위치하는 것과 마찬가지로 예술적 아름다움도 자연적 아름다움 위에 위치하기 때문이다."5 우리는 자연의 아름다움을 경시하는 데에 대한 타당한 비판을 여러 가지 제기할 수 있을 것이다. 이러한 입장은 미학적 즐거움에 있어서 많은 평범한 사람들이 소중하게 여기는 한 중요한 원천을 간과하는 것이고, 따라서 미학의 범주를 제한시키는 것이다. 나아가 우리는 여기서 우리의 주제와 연관된 추가적인 고려를 할 수 있을 것이다. 많은 종교적 신자들에 있어 자연은 성례전적인 측면을 가지며, 그것의 아름다움은 하나님의 독창성과 관대함 그리고 아마도 하나님 자신의 아름다움을 드러내는 표식으로 여겨지기도 한다.

따라서 우리는 자연과 예술의 아름다움 둘 다에서 시작하여 범위를 확장시켜 보고자 한다. 개괄적으로 보면, 아퀴나스의 '통합성' (wholeness), '하모니'(harmony) 그리고 '발광성'(radiance)이라는 트리오가 아름다움의 조건들을 잘 요약하고 있으며 이것들은 아름다운 풍경, 심포니, 혹은 그림 등에 잘 적용될 수 있는 것처럼 보인다. 하지만 아퀴나스는 분명 이 세 가지 조건들 모두가 충족되어져야 한

---

5 Hegel, *Aesthetics*, i, trans. T. M. Knox (Oxford, 1975), 2. 헤겔의 자연의 아름다움에 대한 논의로는 118-52를 참조하라.

다고 생각하였다.6 이에 비해 우리는 여기서 오직 하나 혹은 두 가지 조건만이 충족되는 많은 경우를 발견하게 된다. 예를 들어 어떤 가을날의 푸른 하늘은 발광성을 가지며 혹은 어떤 의미에서는 통합성도 가질지 모르나, 여기서는 차별화된 부분들이 부재하기 때문에 '하모니'의 범주는 적합하지 않은 것 같다. 헤겔은 잘 닦여진 표면이나 혹은 거울같이 잔잔한 호수 등과 같은 감각적 재질들의 아름다움에 대해 이야기하며 그것들을 하늘, 음악의 선율 그리고 색채 등의 순수성에 비유하였다(*Aesthetics*, 141-2). 이와 마찬가지로, 플로티누스(Plotinus)도(고귀한 행동, 훌륭한 법률 그리고 미덕 등의 아름다움은 말할 필요도 없이) 색깔, 태양, 황금 그리고 별들의 아름다움에 대해 말하며 그러한 아름다움을 대칭성(symmetry)과 동일시한다(*Enneads*, i. 6. 1). 서셀로는 여기서 더 나아가 비록 우리가 표현하기에는 그 적절한 말들이 부재하지만 맛, 냄새 그리고 촉감조차도 아름다울 수 있다고 주장한다.7 이런 주장들에 견주어 볼 때, 아퀴나스의 분석은 "아름다운 단순성"(beautiful simplicity)을 표현하기에는 너무 일반적인 감이 없지 않다.8

우리는 아퀴나스의 세 가지 조건 중에서 오직 한두 가지만 요구될 수도 있다고 그의 분석을 손쉽게 수정할 수도 있을 것이다(사실 아퀴나스 자신도 항상 세 가지 조건들 모두를 주장하지는 않는다; 예를 들어 *ST* 2a2ae. 145. 2). 하지만 그의 분석이 수정되든 그렇지 않든 그것

---

6 *Summa Theologiae*, 1a. xxxix. 8.

7 Sircello, *A New Theory of Beauty*, §20.

8 피치노(Marsilio Ficino)가 플라톤의 『향연』의 주석으로 쓴 자신의 *De Amore*의 5번째 연설 3장에서 플로티누스와 같은 주장을 할 때 이 같은 표현을 사용하였다.

이 포착하지 못하고 있는 많은 다양한 형태들의 아름다움이 있다. 본인은 여기서 사물들이 주는 감동이나 심오함으로 인해 그것들이 우리에게 충격적으로 아름답게 다가오는 예를 생각하고 있다. 하지만 또한 예이츠가 "공포스러운 아름다움"이라고 부른 것도 있을 것이다. 아퀴나스의 분석은 대부분의 고대와 중세의 미학 이론들과 마찬가지로 주로 시각예술에, 특히 형태들의 측면에서 평가되는 것에 보다 적절한 것 같다. 하지만 문학이나 음악과 같은 다른 많은 예술형태에 있어(특히 낭만주의 작품들의 경우), 아름다움은 종종 의미와 감정의 문제로 여겨진다. 헨델(Handel)의 『메시아』에 나오는 아리아 "내 구원자가 살아있음을 나는 아네"(I know that my Redeemer liveth)에서 우리는 통합성, 하모니 그리고 발광성을 발견할 수 있다는 것을 의심하지 않는다. 하지만 또한 많은 이들에게 그 아리아는 심오하고, 고결하고, 감동적이며 바로 그렇기 때문에 아름다울 수도 있는 것이다. 혹은 렘브란트(Rembrandt)의 예를 보라. 보들레르는 그를 라파엘에 비교하며, 렘브란트는 "그의 누더기를 흔들면서 인간의 고통을 우리에게 말해준다"고 했다.9 이 경우에 있어 아퀴나스의 세 조건의 트리오는 다소 제한적이고 설득력이 약한 것 같다. 이것은 후기낭만주의 예술의 경우에도 마찬가지일 것이다. 더군다나 콜마에 있는 그뤼네발트(Grünewald)의 『십자가형』과 같은 작품들에 있어서는 아퀴나스의 분석이 완전히 부적절한 것처럼 보인다. 아마 그것이 "공포스러운 아름다움"을 표현하고 있기 때문일

---

9 Charles Baudelaire, *Art in Paris, 1845-1862*, ed. and trans. Jonathan Mayne (London, 1965), 47.

것이다.

우리는 렘브란트나 그뤼네발트의 작품들이 비록 어떤 다른 미학적 장점을 가질지는 몰라도 아름다운 것은 아니라고 여길 수도 있다. 보들레르가 그에 대해 글을 쓴 몇 년 후에, 러스킨은 렘브란트가 생동감 넘치는 형태들에 너무 부주의하여서 "행상인의 엉덩이에 붙은 머리카락 위에 비치는 등잔빛"과 같이 "그가 바라보는 가장 하찮은 것들 중에 가장 불결한 것을 그렸다"고 혹평하였다.[10] 예술비평의 역사에 있어 이런 예들은 비일비재하다. 하지만 대체로 후대의 세대들은 또한 그들에게 처음에는 낯설고 새로운 것도 긍정적으로 수용하기 위해 무엇이 아름다운가에 대한 자신들의 척도를 확장시키고자 노력한다. 그래서 드러리(John Drury)는 렘브란트의 누드화가 어떻게 르네상스의 미(美)개념에 도전하고 있는지를 보여준다 (그는 또한 이사야 53과 빌립보서 2장에 나오는 '고운 모양도 없는 수난의 종'과 '자신을 비우는 그리스도'를 언급하며, 기독교는 새로운 종류의 아름다움을 제안해야만 할지도 모른다고 주장한다).[11] 우리는 이것을 달리 말해 전통적인 미개념의 '경계들'에 도전하는 것이라고도 볼 수 있다. 보티첼리(Botticelli)의 『비너스의 탄생』(*Birth of Venus*)과 렘브란트의 누드화 '둘 다'를 우리는 아름답다고 흠모할 수 있는 것이다.

아름다움에 대한 생각을 확장하려는 가장 초기의 그리고 가장

---

10 John Ruskin, *The Cestus of Aglaia*, ch. 5; Library edn. of Ruskin's Works, xix (London, 1905), 109.

11 John Drury, "God, Ugliness and Beauty," *Theology,* 76 (1973), 531-5. 몰트만(Jürgen Moltmann)은 요한복음이 예수의 고난과 죽음에서 그의 영광(*doxa*)에 대해 말하고 있음을 지적하며, 이것이 곧 가치들의 전환(transformation of values)을 가져온다고 주장한다 (*Theology of Play*, trans. R. Ulrich, New York, 1972, 41-2).

야심에 찬 시도가 플라톤에 의해 이루어졌다. 플라톤은 그의 『향연』에서 아름다움의 연인들에게 권고하기를 '아름다운 몸'에서 '아름다운 영혼'에로, '규율', '법률' 그리고 '지식과 배움의 영역'을 거쳐 그들이 '아름다움 자체'에로 올라가야 한다고 말한다(210-11). 또한 그는 『법률』에서 정의의 아름다움을 예찬한다(ix. 859d). (그러한 아름다움의 범위의 확장은 영어에서보다는 그리스어에서 보다 손쉽게 이루어질 수 있는데, 그 일상적 용법에 있어서조차도 'kalos'는 'beautiful'보다 더 폭넓은 경우들에 적용될 수 있기 때문이다. 프랑스어 'beau'와 'belle'도 마찬가지인데 종종 '순수'(fine)로 번역되어진다). 플라톤의 저작은 앞의 장에서 우리가 언급한 초기 기독교 교부들에게 잘 알려져 있었는데, 그들로 하여금 영적이고 신성한 아름다움이 물리적이고 예술적인 아름다움보다 더 가치가 있다고 주장하는데 근거를 제공하였다.

또한 선행이나 미덕의 아름다움에 대한 담론은 고대 세계에 있어 일반적인 것이었는데, 우리는 단지 플라톤의 영향을 여기서 배타적으로 언급할 필요는 없을 것이다. 예를 들어, 아리스토텔레스는 미덕이 아름답다고 말하며(Rhetoric, 1366a 35), 키케로는 덕의 광채와 아름다움에 대해 이야기한다(De Officiis, ii. 10. 37). 그러한 담론은 단지 고대 세계나 기독교 신학자들에 국한된 것도 아니었다. 예를 들어 흄(Hume)은 "고귀하고 너그러운 행동보다 더 빼어나고 아름다운 장관은 없을 것이다"라고 한다(Treatise, iii. 1. 2). 이러한 담론이 오늘날 완전히 사라진 것은 아니다. 우리는 성격의 달콤함이나 도덕적 결함에 대해 이야기하며, 특히 선한 삶을 살아갈 뿐 아니라 그것을 억지로 스트레스를 받아가며 하는 것이 아니라 자연스럽게 기쁨으로 이루어 가는 자들을 존경한다(이것은 이빨을 갈아가며 억지로 노력하는 소위 '근육질의 기독교인들'과 대조가 될 것이다). 이러한 도덕적 아름다움이라는 생각은 사람들이 어떤 이를 가리켜 '사랑이 넘치는 사람'(lovely person)이라고 부르는 데에서도 드러난다. 이러한 표현은 지금은 다소 진부하게 느껴지지만, 아름다운 외모와는 달리 아름다운 인성이라는 측면을 드러내는 것이다.

그리스 철학자들이 주목한 또 다른 형태의 아름다움으로는 지성적 아름다움(intellectual beauty)이 있다. 예를 들어 아리스토텔레스는 아름다움을 수학에 연결했다.12 이러한 생각도 오늘날 이어지고 있는데, 우리는 종종 과학이론의 아름다움과 수학적 증명의 우아함에 대해 이야기한다. 볼터쉬토르프는 아름다움 이외에도 '드라마틱함', '부자연스러움', '일관성' 그리고 '복잡함' 등등의 다른 미학적 특질들이 이야기나 증명과 같은 비(非)-가시적 실재들에 적용될 수 있다고 제안한다.13

아름다움이 미덕이나 지성적 실재 등에도 적용될 수 있다고 보는 것은 중요한 신학적 의미를 가진다. 곧 아름다움이 단지 물질적 사물들에게만 제한되는 것이 아니라 하나님에게도 관련될 수 있다는 것을 보여주기 때문이다. 우리는 색채, 형태, 소리, 육체 등과 같이 우리가 감각적으로 경험할 수 있는 것들에 대해서만 아름답다고

---

12 *Metaphysics*, xiii. 3. 1078a33-b2; 또한 기하학적 도형들의 아름다움에 대해서는 Plato, *Timaeus*, 53-4를 참조하라.

13 Nicholas Wolterstorff, *Art in Action: Toward a Christian Aesthetic* (Grand Rapids, 1980), pt. 2, §9.

보는 경향이 있다. 따라서 어떤 몸이나 물질도 가지지 않는 하나님에 대해 아름답다고 묘사되는 것이 어떤 의미를 가지는지 우리는 잘 이해하지 못한다. 하지만 최소한 지성적 아름다움에 대한 논의는 3장에서 우리가 하나님의 신성한 아름다움에 대해 이야기하게 될 때 도움을 제공하게 될 것이다. 왜냐하면 그것은 비록 비신학적인 맥락에서조차도 물질적이지 않은 아름다움에 대한 공간이 남아 있다는 것을 보여주기 때문이다.

사실 기독교 신학자들은 지성적 아름다움보다는 도덕적 아름다움에 보다 관심을 가져왔고, 그것을 일종의 하나님을 닮는 것으로 여겨왔다. 따라서 알렉산드리아의 시릴은 성령의 능력이 모든 형태의 미덕에 있어 우리로 하여금 창조주의 이미지를 온전히 가지도록 만든다고 보았고, 구원받은 자들은 자신들의 본성이 지녔던 원래적 아름다움으로 돌아가게 된다고 생각했다.[14] 종종 신학자들은(지혜서 8:2를 따라) '지혜'의 아름다움에 대해[15] 혹은 '거룩함'의 아름다움에 대해 이야기함으로써 이러한 생각을 확장시켰다(거룩함의 아름다움이라는 표현은 영어권에서 보다 친숙한데, KJV 번역의 몇몇 시편에서 ―예를 들어, 시편 29:2에서― 사용되었기 때문이다. 이후의 번역들은 보다 정확하게 이를 "거룩한 옷"으로 번역하였다). 예를 들어, 조나단

---

14 *In Jn. Ev.*, bk. 9(*PG* 74: 277 b-d); *Dialogue 5 on the Holy Trinity* (*PG* 75: 988d).

15 보나벤투라는 지혜가 도덕적 함의를 가진다고 보며 영적인 아름다움 속에 포함시켰다. 그에 따르면, 이런 영적인 아름다움은 육체적 아름다움을 능가한다(*Commentary on Wisdom, vii. 29, Works*, Quaracchi edn., vi. 159). 또한 그는 진정한 아름다움은 지혜의 아름다움 속에 내재하며, 외부적인 아름다움은 단지 그것의 모방이라고 말한다(*Hexaem, xx. 24; Works* v. 429b). 피치노는 도덕적 혹은 지성적 미덕을 영혼의 아름다움에 포함하였다(*De Amore*, Speech 6, ch. 18).

에드워즈는 "거룩함은 독특한 방식으로 하나님 본질의 아름다움이다"라고 말한다.16 그는 거룩함을 하나님에게만 제한시키지는 않는데, 그는 바로 뒤에 성자들 속에 있는 하나님의 이미지 즉 그들의 거룩함이 곧 그들의 아름다움이라고 말하기 때문이다. 또한 하늘의 천사들의 아름다움과 광채는 그들의 거룩함에 있다고 보았다. 아주 다른 관점에서 반 더 레우(Gerardus van der Leeuw)는 성스러움의 개념이 아름다움을 포함하는 것으로 본다(비록 그의 저작 『아름다움의 성과 속: 예술 속의 성스러움』[*Sacred and Profane Beauty: The Holy in Art*]의 주된 논의가 아름다움은 성스럽다는 반대방향으로 가고 있지만).17 우리는 또한 신성한 '은총'의 아름다움이라는 관련된 개념을 떠올릴 수 있을 것이다. 그리스어와 같은 언어권에서는 이런 표현이 보다 자연스러울 수 있는데, 여기서 은총(*charis*: grace)이 종종 우아함(gracefulness)과 매력(charm)의 의미로 사용되기도 하기 때문이다. 그의 시작품 중 하나에서 홉킨스(Gerard Manley Hopkins)는 "하나님의 보다 뛰어난 아름다움 혹은 은총"에 대해 말하고 있다18 (그는 종종 마음, 성격 그리고 영혼과 같은, 물리적인 아름다움을 초월하지만 미학적으로 아직 인정되지는 않는 다양한 종류의 아름다움들에 대해 이야기한다. 또한 그는 그리스도를 창조된 아름다움의 신성한 원형이라고 여겼으며, 세계 속에 드러나는 완벽한 물리적 혹은 도덕적 아름다움의 원칙

---

16 Jonathan Edwards, *A Treatise concerning Religious Affections*, ed. John E. Smith (New Haven, 1959), 257.

17 Trans. D. E. Green (London, 1963), 333.

18 "To what serves Moral Beauty?," *Poems* (4th edn.; Oxford, 1970), no. 62, p. 98. 아퀴나스도 신성한 빛의 비추임에서 오는 은총의 아름다움(the beauty [*decor*] of grace)에 대해 말한다 (*ST* 1a2ae. cix. 7).

들을 그리스도가 성육화를 통해서 만들었다고 보았다).19

몇몇 작가들은 미학적 아름다움과 영적 아름다움에 병행관계가 있다고 주장하기도 한다. 중세의 신학자 시토의 토마스(Thomas of Cîteaux)는 아가서에 대한 그의 주석에서 흠 없는 사물들의 아름다움을 죄의 정화에서 오는 아름다움에 비교하는 등 서로 다른 종류의 외적인 아름다움을 다양한 영적 아름다움에 관계시켰다20 (많은 교부들과 중세의 신학자들이 아가서를 통해 아름다움에 대한 논의를 하였는데, 대부분은 거기서 직접적으로 드러나고 있는 에로틱한 함의는 무시하였다). 아퀴나스는 성자들을 하나님이 거하시는 집의 아름다움이라고 묘사하였는데, 그들 속에는 아름다운 빛이 비추듯이 하나님의 은총이 비추이기 때문이다(*In Ps*. xxv. 5). 그는 아름다움 일반에 대한 자신의 분석을 미덕에도 적용시키고 있는데, 아름다움이나 매력이 적절한 비례에서 생겨나듯이 "또한 영의 아름다움도 지성을 따라 형성되고 채워진 대화나 행동으로 구성되어 진다"고 말한다(*ST* 2a2ae. 145. 2). 비록 아름다움은 모든 종류의 미덕들과 병행되지만 그중에서도 특히 절제와 밀접한 관계를 가지는데, 절제는 적합한 비례로부터 생겨나고 품위의 타락을 방지하기 때문이다(*ST* 2a2ae. 141. 2 ad 3). 마찬가지로, 헤일스의 알렉산더는 아우구스티누스를 따라 척도(measure), 형상(form) 그리고 질서(order)로서 아름다움을 정

---

19 Hilary Fraser, *Beauty and Belief: Aesthetics and Religion in Victorian Literature* (Cambridge, 1986), 68 ff. 또한 은총의 아름다움에 대한 뉴먼(John Henry Newman)의 찬사에 대해서는 28 페이지 이하를 그리고 페이터(Walter Pater)의 흥미로운 "신성의 우아함"(the elegance of sanctity)이라는 표현에 대해서는 221 페이지를 보라.
20 *PL* 206: 309.

의하며, 이것들은 물리적인 것들뿐 아니라 영적인 것들에도 또한 발견된다고 주장한다. "몸의 아름다움이 여러 부분들의 적합한 배열에 있는 것처럼, 영의 아름다움은 에너지들의 하모니와 또한 능력들의 질서에서 유래한다."[21]

우리가 1장에서 살펴본 것을 통해 예상할 수 있는 것처럼, 많은 기독교 신학자들은 도덕적이고 영적인 아름다움을 미학적 아름다움 위에 위치시켰다. 예를 들어 버나드(St Bernard)는 영혼의 아름다움이 겸손과 거룩함으로 이루어진다고 보며 그것이 말, 외관, 동작 그리고 웃음에조차도 드러난다고 생각했다. 그는 그러한 영혼의 아름다움을 순간적이고 썩어지는 육체의 아름다움과 대조시키기도 하였다.[22] 이런 견해는 현생에서의 물리적 아름다움을 평가절하하는 결과를 가져왔지만, 여기에 부활한 몸의 영광이 종종 대조적으로 찬사되었다. 따라서 마카리우스(St Macarius)가 쓴 것으로 여겨지는 『영적인 훈계들』(Spiritual Homilies)에서, 영적인 사람들은 지상적 광채를 쏟아내는 것으로 여겨지는데 그들이 "또 다른 표현 불가능한 아름다움을 맛보았고 또 다른 종류의 풍부함에 참여하였기 때문이다."[23] 그러나 몇 페이지 이후에 마카리우스는 부활의 날에 대해 다음과 같이 말한다. "성령의 영광이 내면에서부터 부어져 나와서, 성자들의 몸을 감싸고 따뜻하게 만들 것이다. 이것은 그들이 전에 내면적으로 지녔었고 영혼 속에 숨겨져 있던 영광인데, 현재에

---

21 Summa Theologica, i (Quaracchi edn.), n. 103.

22 On Song of Songs, xxv. 6, xlv. 3, lxxxv. 11 (PL 183: 901d, 1000c, 1193b-d).

23 Homily 5, §5, in Intoxicated with God, trans. George A. Maloney (Denville, NJ, 1978), 53.

그들이 지닌 성령의 영광이 그때에는 육체에 외면적으로 부어지기 때문이다."[24]

오늘날 많은 이들이 내면적 아름다움이나 영적인 아름다움에 대한 논의를 의심스럽게 본다. 후자의 표현이 헤겔을 연상시키기 때문인지도 모른다.[25] 하지만 보다 일반적으로 이러한 표현들은 아름다움이 순전히 내면적이라는 것을 의미한다고 의심되어진다. 혹은 이것들은 일종의 이원론적 입장이라고 여겨지기도 한다. 즉 죽음의 순간에 육체와 분리되는 비물질적이고 비분할적인 실체로서의 영혼을 가리키는 것으로 받아들여질 수도 있다. 사실 알렉산드리아의 시릴과 같은 초기의 교부들 몇몇은 이원론자였고, 물리적 아름다움에 대해 관심을 가지지 않았다. 하지만 우리는 이런 이원론적 견해를 가지지 않고도 영적인 아름다움에 대해 이야기할 수 있을 것이다. 모차르트의 음악은 많은 이들에 의해 그러한 이원론적 취급을 당할 수도 있겠지만, 그것이 형이상학적 이원론과는 아무 상관이 없다는 것은 분명하다. 이와 마찬가지로 우리는 이원론자가 됨이 없이 물리적 아름다움보다는 도덕적 아름다움이 더 가치 있다고 여길 수도 있을 것이다. 우리는 물리적 아름다움의 비영속적 본질을 주목하고, 보다 중요한 것들로부터 우리의 주의를 분산시키고 현혹하는 경향을 지적할 수 있는 것이다. 버나드의 입장이 이러했던 것 같다. 타타르키비츠는 버나드가 이원론자라기보다는, 윤리의 한 부분으로서 아름다움에 대해 논의했다고 주장한다.[26] 또한 부처는

---

24 Homily 5, §9 (Maloney, 60); cf. 32, §3 and 34, §2 (Maloney, 179, 184).
25 그의 *Aesthetics*, i. 518 참조.

물리적 아름다움의 순간성을 지적하며, "만약 이 아름다운 여인들이 불멸한다면, 본인의 마음은 확실히 거기에 몰두했을 것이다"라고 하였다.[27] 하지만 그렇게 주의하는 입장이 우리로 하여금 물리적이고 그렇지 않은 아름다움 '둘 다'를 긍정적으로 평가하는 것을 막지는 않을 것이다. 예를 들어, 로저 프라이(Roger Fry)는 조토(Giotto)의 작품들 속에서 영적인 아름다움과 감각적 아름다움이 서로 얽혀 있는 것을 발견한다.[28] 하지만 이원론자들은 그런 입장을 달갑게 여기지는 않는다. 다른 이들이 이런 종류의 아름다움을 인식하고 거기에 유비적으로 도덕적, 영적, 지성적 아름다움을 평가하는 반면, 이원론자들은 물리적 아름다움을 평가절하시키기 때문이다.

우리는 이제까지 플라톤과 기독교 전통 둘 다가 아름다움의 개념을 두 가지 방식으로 확장하려 시도한 것을 살펴볼 수 있다. 1) 여기에 도덕적, 영적 그리고 지성적 아름다움을 포함시킴으로써, 혹은 2) 일종의 초세계적인(supramundane) 아름다움에 호소함으로써. 하지만 무엇이 더 주요한 것일까? 확실히 본인이 언급한 작가들은 미학적이고 물리적인 아름다움을 부차적인 것으로 여겼다.[29] 플라톤도 아름다움의 형상(Form)이 모든 종류의 아름다움의 근원이

---

26 *History of Aesthetics*, ii. 185. 우리는 또한 버나드의 금욕주의도 고려해야 할 것이다.

27 John Passmore, *The Perfectibility of Man* (London, 1970), 125에 인용되고 있다.

28 Roger Fry, *Vision and Design* (Penguin edn., Harmondsworth, 1937), 112-49.

29 대부분의 중세 작가들이 영적인 아름다움만을 진정 중요한 것으로 간주하였지만, 오번의 윌리엄(William of Auvergne)은 물리적 아름다움이 아름다움의 주된 형식이고 도덕적 아름다움은 외향적이고 가시적인 아름다움에 비유되어져서만 아름다움으로 평가될 수 있다고 자신의 *De bono et malo*, 207에서 주장한다는 것을 타타르키비츠는 지적한다(*History of Aesthetics*, ii. 216).

라고 생각했다. 또한 우리가 다음의 장에서 보게 될 것처럼, 많은 기독교 작가들은 하나님을 아름다움의 원천이자 전형으로 간주하였다. 하지만 그렇게 아름다움의 유형들을 순위 매기는 시도는 미학적 아름다움을 지식의 획득이라는 측면에 있어서 가장 주요한 아름다움의 형식이라고 여기는 입장과 병행될 수 있다고 본인은 생각한다. 우리들 대부분은 자연의 아름다움과 예술작품의 아름다움을 만나는 것을 통해서(여기에 크리켓 게임에서의 아름다운 캐치도 포함될 것이다) 아름다움의 개념과 또한 다른 미학적 개념을 처음으로 배우게 되는 것이고, 그런 이후에 보다 지평을 확장시켜 그것들과는 다른 형태의 아름다움을 보다 가치 있는 것으로 결론내릴 수 있는 것이다.

## 아름다움과 유비

왜 우리는 아름다움이라는 개념을 확장하려 하는 걸까? 다양한 유형들의 아름다움 혹은 아름답다고 묘사되는 사물들 사이에는 어떤 공통점이 있는 것일까? 우리는 플라톤의 대답이 보여주는 것처럼, 모든 아름다운 것들은 동일한 아름다움의 형상(the Form of beauty)에 참여한다는 입장을 발견할 수 있다. 또한 플라톤의 그것과는 아주 다른 형이상학적 견해들에 기초하여 이렇게 아름다움이 한 동일한 개념에 속한다고 보는 여러 전통의 작가들이 존재한다. 그러나 우리는 이와는 다른 대안적인 접근이 있음을 언급해야만 할 것인데, 여기서 아름다움의 여러 유형들이 서로에 대해 유비적 관계를 가지는 것으로 이해된다.

아퀴나스는 서술어들에 있어 "동의적"(univocal) 그리고 "다의적"(equivocal) 서술어뿐만 아니라 제3의 범주인 "유비적"(analogical) 서술어가 있다고 본다(*ST* 1a. xiii. 10). 동의적 용어들은 동일한 의미를 가지면서 같은 형이상학적 범주에 속하는 여러 사물들을 가리키는 데 반해, 다의적 용어들은 여러 다른 의미를 가진다고 한다. 예를 들어, '펜'(pen)은 글쓰기의 도구인 펜을 가리키기도 하지만, 동물들을 가두어두는 철장 내지 우리를 지칭하기도 하는 다의적 서술어이다. 유비적 서술어들은 이 두 가지 사이의 중간적 형태로서, 그것들 또한 다양한 의미들을 가지지만 그러한 의미들은 서로 밀접하게 관련된다. 아리스토텔레스에서 빌려와 아퀴나스가 종종 사용하는 예로는 '건강'(healthy)이 있다. 어떤 사람은 '건강'할 수 있고, 어떤 바닷가의 휴양지는 '건강'에 좋을 수 있으며, 또한 안색이 '건강'해 보일 수도 있다. 하지만 이런 의미들이 다 똑같은 것은 아닌데, 우리는 자신이 휴양지 장소인 블랙풀보다 건강하다거나 혹은 다른 사람의 안색보다 건강하다고 말하지는 않기 때문이다. 반면 이러한 용어들은 '다의적'인 것도 아닌데, '건강'이 '펜'의 경우처럼 그 의미가 애매하고 다양하지는 않기 때문이다. 그래서 아퀴나스는 '건강'이 보통 사람이나 동물에 적합한 서술어로 사용되지만, 종종 다른 것들에게도 그것들이 건강의 원인(cause) 내지 표시(sign)일 때 사용되어질 수 있다고 대답한다. 따라서 기후, 식단 그리고 약 등은 건강의 원인으로서 공헌할 수 있기 때문에 '건강'에 좋을 수 있고, 안색이나 혈액 혹은 소변은 그것들이 몸의 건강을 드러내는 표시인 한에 있어서 '건강'해 보일 수 있는 것이다. 아퀴나스는 '선함'(good) 혹은 '지혜로움'(wise)과 같은 완벽성에 대한 용어들이 이렇게 유비적으로 하나님에 적용될 수 있다고 생각했다.[30]

아퀴나스 자신은 유비적 용어들에 대한 그의 목록에 '아름다움'을 포함시키지는 않는다. 하지만 그의 아름다움에 대한 논의는 많은 신토마스주의자들(neo-Thomists)로 하여금 아름다움이 유비적인 것으로 간주되어야 한다고 결론 내리도록 만든다. 위-디오니시우스(Pseudo-Dionysius)의 『하나님의 이름들』(The Divine Names)에 대한 자신의 주석서에서, 아퀴나스는 다음과 같이 주장한다: "아름다운"과 "아름다움"은 하나님과 피조물에게 다른 방식들로 적용되고, 하나님은 모든 피조물들에게 그것들의 적합한 본질에 따라 아름다움을 수여한다; 따라서 어떤 육체의 아름다움이 다른 육체의 아름다움과는 다른 것처럼, 영의 아름다움도 또한 육체의 아름다움과는 다르다(이어서 그는 아름다움이 하모니와 발광성에 있다고 주장한다).[31] 마찬가지로, 그의 시편 45:2에 대한 주석에서 그리스도의 아름다움에 대해 논의할 때 아퀴나스는 아름다움이 건강과 마찬가지로

---

30 *ST* 1a. xiii. 2, 5, 6. 아퀴나스의 보다 자세한 견해와 그것이 제기하는 문제에 대해서는 본인의 "Analogy Today" (*Philosophy*, 51, 1976, 431-46)을 참조하라.

31 *In Librum Beati Dionysii De Devinis Nominibus Expositio* (Turin, 1950) ch. 4, lectio 5, §§335, 339. 아퀴나스가 주석하고 있는 『하나님의 이름들』이라는 책은 이전에는 사도행전 17:34에 나오는 아레오파고스의 재판관 디오누시오(Dionysius the Areopagite)에게 돌려졌으나, 최근에는 5세기말에서 6세기 초에 활동했던 시리아의 한 수도사에 의해 쓰인 것으로 보아진다. 여기에 대한 자세한 논의로는 Hans Urs von Balthasar, *The Glory of the Lord: A Theological Aesthetics*, ii (Edinburgh, 1984), 144-210을 참조하라.

여러 다른 방식들로 서술되어질 수 있다고 주장한다. 따라서 자끄 마리땡은 여기에 대한 본문들을 인용하며 아름다움은 사물들의 본성과 목적에 따라서 상대적이기 때문에 유비적이라고 결론내린다. "존재나 혹은 다른 초월적 범주들과 마찬가지로 아름다움은 그 본질에 있어 유비적이다. 즉 아름다움은 그것이 서술하고 있는 다양한 대상들에 있어… 여러 가지 이유에서 부쳐지기 때문이다. 각각의 사물은 그 고유의 방식으로 '존재'하고(is), 그 고유의 방식으로 '선'하며(good) 그리고 그 고유의 방식으로 '아름답다'(beautiful)."[32]

유사한 주장들이 토마스주의를 받아들이지는 않는 자들에 의해서도 제기되어졌다. 예를 들어 처치(R. W. Church)는 모든 아름다움의 경우들에 적용될 수 있는 어떤 한 경험적인 특성을 발견하기는 어렵다고 지적하며, 플라톤의 선의 형상(Form of the Good)이라는 관념을 비판한 아리스토텔레스를 따라서 "아름다움"이 다양한 종류의 아름다움들에 대해 돌려지는 하나의 초월적인 본질 혹은 형상이라는 견해를 거부한다. 그는 "아름다움 자체"가 어떤 사물을 아름답게 만든다는 것을 부정하며, 대신 자신이 "유비적 유사성"(analogous resemblances)라고 부르는 것을 주장한다. 즉 그는 다양한 존재자들에서 어떤 공통적인 본질이나 형상을 찾는 대신에, 묘사되는 사물의 컨텍스트 혹은 타입을 주목해야 한다고 주장한다. 그는 아름다움이 "어떤 단일하고 독특한 지시물을 가지는 것이 아니라, 대신 모든 경우들에 있어 그 사용의 컨텍스트에서 의미를 가져오게 된다"

---

32 Jacques Maritain, *Art and Scholasticism*, trans. J. W. Evans (New York, 1962), 30. 또한 172-4에 있는 주 66번을 참조하라.

라고 결론내린다.33 보다 최근에는, 몇몇 이들이 비트겐슈타인의
"가족 유사성"(family resemblance)이라는 개념을 미학에 적용하고 있
다. 비트겐슈타인의 주장에 따르면, 우리는 '게임'이라는 말을 다양
한 것들에 사용하는데 이것은 우리가 모든 게임에서 어떤 공통의
정의나 본질을 발견했기 때문이라기보다는 그것들 사이에 어떤 유
사성의 네트워크가 존재하기 때문이다.34

　　이러한 접근법은 아름다움의 많은 특성을 설명하고 몇몇 난제들
을 해결하는 데 도움이 된다. 만약 우리가 "Nightingale Glade"(나
이팅게일 습지)라는 말을 들었다고 한다면 이것이 어떤 장소, 그림,
음악 작품, 혹은 향수를 가리키는지 그 의미가 분명치 않을 것이다.
여기에 추가적으로 그것이 하모니와 발광성을 가진다는 것을 들었
다 해도 우리의 이해는 별로 향상되지 않을 것인데, 이러한 특성들
은 묘사되는 사물의 범주에 따라서 너무도 달라질 수 있기 때문이
다. 이와 유사하게, 비록 티치아노(Titian)의 그림『바커스와 아리아
드네』(*Bacchus and Ariadne*)가 와토(Watteau)의 그림『시테르 섬으
로의 순례』(*Departure for Cythera*)보다 더 아름답다고 말하는 것이
어떤 의미에서는 말이 된다고 하더라도(그러나 우리는 왜 그런지 알
고 싶을 것이다), 만약 그것들 중 하나가 타지마할(Taj Mahal) 사원이
나 혹은 베토벤의 "에로이카"(Eroica) 교향곡보다 더 아름답다고 한

---

33 R. W. Church, *An Essay on Critical Appreciation* (London, 1938), ch. 1, 특히 53-6을 참조
　　하라. 인용문은 53을 보라.

34 Ludwig Wittgenstein, *Philosophical Investigations*, trans. G. E. M. Anscombe (Oxford,
　　1963), §§65-66. '가족 유사성'이라는 개념을 미학에 도입시키는 여러 사람들 가운데서도 특
　　히 W. E. Kennick, "Does Traditional Aesthetics Rest on a Mistake?," *Mind*, 67 (1958),
　　317-34를 참조하라.

다면 그것이 무엇을 의미하는지 우리는 분명하게 알 수는 없을 것이다. 하지만 우리는 종종 다른 범주들에 속한 사물들을 서로 비교할 수도 있는데, 그런 비교는 '어떤 것이 다른 것보다 더 어떠(x)하다'는 형식이라기보다는 'a가 b인 것은 c가 d인 것과 유사하다(a:b::c:d)는 형식을 따른다. 따라서 시몬느 베이유(Simone Weil)는 "아름다움이 사물들에 관련되는 것처럼, 거룩함은 영혼에 관계된다"고 하였다.[35] 또한 조나단 에드워즈는 그의 에세이 "세계의 아름다움"(The Beauty of the World)에서 "거룩하고 덕스러운 영혼과 고요하고 평온한 오후 사이의 두드러지는 유사성"[36]이 다음과 같은 형식으로 표현될 수 있다고 한다:

거룩함과 덕: 인간의 영혼:: 고요함과 평온함: 날씨

아퀴나스가 들고 있는 몇몇 유비의 예들도 또한 이런 방식으로 이루어지고 있는데, 예를 들어 그는 '우리의 지식: 피조된 존재들:: 하나님의 지식: 그의 본질'(iv *Sent*. 49. 2. 1 ad 2)이라는 유비관계를 제시한다. 나중에 토마스주의자들은 이러한 경우들을 묘사하기 위해 "적절한 비례성의 유비"(Analogy of Proper Proportionality)라는 표현을 만들어 내었다.

---

35 Simone Weil, *First and Last Notebooks*, trans. R. Rees (Oxford, 1970), 139.

36 In *The Works of Jonathan Edwards*, vi, *Scientific and Philosophical Writings*, ed. Wallace E. Anderson (New Haven, 1980), 305-6. 에드워즈는 '자연계'의 이차적 아름다움(secondary beauty)이 '영적인 세계'에서의 사랑 혹은 자선의 "타입"(type) 혹은 이미지라고 여긴다. 그의 *The Nature of True Virtue*, ch. 3, in *The Works of Jonathan Edwards*, viii, *Ethical Writings*, ed. Paul Ramsey (New Haven, Conn., 1989), 562-4 참조.

본인이 이미 조금 언급하였지만, 우리는 아름다움에 대한 개념이 새로운 타입이나 예를 수용하도록 확장될 수도 있다는 사실을 고려해야만 한다. 만약 그러한 변화가 근본적인 것이라면, 몰트만이 주장하듯 '가치들의 전환'이 발생할 것이다. 하지만 대부분의 경우 우리는 아름다움의 새로운 예들이나 타입들과 이전부터 수용되던 아름다움의 척도 사이에 어떤 유사성을 발견할 때 종종 우리의 아름다움에 대한 관념을 확장시키는 경우가 많다. 여기서도 우리는 새로운 아름다움과 이전의 아름다움 사이에서 일종의 유비적 관계, 혹은 "가족 유사성"을 발견하게 되는 것이다.

아름다움이 일종의 유비적(analogical) 개념이라는 주장은 종종 그것이 일종의 초월적(transcendental) 개념이라는 주장과 짝을 이루었다. 즉 '선함'(good) 혹은 '통일성'(one) 등과 같은 초월적 개념들도 서로 다른 범주에 속하는 사물들에게 적용되었으며, 어떤 이들은 모든 사물에게 이것들을 적용하기도 하였다. 아퀴나스 자신은 이러한 주장을 구체적으로 하고 있지는 않는데, 그는 아름다움을 자신의 초월적 범주들의 목록에 포함시키지는 않고 있기 때문이다(예를 들어 *On Truth*, i. 1 그리고 xxi. 3). 하지만 그의 몇몇 진술들은 그의 추종자들로 하여금 아름다움을 그 목록에 포함시키도록 유도하였다(그리고 몇몇 중세의 사상가들도 또한 아름다움을 초월적이라고 보았는데, 모든 사물이 형상[form]을 가지기 때문이라고 여겼다[37]). 아퀴나스는

---

37 보나벤투라는 모든 존재하는 것은 형상을 가지며, 모든 형상을 가지는 것은 또한 아름다움을 가진다고 말한다(ii Sent. 34. 2. 3; Quaracchi edn., ii. 814). 보다 자세한 것으로는 Tatarkiewicz, *History of Aesthetics*, ii. 237, 288 그리고 E. J. M. Spargo, *The Category of the Aesthetic in the Philosophy of St. Bonaventure* (New York, 1953), 34f., 37f. 등을 참조

(비록 우리가 이 둘 사이를 논리적으로 구분할 수는 있지만), 아름다움과 선이 동일한 것이라고 주장하기도 한다. 그래서 마우러(Armand Maurer)도 또한 아름다움이 일종의 초월적 범주라고 결론내린다.[38] 마찬가지로 마리땡은 본인이 이미 인용한 본문의 바로 앞에서 다음 과 같이 말한다:

> 통일성, 진리 그리고 선함과 마찬가지로, 아름다움도 어떤 특정한 측면 에서 고려된 '존재' 그 자체이다. 그것은 존재의 한 속성인 것이다. … 따 라서 모든 것이 선한 것처럼, 최소한 어떤 의미에서는 모든 것이 아름답 다고 말해질 수 있다. 그리고 존재가 모든 곳에 현존하고 모든 곳에 다양 하게 드러나는 것처럼, 아름다움도 모든 곳에 산포되어 있으며 모든 곳 에 다양하게 드러난다(*Art and Scholasticism*, 30).

우리는 이러한 여러 저자들에 동의하며, 아름다움이 사물들의 다양한 범주들에 적용될 수 있다는 의미에서 초월적이라고 볼 수 있을 것이다. 우리는 이미 풍경이나 예술작품만이 아니라 행동, 미 덕, 학문적 이론들과 증거들이 아름다울 수도 있다는 것을 보았다.

---

하라. 알버트(St Albert the Great)는 모든 사물들이 아름다움과 선함을 공유한다고 말하며, 아 름다움에 있어 본질적인 것을 "형상의 광휘"(resplendence of form)라고 보았다. 그의 *De Pulchro et Bono*, cited in Tatarkiewicz, op. cit., 243; 그리고 Umberto Eco, *Art and Beauty in the Middle Ages*, trans. H. Bredin (New Haven, Conn., 1986), 25를 참조하라.

38 Armand Maurer, *About Beauty* (Houston, Tex., 1983), ch. 1. 그는 여기서 *De Div. Nom.*, §§340, 355와 *ST*, 1a. v. 4 ad 1을 인용한다. 여기에 대한 유용한 논의로는 Umberto Eco, *The Aesthetics of St. Thomas Aquinas*, trans. H. Bredin (London, 1988), ch. 2를 참조하라. 또한 Jan A. Aertsen, "Beauty in the Middle Ages: A Forgotten Transcendental?," *Medieval Philosophy and Theology* 1 (1991), 68-97을 보라.

하지만 본인은 존재 그 자체를 아름답다고 말하는 것에 대해서는 별로 동의하고 싶지는 않은데, 그러한 일반화시키는 주장은 아름다움이라는 관념을 공허하고 텅 빈 것으로 만들 위험성을 가지기 때문이다. 그러한 이유에서 비록 아퀴나스 자신은 이러한 구분을 하지는 않지만, 많은 신토마스주의자들이 '초월적 아름다움'과 '미학적 아름다움'을 구분하는 것이다. 그래서 그레이프(Gary Greif)는 미학적 아름다움을 초월적 아름다움의 한 하부 범주로서 취급한다. "인간의 지성에 의해 존재가 그 자체로 완전한 것으로 명확하게 인식된다면 그리고 그런 존재의 등급 속에서 아름다움이 또한 인식된면, 아름다움은 미학적 아름다움의 등급으로 축소될 수 있다." 또한 그에 따르면 미학적 아름다움이 존재의 한 특별한 등급을 가지는 것으로 보일 수 있는데, 우리는 분명하게 그런 아름다움이 통전성, 조화 혹은 비율 그리고 발광성을 가지는 것으로 경험하게 된다.39 이러한 구분에 따른다면, 우리의 이 장에서의 주제는 미학적 아름다움과 관련될 것이다.

---

39 "The Relation between Transcendental and Aesthetical Beauty according to St Thomas," *The Modern Schoolman*, 40 (1963), 163-82. 인용문은 179를 보라. 리차드 빌라데서는 "초월적" 아름다움의 관념이 존재가 사랑스러운 한에 있어 그 존재의 인식이라고 본다. 그래서 그는 이러한 초월적 아름다움의 관념을 보다 협소한 "미학적" 관념으로부터 구분한다. Richard Viladesau, *Theological Aesthetics: God in Imagination, Beauty and Art* (New York, 1999), 131-4 참조. [빌라데서 지음/손호현 옮김, 『신학적 미학』(한국신학연구소, 2001), 249-253.]

# 다른 미학적 개념들

우리는 앞장에서 아름다움이 고대나 중세의 미학 이론에서처럼 현대의 미학 이론에서도 중심적인 역할을 하지는 않는다는 것과, 현대의 미학에서 사용되는 용어들이 매우 확장되었다는 것을 살펴보았다. 거기에는 이제 '우아함', '세련됨', '심오함', '감동적임', '생동감', '즐거움', '상상력이 풍부함', '삶을 확장함', '계몽' 그리고 '숭엄' 등이 포함되어지고 있다. 물론 이들 중 몇몇은 보다 이전의 시대에서도 발견된다. 그리고 '아름다움'은 여전히 감상과 판단에 있어 매우 일반적으로 사용되는 용어이다. 하지만 현대 미학 이론에 있어 보다 충격적인 면은 이전에는 최소한 직접적으로는 인정되지 않았던 몇몇 미학적 특질들을 인정한다는 데 있다. 샤프(R. A. Sharpe)는 "예술의 많은 부분들은 무언가 불편한 마음을 일으키고 기분 나쁘게 만들고 공포스럽게 하지만, 그 때문에 덜 가치 있는 것으로 평가되지는 않는다"라고 진술한다.[40] 우리는 샤프가 말하는 것의 예로서 다음과 같은 것들을 떠올릴 수 있다. 그림의 예를 들어본다면, 이미 언급된 그뤼네발트(Grünewald)와 그로츠(George Grosz) 이외에도 고야(Goya)와 프란시스 베이컨(Francis Bacon)을 꼽을 수 있을 것이다. 그들의 작품은 단지 아름다움이라는 개념만이 아니라 보다 현대적인 개념들, 예를 들어 미학적 즐거움과 같은 개념에도 많은 난제를 가져다준다. 미학적 즐거움이라는 개념은 몇몇 경우들에 있어 너무

---

40 Eva Sharper (ed.), *Pleasure, Preference and Value* (Cambridge, 1983), 86-7. 여기서 샤프는 예술에 대해 최소한으로 우리가 요구하는 것은 그것이 지루하지 않다는 것이라는 T. S. Eliot의 제안을 따르고 있다.

연관성이 약한 것 같고, 다른 경우들에 있어서는 완전히 부적절한 것 같다. 그래서 메이넬(Hugo Meynell)은 미학적 "즐거움"(pleasure)이라는 표현보다는 미학적 "만족"(satisfaction)이라는 표현을 선호하며, "우리가 정말 『리어왕』이나 카프카의 『변신』에서 즐거움을 가진다고 말할 수 있는가?"라고 반문한다.[41] 좋은 질문이기는 하지만, 과연 그가 든 예들에 대해 "만족"이 더 적합한 용어인지 확실치는 않은 것 같다. 또한 본인은 예를 들어 고야의 '어두운' 그림들에는 만족이라는 말이 완전히 부적절하다고 생각한다. 우리의 마음을 불편하게 뒤흔드는 예술의 경우, '불만족'(dissatisfying)이 보다 적절한 용어이리라! 메이넬은 몇 페이지 이후에 "좋은 예술은 좋은 오락이 줄 수 없는 방식으로, 또한 그것이 줄 수 없는 정도로 의식을 확장시킨다"고 올바르게 지적하지만(p. 38), 그는 보다 광범위한 미학적 특질들을 인정할 필요가 있다. 그로테스크하고, 마음을 어지럽히며, 공포감을 주는 예술에 있어서는 '미학적 가치'라는 표현조차도 그리 명확하거나 적절하지는 못한 것 같다.[42]

하지만 그러한 유형의 예술들이 신학적 중요성을 가질지도 모른다. 그것들은 단지 창조 세계의 아름다움을 찬미하는 예술들만 존재하는 것이 아니라, 타락과 구원의 예술들 또한 존재한다는 사실을 우리에게 기억시켜주기 때문이다. 딕슨(John W. Dixon)은 기독교 예술의 다른 유형들이 구원사의 드라마에 나오는 주요한 사건들에

---

41 Hugo Meynell, *The Nature of Aesthetic Value* (Albany NY, 1986), 25.
42 Mikel Dufrenne, *The Phenomenology of Aesthetic Experience*, trans. Edward Carey *et al*. (Evanston, 1973) 465-6.

상응한다는 흥미 있는 주장을 하였다: 창조의 예술들(the arts of crea-tion)을 통해 사람들은 창조의 사실을 기록하고, 그 과정 속에서 기뻐하였다; 이미지의 예술들(the arts of image)을 통해 사람들은 창조 세계의 구조를 탐구하였고, 그 관계들을 고찰했으며, 그 부분들과 질서를 이해하고자 노력했다; 타락의 예술들(the arts of Fall)을 통해 사람들은 존재의 비극을 파고 들었으며, 타락의 본질 혹은 결과, 타락한 존재 자체, 혹은 타락의 결과로 초래되는 세계 등에 대해 성찰하였다; 구원의 예술들(the arts of redemption)을 통해 사람들은 구원의 행동 그 자체, 혹은 구속되어지고 변화되어진 창조 세계에 대해 몰두하였다.43 딕슨은 19세기 말에서 20세기 초의 대부분의 예술이 이러한 분류에 잘 들어맞지 않을 것을 인정한다. 왜냐하면 이 시기가 서양예술이 교회의 영향력을 벗어나 창조된 가장 대표적 시기이며, 종종 교회가 지향하는 모든 것들에 반대하여 공공연히 항거한 시기이기 때문이다. 딕슨은 그러한 작품들을 성급하게 "세례"주려는 시도에 대해서 경고한다.44 그는 자신의 진술들을 보다 발전시켜 소위 악마적 예술(diabolical art)이라 불릴 수도 있을 것, 즉 추함과 사악을 추종하는 예술에 대해 말할 수도 있었을 것이다. 프란시스 베이컨의 몇몇 비평가들은 그의 그림이 이런 범주에 속한다고 생각할른지도 모르겠다. 그러한 예술은 악의 본질과 그것의 예술적 가치에 대한 어려운 질문들을 제기하게 만든다.

하지만 이런 식의 논의가 우리의 원래 주제인 아름다움에서 벗

---

43 John W. Dixon, *Nature and Grace in Art* (Chapel Hill, 1964), 72.
44 Ibid., 186.

어나게 하는 감이 없지 않다. 우리가 앞에서 살펴본 다양한 분류들은 왜 모든 미학적 특질들이 아름다움의 개념 안에 다 포함되지는 않는지 설명하는 데 도움을 준다. 다른 한편으로, 아름다움은 아직 미학에서 한 중요한 개념, 아마 '가장 중요한' 개념일 것이다. 왜냐하면 아름다움은 미학에 대한 비판적 논의에서뿐만 아니라 일상의 언어 속에서도 광범위하게 사용되기 때문이다. 그것은 아직도 모든 미학적 탁월함의 형식들을 위해 종종 다목적으로 이용되는 핵심 용어이다. 우리는 '아름다움'이 가지는 유비적 성격뿐만 아니라 다른 다양한 미학적 개념들도 존재한다는 사실을 잊지 않는다고 한다면, 그러한 용어의 사용을 받아들일 수 있을 것이다. 스크루턴(Roger Scruton)은 다음과 같은 유용한 일반적 범주표를 제안한다:

1) 아름다운, 우아한, 세련된 등과 같이 미학적 가치의 판단에 주로 사용되는 용어들

2) 균형 잡힌, 잘 만들어진, 조잡한 등과 같이 형식적 혹은 기술적 완성도의 묘사들

3) 슬픈, 기쁜, 흥분된, 진심의, 저속한 그리고 성숙한 등과 같이 우리의 정신적이고 감정적인 삶을 위해 보통 사용되는 서술어들

4) 인간 삶의 순간성과 덧없음을 표현하는 등등 예술작품의 표현적 측면을 가리키는 것들. 이러한 표현적 측면에 밀접히 관련된 것들로는 아래와 같은 용어들이 있다:

5) 감동적인, 흥분되는, 자극적인, 지루한, 즐거운 등과 같이 특별한 인간의 반응을 표현하거나 투사하는데 사용되는 '정조적' 용어들

6) 남성적인, 살찐, (색깔에 있어) 따뜻한 혹은 차가운 등과 같이 '비교적' 용어들.

또한 그는 예술작품이 표현하는 주제, 그것의 진정성과 장르 등에 따른 예술작품의 묘사들을 포함시키고 있다.[45]


## 객관성과 척도들

스크루턴의 분류는 미학적 평가의 객관성 혹은 척도 등의 문제가 그때 사용되는 개념의 유형을 함께 고려해야 한다는 것을 유용하게 지적해준다. 다섯 번째 유형인 "정조적" 용어들은 예술작품을 감상하는 자들의 감정을 고려하는 것과 관련된다. 흥분시키거나 유쾌하게 만들 목적으로 제작된 어떤 작품이 만약 사람들을 거의 흥분시키지 못하거나 유쾌하게 만들지 못한다면 그것은 이런 목적에 있어서 실패한 것으로 간주되어야 할 것이다. 반면 어떤 작품이 조잡한지 아니면 잘 만들어졌는지 평가하는 것은 사용된 재료들을 관찰하며 재료의 특성이나 예술가의 의도에 무엇이 적합한지를 평가하고, 얼마나 많은 노력이 그것을 실현시키기 위해 작품에 기울여졌는지 평가하는 것이다. 스크루턴의 다른 범주들도 이와 유사한 과정의 판단을 요구한다. 예를 들어, 우리는 어떤 것이 잘 균형이 잡혔는지 혹은 우아한지 판단하기 위해서는 그것의 여러 특성들을

---

45 Roger Scruton, *Art and Imagination* (London, 1974), 30-1.

고려하며 그런 특성들을 지닌 것으로 알려진 다른 것들과 비교해 보아야 할 것이다. 그러한 판단은 미학적 용어들 이외에도 다른 많은 용어들을 필요로 한다. 뉴먼(John Henry Newman)은 성자였는가? 혹은 어떤 이의 운전이 부주의한가? 이러한 경우들에 있어 다양한 정도의 비교가 가능할 것이다. 따라서 섬세하다는 것은 평범함과 조잡함 혹은 화려함의 중간일 수 있다. 사람들은 그러한 비교의 정도에 있어 구체적인 예들을 어디에 위치시킬지 의견을 달리할 수도 있을 것이다. 하지만 어떤 판단들은 완전히 배제될 수 있는 것처럼 보인다. 옅은 색채가 화려하거나 야하다고 평가되거나, 빠른 템포의 음악이 장엄하다고 여겨지기는 어려울 것이다.[46]

아름다움의 경우 두 가지 모순적인 경향들이 서로 대립하고 있는 것 같다. 사람들은 아름다움이라는 개념을 자신들이 사용함에 있어 그것을 통제하는 척도들을 설명하고 싶어 한다. 하지만 그들은 또한 아름다움의 본질을 어떤 신비한 것으로 남겨두고 싶어 한다. 전자의 경향은 어떤 것을 정당하게 아름답다고 말할 수 있는 이유들을 제시하고자 하는 욕망과, 또한 그러한 판단과 그 판단이 기초하는 이유들 사이에 존재하는 논리적 관계를 설명하고자 하는 욕망에서 유래한다. 하지만 사실 사물들을 아름답다고 평가함에 있어 무엇이 필연적이고 충분적인 조건들인지 어떠한 합의된 리스트를 제공하기는 어렵다. 예를 들어 아퀴나스의 통전성, 하모니 그리고 발광성과 같은 많은 조건들은 너무 모호하거나, 혹은 그것들은 이미 은밀하게 아름다움에 대한 호소를 자신들 속에 담고 있기 때문

---

46 Frank Sibley, "Aesthetic and Nonaesthetic," *Philosophical Review*, 74 (1965), 135-59.

이다. 여기서 우리는 윤리에서 '존재'(is)와 '당위'(ought) 사이의, 혹은 묘사적(descriptive) 용어와 평가적(evaluative) 용어 사이의 관계에 대해 제기되는 문제와 유사한 어떤 것을 직면하게 된다. 하지만 본인이 이 장의 처음에서 지적했던 것처럼, 미학에서 우리는 보통 개별적인 것을 다루고 있다. 따라서 우리는 자신들의 이론이나 합리적 설명을 가지고 아름다움을 포획하고자 시도하는 자들에 대해 의심을 가지기도 한다. 이러한 의심은 쉴러(Schiller)에 의해 그의 『인류의 미학적 교육에 관하여』(*On the Aesthetic Education of Man*)의 시작에서 표현되고 있다. 그는 아름다움에 대해 말하길, "그것의 모든 마술은 그 신비함에 있는 것이고, 그 요소들의 본질적 혼합물을 해체해 분석한다면 우리가 아름다움의 존재 자체를 해체하였다는 것을 발견하게 될 것이다."[47] 다른 몇몇도 아름다움의 묘사 불가능성에 대해 같은 진술을 하였다: 우리는 아름다움을 인식할 수 있을지는 몰라도 묘사할 수는 없는데, 왜냐하면 우리는 그것에 대한 존경으로 말을 잃은 채 충격 속에 남게 되기 때문이다.[48] 혹은 우리는 아름다움의 낯설음에 충격받게 될지도 모른다. 그래서 보들레르(Baudelaire)는 이렇게 말한다. "'아름다움은 항상 낯설다.' 그것이 차갑게, 의도적으로 낯설다고 말하는 것이 아니다. 그럴 경우 아름다움은 삶의 궤도를 탈선하여버린 하나의 괴물성에 불과하기 때문이

---

47 Schiller, *On the Aesthetic Education of Man*, trans. Elizabeth M. Wilkinson and L. A. Willoughby (Oxford, 1967), Letter i, §5. 이와 유사하게 시몬느 베이유(Simone Weil)는 다음과 같이 말한다. "세상에는 세 가지 신비, 세 가지 이해 불가능한 것이 있다. 아름다움, 정의 그리고 진리"(*First and Last Notebooks*, 292).
48 Étienne Gilson, *Painting and Reality* (London, 1957), 209.

다. 그것은 항상 낯설음, 단순하고 의도되지 않았고 무의식적인 낯설음을 포함한다는 것을 의미한다. … '일상적인 아름다움'을 상상해 보라!"[49] 아름다움을 설명하는 어떤 이론을 만들어내려고 한다면, 그것은 마치 모든 일을 망쳐버리는 것만 같다. 그런 시도는 나비를 가두어 두기 위해서 철장을 만드는 것과도 같을 것이다. 그래서 듀프렌은 미학은 "아름다움의 이론을 창조함이 없이 아름다움을 인식하는데, 왜냐하면 기본적으로 창조될 수 있는 어떤 이론도 없기 때문이다"라고 진술한다.[50]

이러한 견해를 보다 철학적으로 고찰한 초기의 작가로는 칸트(Kant)를 들 수 있을 것이다. 그는 아름다움은 보편적으로 즐거움을 주기 때문에 심미감(taste)의 판단은 보편성을 가진다고 주장하지만, 동시에 아름다움을 거기에 의해 개념적으로 정의내릴 수 있는 어떠한 객관적인 심미감의 법칙도 없다고 주장한다.[51] 하지만 보다 더 실용적인 고려도 종종 이루어진다. 만약 우리가 아름답다고 묘사하는 데 있어 필연적이고 충분적인 조건들을 나열하는 어떤 아름다움의 이론을 만들어낼 수 있다면, 우리는 또한 아름다움을 창조하는 데 있어서 일종의 제조법을 가지게 될 것이다. 하지만 그러한 제조법은 존재하지 않는다. 그의 『감수성의 교육』(L'Éducation sentimentale)에서 플로베르(Plaubert)는 자신의 등장인물 중의 하나인 화가에 대해 이렇게 말한다. "펠린은 아름다움의 진정한 이론을

49 Charles Baudelaire, *Art in Paris*, 124.
50 Dufrenne, *The Phenomenology of Aesthetic Experience*, p. lxiii.
51 Kant, *Critique of Judgement*, §§6, 9, 16-17.

발견하고자 하는 희망에서 미학에 관한 모든 책들을 읽곤 했다. 그는 걸작을 그리기 위해서는 단지 그것을 찾기만 하면 된다고 확신했기 때문이다."[52] 플로베르는 여기서 그런 생각을 조롱하고 있는 것이다. 하지만 지난 세기들에 있어 사람들은 그런 이론들을 찾기 위해 노력하였고, 실제로 이에 대한 수학적 공식들을 꾸며내기도 하였다. 본인은 여기서 아름다움의 제조법으로서 A:B::B:C(여기서 C=A+B)와 같은 공식을 생각하고 있다.

아름다움은 신비스럽고 거기에 대한 정확한 공식을 우리는 제공할 수는 없지만, 그것은 동시에 사물들의 다른 속성들이 가진 한 기능으로 여겨져 왔다. 그렇다면 아름다움이 색깔, 선, 모양, 멜로디, 스타일 등등의 다른 속성들과 가지는 관계는 무엇일까? 많은 현대의 미학 이론가들은 아름다움이 개념들에 의해 정의될 수는 없다고 하는 칸트의 명제를 변형시키고자 시도하며, 아름다움을 다른 속성들에 병행해서 일어나는 일종의 발생적 속성(emergent property)으로 본다. 시블리(Frank Sibley)는 '섬세함', '우아함' 그리고 '세련됨'과 같은 개념들이 발생적 속성이라고 보며, 우리는 그러한 말을 사용함에 있어 다른 미학적 용어들뿐 아니라 비미학적인 용어들을 가지고도 뒷받침한다는 것이다. 예를 들어 우리는 어떤 것을 그것이 가진 파스텔조의 색채와 미묘한 곡선들 때문에 '섬세하다'고 판단할 수 있는 것이다. 여기에는 '~게 만든다', '~때문이다', '~에서 기인한다', 그리고 '~의 원인이다' 등의 표현들이 드러내듯이 일종의 의존관계가 있는 것이다. 하지만 시블리는 이런 관계를 수반의 관계보

---

52 Pt. 1, ch. 4 (Everyman edn., London, 1956, p. 36).

다는 다소 느슨한 것으로 보는데, 그는 비미학적 특성들이 미학적 용어들을 사용하는 논리적으로 충분한 조건은 될 수 없다고 보기 때문이다.[53] 이와 유사하게, 서셀로는 아름다움을 그가 "질적 정도 의 속성들"(properties of qualitative degree)이라고 부르는 것을 가지고 분석한다. 이것은 고찰되는 사물의 종류에 따라 달라지는데, 미묘 함, 깊이, 풍부함, 색채의 생생함, 소리의 명확함과 윤택함 그리고 사람들의 평온함, 조용함, 즐거움 등을 포함한다. 그는 만약 어떤 것이 아름답다고 한다면, 그것은 항상 어떤 다른 특성들 때문에 그 러하다고 주장한다. 따라서 아름다움은 어떤 한 속성(property)이라 기보다는, 어떤 것이 아름답게 생생하다, 아름답게 풍부하다, 아름 답게 조용하다 등의 예들에서 보이듯이 사물들이 다른 속성들을 가 지는 한 방식(way)이라고 주장한다.[54] 마더실은 서셀로와 의견을 달리 하는데, 그녀는 아름다움이 사물들의 한 '속성'이라고 생각한 다. 하지만 예를 들어 어떤 그림의 "푸르스름한 회색" 혹은 "파도치 는 듯한 윤곽" 등과 같이, 사물들이 다른 미학적 속성들로 인해 우 리를 즐겁게 한다면, 그런 것들을 아름답게 여길 수 있다고 그녀도 주장한다.[55]

---

53 Frank Sibley, "Aesthetic Concepts," *Philosophical Review*, 68 (1959), 421-50; 그리고 그 의 "Aesthetic and Nonaesthetic"도 참조하라. '병행적으로 일어남'(supervenience)과 '발생 성'(emergence)에 대한 보다 자세한 분석으로는 Jerrold Levinson, "Aesthetic Supervenience," *Southern Journal of Philosophy,* 22 suppl. (1983), 93-110; John Bender, "Supervenience and the Justification of Aesthetic Judgments," *The Journal of Aesthetics and Art Criticism*, 46 (1987-88), 31-40; 그리고 Eddy M. Zemach, *Real Beauty*, 95-106을 보라. 시블리와 달리, 제마크는 미학적 술어들을 적용하는데 필요 충분한 조건들이 존재할 수 있다고 본다.

54 Sircello, *A New Theory of Beauty*, esp. §5.

이러한 견해들은 전통적으로 '미학적 가치의 객관적 관점'이라 불리던 것이 현대적 양식으로 발전된 것으로, 아름다움이나 다른 그러한 속성들을 감상자의 눈 속에만 존재하는 것이 아니라 사물들의 본질 속에도 내재한다고 여긴다. 따라서 여기에 대한 몇몇 일반적인 반대들도 또한 제기되어졌다: 사람들은 어떤 구체적 사물들이 아름다운지 또한 그렇게 말할 수 있는 기준은 무엇인지에 대해 의견을 일치시키지는 못하며, 그러한 의견의 차이들을 해결할 어떠한 방법도 없으며, 우리는 다른 문화의 사람들이 아름답다고 여기는 것을 동일하게 그렇다고 여기지는 않는다. 여기에 대한 일반적인 답변들도 또한 존재한다: 우리는 다른 학문들에서 발견되는 그런 정도의 정확성을 미학에서 기대해서는 안 되며, 미학적 속성들은 너무도 미묘하고 이해하기 어렵기 때문에 사람들이 거기에 대해 의견을 일치하지 못하는 것은 당연한 것이며, 보다 '객관적'으로 여겨지는 다른 분야들에서도 불일치와 결정 불가능한 문제들이 동일하게 존재하며, 미학적 논란은 어떤 경우에는 예술작품이나 풍경에서 감상자가 주목하지 못한 어떤 특성을 지적함으로써(아마 많은 도덕적 논란보다는 훨씬 수월하게) 해결될 수 있으며, 우리는 미학에서 많은 합의들도 존재한다는 것을 또한 발견할 수 있으며, 불일치를 설명하기 위해 예를 들어 '심미감이 다르다'는 설명 이외에도 선입견, 자기-기만 그리고 노력이나 인식의 부재 등등을 지적할 수 있다. 아름다움의 경우에 있어, 서셀로는 엄청나게 다양한 "질적 정도의 속성들"과 그것들이 다른 종류의 사물들에 적용되는 많은 방식

---

들, 나아가 그것들을 묘사하는 데 있어서의 어려움 그리고 사람들의 그런 속성들에 대한 경험의 부재 등을 고려할 때 의견의 불일치는 놀랄 만한 것이 아니라고 주장한다. 그는 의견의 불일치를 유형화시켜 분류하는데, 예를 들어 색채의 생생함의 경우에서처럼 어떤 사물이 한 구체적 속성을 고려할 때는 아름다울 수 있으나 다른 속성들을 고려할 때는 그렇지 않을 수도 있기 때문에 여기서 의견의 불일치가 일어날 수도 있다는 것이다. 그는 대부분 의견의 불일치가 토론자들의 인식이나 감수성의 부재 혹은 관련된 특질들에 대한 그들의 상이한 경험들에서 유래하며, 그러한 자신들의 판단의 근거를 제대로 드러내지 못하는 데서 사태가 더욱 악화된다고 주장한다.56 서셀로는 인도나 중국의 음악과 같이 다른 문화권의 예술에 대해서는 토의하지 않는다. 하지만 우리는 여기서 그러한 예술작품을 아름답게 감상하거나 그렇게 하지 못하고 실패하는 것은 종종 이해의 부재에서 유래한다고 주장할 수 있을 것이다. 예술적 상징들이 언어나 다른 의사소통의 도구들과 유비적인 관계를 가지는 한에 있어, 그러한 감상의 실패는 특정한 언어나 어법에 대한 이해가 부재하는 경우와 같다고 이해될 수 있다. 확실히 어떤 언어나 음악 작품의 아름다움에 끌리기 위해서는 그러한 이해가 요구되고, 또한 오랜 기간의 학습이 필수 불가결할 것이다. 사실 어떠한 미학적 감상도 관찰과 주목의 연습이 요구된다.

본인이 지금까지 요약한 문제들은 수세기 동안 진행되었던 논쟁의 한 부분이며, 이런 논의는 미래에도 계속될 것이다. 본인은 여러

---

56 Sircello, *A New Theory of Beauty*, §31.

미학 책들에서 발견되는 친숙한 이론들이나 사상들을 다시 요약하고 싶지는 않다. 하지만 여기서 우리가 짚고 넘어가야 할 사실은 이러한 문제들에 대한 신학적 고려가 새로운 몇몇 요소들을 가져온다는 사실이다. 만약 정말로 하나님이 세계를 그것의 모든 아름다움들과 함께 창조했다면 그리고 그러한 아름다움들이 하나님의 아름다움을 반영하고 있다면, 우리는 넓은 의미에서 '실재론적'(realist) 혹은 '객관론적'(objectivist) 입장에 대한 철학적일 뿐 아니라 신학적인 근거도 가지는 것이다. 따라서 신학은 어떤 입장들은 아프리오리적으로 배제하고 다른 입장들은 선호하게 되는 것이다. 이것은 별로 놀랄 일이 아닌데, 우리는 이와 유사한 경우를 윤리학에서도 발견하게 된다. 예를 들어 기독교인은 철저한 윤리적 상대주의를 배제하는 반면, 어떤 가치들이나 원칙들은 비록 그 적용에서 융통성을 가지더라도 근본적이고 규범적인 것으로 여긴다. 미학의 경우에 있어, 기독교 신학자들과 유신론자들은 대부분 자연의 아름다움이 모든 사물의 창조자로서의 하나님에 의해 거기에 부여된 속성이라는 가정에서 시작한다(이것이 아름다움은 다른 속성들에 병행적으로 발생한다는 것을 부정하는 것은 아니다[57]). 그들은 거기서 출발하여 창조자의 발자취를 탐험하고 그의 창조물을 기뻐할 수도 있을 것이다. 많은 이들은 여기서 한 걸음 더 나아가서, 아름다운 예술작품의 경우 하나님이 이것을 직접 창조하시지는 않았지만 '이차적 원인자'

---

57 *Contra* Plato, *Phaedo*, 100d. 여기서 색채나 형태가 아름다움에 기여할 수 있는가의 문제가 제기되지만, 사물들의 아름다움은 아름다움 자체에 그것들이 참여하기 때문이라는 논의에 의해서 주변적인 위치로 밀려난다.

(secondary causes)로서의 예술가에게 영감을 부여함으로써 창조하셨다고 주장한다. 그리고 이들은 자연과 예술의 아름다움을 하나님 자신의 아름다움을 반영하는 것, 혹은 그것을 닮은 것으로 여긴다. 우리는 이미 아름다움과 다른 미학적 속성들이 가지는 '객관성'이 순전히 철학적인 근거에서 옹호될 수 있음을 살펴보았고, 여기에 대한 몇몇 최근의 입장들을 살펴보았다. 하지만 이제 우리가 주목해야 하는 것은 신학자들이 이것을 신학적 근거에서 옹호할 수 있는지 고찰하여야만 하는 것이다. 그리고 거기에 대한 신학적 논의들은 아프리오리적으로 '창조의 교리'에 기초하게 된다. 이와 같은 성찰은 우리로 하여금 신학적 미학이 가지는 방법론에 대한 중요한 질문을 직면하게 만든다.

그러한 신학적 접근법이 문제의 '주관적' 측면을 고려하는 것으로부터 우리를 막지는 않는다. 예를 들어 감상자의 반응과 감정, 그들의 즐거움, 만족, 흥분 등등을 들 수 있을 것인데, 이것들은 사물들의 실제적 특질들에 의해 일어나는 것으로 보일 수도 있다(이것들을 '주관적'이라고 부름에 있어서 우리는 그것들이 비실제적이거나 혹은 공상적이라는 것을 제안하고자 의도하지는 않는다). 아퀴나스는 그러한 반응들에 대해 언급하면서, "사물들은 그것들이 인지됨으로 해서 즐거움을 줄 때 아름답다고 여겨진다"고 한다(ST 1a. v. 4 ad 1). 또한 보다 일반적으로 맥도웰은 '객관적' 정의가 어떻게 사물들이 지각력을 가진 주체들에게 영향을 주는가에 대한 성찰을 반드시 배제할 필요는 없다고 주장한다.[58] 비록 미학적 특질들이 사물들에

---

58 Schaper, *Pleasure, Preference and Value*, 2-5 참조. 제마크는 토마스 아퀴나스의 진술을 다

내재하는 것으로 여기더라도, 우리는 또한 사람들로 하여금 그러한 특질들을 인식하고 평가하도록 혹은 반대로 그렇게 하지 못하도록 방해하는 여러 가지 개인적인 성향, 시대의 유행 그리고 다른 모든 요인들을 고려해야만 하는 것이다. 이런 맥락에서 알프스의 풍경과 오직 18세기 말에서 19세기 초에 와서야 개발되기 시작한 영국의 호수 지역 등에 대한 개인적 선호가 루소와 워즈워드의 작품들에 지대한 영향을 끼친 사실이 종종 언급된다. 하지만 이것이 그러한 것들의 아름다움과 장관이 전에는 '거기에' 없었다는 것을 의미하지는 않는다. 아마 그것들의 아름다움은 예술가와 시인에 의해 드러나도록 거기서 기다리고 있었을 지도 모른다. 반대로, 18세기의 고전주의는 고딕건축의 가치에 대해 전혀 눈이 어두웠고, 낭만주의자들은 르네상스와 바로크의 예술 대부분에 대해 무지하였다. 세계 속에는 다른 종류들의 아름다움이 있는 것이고, 그것을 오직 다른 세대들이 각각 인지할 수 있는 것이다. 따라서 '심미감의 차이'가 '아름다움은 사물들 그 자체 속에 있다'는 사실을 필연적으로 부인하는 것은 아니다. 왜냐하면 사물들이 가지고 있는 모든 속성들이 단번에 모든 사람들에 의해 인식되어야 할 어떤 이유도 없기 때문이다. 어떤 경우든, 신학적 미학은 다른 모든 미학과 마찬가지로 개인적 선호에 대한 일정 정도의 융통성을 부여할 수 있어야 할 것이다. 우리는 어떤 한 색깔이 유일하게 '가장' 아름다운 색깔이라고 주장함이 없이, 하나님은 아름다운 여러 색깔을 창조하였고 그런 색

---

음과 같이 해석함으로써 이러한 두 측면을 잘 드러내고 있다: "아름다움은 잘 만들어진 사물들의 광채로서, 우리의 인식론적 욕구를 풍부하게 만족시킨다" (Zemach, *Real Beauty*, 106).

깔들의 세계는 검정색, 하얀색, 혹은 회색만으로 이루어진 세계보다는 훨씬 아름답다고 동의할 수 있을 것이다.

인지나 감상과 같이 미학의 '주관적인' 요소들도 또한 신학적으로 해석될 수 있을 것이다. 우리가 나중에 살펴보게 될 것처럼, 성령은 단지 예술가나 작가에게만 영감을 주는 것이 아니라 또한 그들의 작품을 이해하고 감상하는 자들에게도 영감을 준다. 이러한 생각은 또한 흥미롭게도 자연은 하나님이 우리에게 의사소통하는 일종의 언어라는 버클리(Berkeley)의 사상에서도 발견되며,[59] 아우구스티누스도 이를 두고 "하나님은 그 자신을 감각적이고 가시적인 사물들 속에 계시하고 표현하기 위해서, 그것들을 자신의 뜻에 따라 사용하신다"고 말한다(*De Trin.* iii. 4. 10). 그러한 사상은 일정 정도의 융통성을 허용하는 것으로 보이는데, 하나님은 자연을 통해서 다른 사람들에게 다른 방식들로 이야기하실 수 있는 것이다. 하지만 본인은 그러한 자연의 언어가 '완전히' 다르다고 생각지는 않는데, 만약 그러하다면 우리는 사적 언어(private languages)의 문제를 직면하게 되기 때문이다. 만약 아름다움이 이러한 하나님의 신성한 언어가 지닌 일종의 관용어라고 한다면, 그러한 관용어를 이해하기 위해서는 성령의 도움이 필요하게 될 것이다. 만약 그러하다면, 우리는 심미감에 관련된 원칙들이나 그 적용의 척도들을 딱딱하고 메마르게 설명하고 아름다움에 대한 어떤 정확한 이론을 만들려는 시도들에 대해 저항해야만 하는 중요한 신학적 이유를 가진다.

---

59 이러한 언어에의 유비는 그의 *Alciphron*, iv, §§7-15에 나온다.

## 아름다움이 가지는 도덕적, 종교적 중요성

신학적 미학은 이미 언급된 방식으로 아름다움과 다른 미학적 특질들이 지니는 '객관성'을 주장할 뿐 아니라, 또한 그것들이 '도덕적' 그리고 '종교적' 중요성을 가지기도 한다고 주장한다. 우리는 여기서 이에 관한 여러 주장들을 살펴보고자 한다.

칸트는 비록 아름다움에 대한 감정을 도덕적 감정(moral feeling)으로부터 구분하였지만(그는 예술작품의 감정사들 대부분이 변덕스럽고, 허영심에 가득하며, 위험한 열정에 중독되어 있다고 여겼다!), 자연의 아름다움에 관심을 가지는 것은 교양과 선한 영혼을 지녔다는 표시라고 하였고, 또한 아름다움은 도덕적 선의 상징이라고도 말한다.[60] 이와 유사하게, 그는 자신의 주요한 미학적 개념인 자연의 숭엄함을 우리의 도덕적 감정에 연관시키며, 도덕적 생각을 발전시킴 없이는 숭엄함은 단지 공포스러울 뿐이라고 한다.[61] 그러나 칸트는 그의 뒤를 이은 헤겔과는 달리, 어떠한 신학적 함의에 대한 고려도 시도하지는 않았다. 헤겔은 비록 자연의 아름다움에 대해 별로 관심을 갖지는 않았지만, 예술이 신성함을 표현하는 것으로 여겼고, 철학과 종교와 더불어 예술을 절대정신이 드러나는 영역 중 하나라고 보았다.[62] 우리는 아름다움에 대한 또 다른 '높은' 평가를 19세기의 작가들에서 발견할 수 있는데, 그들은 초기 산업자본주의가 가져다 준 빈곤과 퇴폐를 자연 속의 하나님의 아름다움을 파괴하는

---

60 Kant, *Critique of Judgement*, §§42, 59.

61 Ibid. §29.

62 Hegel, *Aesthetics*, 7, 94.

것이며, 사랑에 대한 죄이고, 예술이 타락한 원인이라고 보았다. 그래서 러스킨은 그의 에세이 "조토와 파두아에 있는 그의 작품들"(Giotto and his Works in Padua)에서 다음과 같이 말한다. "영국이 자신의 거리에서 비참함과 더러움을 보고도 견딜 수 있는 한에 있어서, 영국은 그림들 속에서 인간의 아름다움을 표현하지도 혹은 수용하지도 못할 것이다."[63] 이러한 견해들은 20세기에 들어서는 찾아보기 힘든데, 20세기는 전반적으로 미학적 성찰과 도덕적 성찰을 분리시키는 경향을 가지기 때문이다. 아마 우리 세기의 이러한 경향은 부분적으로는 미학을 독자적인 학문 분야로 여기기 때문이고(칸트와 그보다 앞서 바움가르텐의 영향이 여기서 두드러진다), 부분적으로는 교훈적 예술에 대한 의심 때문이다. 하지만 오늘날에조차도 예술과 문학이 전달하는 상상력 풍부한 통찰은 우리의 비전을 확장시킬 수 있다. 그리고 많은 작가들은 이런 주장을 넘어서, 미학적 경험은 도덕적이고 영적인 도전을 가져오며 아마 저속한 삶에 대한 심판의 기능을 할 수도 있을 것이라고 말한다. 예를 들어, 폰 발타자는 아름다움이 우리의 삶을 변화시키도록 권고하는 하나님의 소환장이라고 주장한다.[64]

아마 가장 단순한 종교적 해석은 미학적 가치를 지닌 사물들이 자연이든 예술작품이든 하나님의 선물들로 여기는 것이다. 하지만 이런 입장은 하나님이 창조적이고 너그럽다는 것 이외에는 우리에

---

63 Joan Evans (ed.), *The Lamp of Beauty: Writings on Art by John Ruskin* (London, 1959), 73에 인용되고 있다.

64 Hans Urs von Balthasar, *Word and Revelation* (New York, 1964), 138.

게 별로 많은 것들을 알려주지는 않는다. 사람들은 종종 이보다 더 나아갔다. 많은 이들이 자연의 아름다움에 대한 향유를 종교적이고 신비적인 경험으로 간주하였고, 그 속에서 특별히 생생하게 하나님의 임재를 느끼게 된다고 여겼다. 그러한 경험 자체가 어떤 이로 하여금 종교적 신념을 가지도록 만들기는 어렵다고 본인은 생각한다. 하지만 그런 경험은 이미 존재하는 신념에 비추어 해석되며, 그 신념을 보다 확고하게 만드는 데 도움을 줄 수도 있을 것이다. 이와 유사하게, 어떤 예술작품들은 많은 이들에 의해 그것 자체 너머의 무엇을 가리킨다고 여겨진다. 바르트가 좋아한 모차르트에 대해서 쿠퍼(Martin Cooper)는 이렇게 쓰고 있다. "예를 들어 *Così fan tutte* 같은 그의 가장 경박한 작품들조차도 다른 작곡가들에서는 찾아볼 수 없는, 천상의 아름다움이 지닌 부드러움을 드러내고 있다."[65] 많은 이들이 이런 느낌을 종교적인 용어들을 가지고 해석할 것이다. 물론 그러한 작품들은 신자와 비신자 모두 찬사하는데, 어떤 의미에서는 아름다움이 독자적 입지를 가지기 때문이다. 하지만 신자들은 사물들 속에서 비신자들이 보지 못하는 것을 볼 수 있고, 그 반대도 마찬가지일 것이다. 그리고 드러리(Drury)와 몰트만(Moltmann)이 제안하듯, 어떤 경우는 아름다움에 대한 신자의 관념이 그 자신의 종교적 신념에 의해 변화되거나 확장될 수도 있을 것이다. 그러한 이유에서 사람들은('거룩함의 아름다움'보다는)'아름다움의 거룩함'에 대해 종종 이야기하였다. 이미 본인은 이런 맥락에서 반 더 레우를 언급한 일이 있지만, 한 세기 이전에 낭만주의 비평가 쉴레겔(Friedrich

---

65 Martin Cooper, "Mozart and His Age," in *Ideas and Music* (London, 1965), 40.

von Schlegel)은 "오직 아름다움만이 또한 거룩하지 않은가?"라는 질문과 함께 아름다움에 그의 우아한 찬사를 돌렸다. 그는 더 나아가서 아름다움의 의미를 인류의 "무한성으로 솟구치고자 하는 무섭고도 채워지지 않는 욕망"에 그리고 그것이 가진 하나님을 향한 유인력에 관련시켰다.66 후기의 많은 다른 작가들은 아름다움의 강렬하고 집약적인 경험이 뒤에 남기게 되는 불만족에도 주목하였다. 그러한 경험은 포착하기 어렵고, 무한정 지속되지는 않으며, 종종 갈망과 불만족의 감정을 뒤에 남긴다. 그래서 호트(John F. Haught)는 "미학적 좌절감은 우리가 무한한 아름다움에 대해 가지는 깊은 욕망에 비해 부적절한 우리의 인식 능력들에서 기인한다"고 말한다.67 쉴레겔과 마찬가지로, 호트도 그러한 경험을 유신론적으로 해석하며(비록 사람들이 그렇게 직접적으로 해석하지는 않는다 해도), 하나님을 향한 갈망과 그의 부재에 대한 인식이라고 하였다.

이러한 견해들은 『향연』에 나오는 플라톤의 "아름다움의 사다리"를 변용한 것으로 간주될 수 있다. 그러한 변용의 가장 중요한 현대적 예가 시몬느 베이유(Simone Weil)의 작품에서 발견된다. 그녀는 『향연』 210d-212a에서 묘사되고 있는 올라감이 하나님의 아름다움에로의 올라감이라고 강조하며, 하나님의 아름다움은 "우리가 그것을 통해서 그분을 볼 수 있는 하나님의 속성"이라고 말한

---

66 Schlegel, "On the Limits of the Beautiful'(1794), in E. J. Millington (ed.), *The Aesthetic and Miscellaneous Works of Frederick von Schlegel* (London, 1860), 417, 419. 또한 "아름다움은 유한성으로 표현된 무한성"이고 예술작품은 그러한 표상이라고 하는 유사한 주장에 대해서는 그의 동시대인 셸링(Schelling)의 *System of Transcendental Idealism*, ch. 6 (Cotta edn., iii. 620)을 참조하라.

67 John F. Haught, *What is God?* (New York, 1986), ch. 4. 인용문은 85를 보라.

다.68 베이유는 아마도 20세기에 있어서 아름다움에 대한 '계시적'(revelatory) 견해의 주요한 옹호자일 것이다. 사람들은 대체로 20세기에 와서 아름다움에 대한 도덕적 해석을 기피하는 동시에, 거기에 대한 야심에 찬 형이상학적 주장을 하는 것을 꺼려 왔었다. 하지만 베이유는 아름다움의 경험이 곧 초월성의 경험, 보다 구체적으로는 하나님의 경험이라고 보았고, 그것이 비신자들에게는 '하나님의 드러나지 않는 사랑'으로 경험된다고 주장한다. 그녀는 세계의 아름다움을 "창조자와 피조물 사이에 사랑의 교환의 표시"라고 묘사하고,69 "창조 속의 신성한 지혜의 협력으로서… 하나님은 우주를 창조하였고, 그의 성자는… 우리를 위해 그것을 아름답게 만들었다"고 한다. 아름다움은 그리스도의 "자상한 웃음으로 우리에게 물질을 통해 드러난다". 그리고 아름다움의 사랑은 "우리 영혼들 속에 거주하는 하나님으로부터 오는 것으로서, 우주 속에 임재하는 하나님을 향해 나아간다."70 플라톤을 언급하며 그녀는 아름다움을 하나님의 성육화라고 표현하며 우리를 구원하기 위해 지상에 내려왔다고 한다.71 따라서 그녀는 모든 고등 예술들이 그 본질에 있어 종교적이고 하나님에 의해 영감을 받은 것이라고 결론내린다.72

---

68 Simone Weil, *On Science, Necessity and the Love of God*, trans. R. Rees (Oxford, 1968), 129.

69 Id., *First and Last Notebooks*, 139.

70 Id., *Waiting on God*, trans. Emma Craufurd (Fontana edn.; London, 1959), 120. 여기에 나오는 아름다움에 대한 삼위일체적 분석을 주목하라. 본인의 "Simone Weil on Beauty," in Richard H. Bell (ed.), *Simone Weil's Philosophy of Culture* (Cambridge, 1993), 260-76, 특히 269-73을 참조하라.

71 Id., *First and Last Notebooks*, 341, 286; cf. id. *Gravity and Grace,* trans. Emma Craufurd (London, 1963), 137.

물론 악마적 예술과 "타락한 미학"도 존재한다.73 미학적으로 유익한 것이 도덕적으로 유해할 수도 있기 때문이다. "악마도 아름다움의 흉내를 낼 수 있고," 이런 모방은 오직 세심한 주의에 의해서만 구분되어질 수 있다. 하지만 그녀는 악마가 20년 동안 고독하게 갇혀있는 자를 위로하는 그림을 그리도록 예술가에 영감을 줄 수는 없다고 말한다.74

우리는 여기서 아름다움을 하나님의 계시이자 하나님의 한 속성으로 보는, 가장 야심에 찬 아름다움의 형이상학을 만나게 된다. 베이유는 그녀 자신이 플라톤을 기독교적으로 해석하는 것으로 여기지만, 이와 유사한 견해가 이미 아퀴나스에서 특히 그의 위-디오니시우스의 『하나님의 이름들』에 대한 주석서에서 발견되며 또한 신 토마스주의자이며 베이유의 동시대인인 마리땡에서도 드러난다 (그녀는 아퀴나스를 좋아하지 않고 마리땡을 불신하기 때문에 이런 유사성을 간과하고 있다75). 이러한 견해들은 분명 미학을 자율적인 것으로 여기는 현대의 경향에 반하는 것이고, 또한 아름다움의 감상은 단지 사물들의 어떤 인지된 특질에서 우리가 즐거움을 가지는 것이라고 여기는 일반적인 경향에도 반대된다.76 하지만 다른 한편으

---

72 Id., *Gravity and Grace*, 137; *Waiting on God*, 124.

73 Id., *Gravity and Grace*, 138; *Waiting on God*, 124.

74 Id., *First and Last Notebooks*, 341. 이렇게 말함으로 베이유의 입장은 비록 도덕적으로는 타락했지만 그럼에도 불구하고 아름다운 악마적 예술이 있을 가능성이 있다고 제안하는 위험성을 가진다 (악에 종사하는 지성도 여전히 지성이기는 마찬가지인 것처럼 말이다).

75 그들에 대한 그녀의 태도는 이 둘이 종종 의지하는 아리스토텔레스에 대한 그녀의 미움에서 유래한다. 그녀는 아리스토텔레스를 "오직 썩은 열매만을 맺는 썩은 나무"라고 묘사한 바 있다 (*First and Last Notebooks*, 355). 많은 다른 이들과 마찬가지로, 그녀는 토마스주의에 내재하는 플라톤주의적 전통에 대해서는 충분히 관심을 기울이지는 못하고 있다.

로, 베이유의 그것과 같은 형이상학의 가능성은 우리가 아름다움을 하나님의 속성으로 의미 있게 말할 수 있는지의 여부에 달려있다. 우리는 다음의 장에서 여기에 대해 살펴보게 될 것이다.

---

76 아름다움에 대한 플라톤주의적이고 유신론적인 해석에 대한 비판의 예들에 관해서는 다음을 참조하라. George Santayana, *The Sense of Beauty* (repr. Cambridge, Mass., 1988, 이것은 Arthur C. Danto의 중요한 비판적 서론을 같이 수록하고 있다).

# 제 3 장
# 하나님의 아름다움

    지난 몇 년 동안 하나님의 존재와 본성에 관련된 전통적인 신학의 문제에 대한 관심이 새롭게 제기되고 있다. 여러 책과 논문들이 하나님 관념의 일관성에 대해서 그리고 특히 전지성과 전능성 같은 구체적 속성들이 제기하는 문제들에 대해서 논의하였다. 하지만 이러한 것들 가운데서 그 부재로 더욱 눈에 띄는 한 특성이 있는데, 다름 아닌 하나님의 아름다움이다. 폰 발타자가 말하듯, 그것은 하나님의 속성들 중 가장 간과된 것이다.[1] 이러한 간과는 단지 철학이나 신학에만 해당되는 것은 아니다. 본인은 여기에 대한 설교를 들은 기억이 없으며, 보다 대중적인 종교적 저작들에서도 거의 논의되지 않고 있다.

    이러한 간과에는 여러 이유가 있을 것이다. 우리는 이미 1장에서 하나님의 아름다움이라는 생각이 그것과 수반되는 즐거움, 욕망, 향유 등과 같은 세속적이고 그리스적인 함의들로 인해 바르트

---

1 Hans Urs von Balthasar, *Word and Revelation* (New York, 1964), 162.

의 마음을 불편하게 만들었다는 것을 살펴보았다. 만약 우리가 감각을 통해 인식할 수 있는 사물들의 색채, 형태, 하모니 등을 가지고 아름다움에 대해 이야기한다면, 우리는 그것이 어떻게 물질, 몸 그리고 부분들 등을 가지지 않는 유일자에게 적용될 수 있는지 이해하기 어려울 것이다. 하나님은 아름답다는 진술뿐 아니라 여기에 더해서 하나님은 아름다움 '그 자체'이며 다른 모든 사물 속의 아름다움의 원천이라는 진술을 고려할 때, 이 문제는 더욱 어려워지게 된다. 물론 이와 유사한 문제들이 지혜, 힘, 사랑과 같은 하나님의 다른 속성들에서도 제기되어진다. 하지만 일반 신도들은 그러한 다른 속성들과 관련된 하나님의 행동들을 떠올림으로써 그것들을 조금은 이해할 수 있는 것이다. 예를 들어 하나님의 지혜는 우주의 경영에서 드러나며, 그의 권능은 자연현상들 혹은 성스러움 속에서 계시되며, 그의 사랑은 섭리와 특히 그리스도의 삶과 사역 속에서 드러난다. 하지만 아름다움의 경우 하나님이 세계의 아름다움을 창조하셨다는 것 이외에는 어떤 상응하는 하나님의 행동을 발견하기가 쉽지 않다. 이러한 공백을 메우고자 사람들은 하나님의 아름다움은 표현 불가능하다고 주장하거나, 혹은 아퀴나스가 하나님의 존재에 돌린 통전성, 하모니, 발광성의 트리오의 예와 같이 다소 형식적이고 공식적인 대답을 제공한다.

이러한 문제들의 기저에는 우리가 하나님에게 아름다움을 돌릴 때 그것을 뒷받침할 용어가 부재하다는 사실이 놓여있다고 본인은 생각한다. 우리는 일반적으로 '아름답다'는 말을 두 가지 방식으로 사용한다는 것을 살펴보았다. 즉 아름다움은 예술작품이나 자연현상에 대한 전반적 평가로서, 혹은 또 다른 용어들에 대한 수식어로서 사용된다. 이 두 경우 모두에 있어 아름답다는 말은 '우아하게', '세련되게' 혹은 색채나 소리 등의 구체적 특질들을 묘사하는 말과 같이 다른 다채로운 미학적 개념들에 의해 뒷받침을 받게 된다. 하지만 이러한 말 대부분은 하나님을 묘사하는데 적용될 수는 없다. 예쁘거나, 잘생겼거나, 혹은 우아한 하나님이란 도대체 어떤 것일까? 하나님의 아름다움의 경우 인접한 혹은 부수적인 개념들이 다른 곳들에서부터 채용된다. 힘의 언어로부터(성서적 용어 '영광'은 아름다움뿐만 아니라 힘을 의미하며, '장엄', '광채', 혹은 '능력'과 같은 용어들과 함께 어우러진다), 윤리의 언어로부터(대부분의 사람들은 그리스도의 아름다움을 그의 도덕적 혹은 영적 특질들을 통해 이해한다), 혹은 거룩함, 완전함, 선함, 탁월함 등과 같은 보다 일반적인 하나님의 속성들로부터 채용된다. 하나님의 아름다움은 또한 종종 빛에 관련되는데, 여기서 빛은 지성적 혹은 영적 조명 나아가서 지혜, 지식 그리고 진리를 의미한다. 그리고 만약 우리가 하나님의 '숭엄함'이라는 18세기 용어를 사용한다면, 이것은 그의 광대함을 가리키는 것이다. 이러한 성찰들은 우리가 하나님에게 아름다움을 돌리려는 시도를 반박하는 것은 아니지만, 그러한 아름다움의 본질이 무엇인지 그리고 그것을 지상적 아름다움에 관련시키는 것이 어떤 의미를 가지는지 명확하게 밝혀야 하는 과제를 가진다는 것을 보여준다(물론 사용되는 각각의 언어들에 따라 문제가 달라질 수도 있는데, 여기서 아름다움을 묘사하는 용어들이 서로 다른 함의들을 가질 수 있기 때문이다).

우리는 이러한 난제들을 볼터쉬토르프(Wolterstorff)나 시어벨드 (Seerveld)와 같이 미학에 대해 보다 명확한 입장을 선호하는 자들의 견해를 지지함으로써 피할 수도 있을 것이다. 그들은 하나님의 아름다움에 대한 사변적 성찰이나 그것이 지상적 아름다움과 다른 미학적 속성들에 가지는 관계에 대한 성찰을 거부한다. 하나님은 그자신이 돌이 되지 않고도 돌을 창조할 수 있는 것처럼, 그 자신이 아름답지 않으면서도(혹은 아름다움 자체가 아니면서도) 자연세계의 아름다움을 창조할 수 있고 아름다운 예술작품을 위해 영감을 줄수도 있는 것이다. 나아가 하나님의 아름다움에 대한 사변적 성찰은 초기 기독교에 침투해 들어온 신플라톤주의의 유물일 뿐이라고 여길 수도 있을 것이다. 따라서 보다 덜 야심에 찬 시도를 하는 것은 분명 가능하다. 하지만 그러한 입장은 풍부한 기독교 전통의 많은 부분을 상실하게 만든다. 기독교 전통은 창조를 단지 하나님이 사물들에 그 존재를 부여하는 것으로 보았을 뿐 아니라, 하나님이 그것들에게 자신의 본질적 속성들을 심어줌으로써 그것들이 하나님을 닮게 만든 것으로 보기 때문이다. 그러한 본질적 속성들 중 지금 우리가 고려하고 있는 것은 하나님의 영광이다. 여기에 대해 폰 발타자는 이렇게 말한다. "우주는 하나님의 숨겨진 초월적 아름다움에 대한 표현과 계시로서 경험되어진다."[2] 반면 앞의 견해는 보다 심각하게는 많은 성서의 증언에 충실하지 못한 약점이 있다. 성서는 하나님에게 아름다움을 돌리고 있을 뿐만 아니라, 그 중요한 개

---

2 Id., *The Glory of the Lord: A Theological Aesthetics*, ii, trans. Andrew Louth *et al.* (1984), 154.

넘들 중의 하나로서 하나님의 영광이라는 긴밀하게 관련된 용어를 사용하고 있기 때문이다.

본인은 이 장에서 여기에 대한 성서적이고 신학적인 근거들을 살펴보게 될 것이고, 그런 이후에 우리가 하나님에게 아름다움을 돌리는 것이 정말 정당화될 수 있는지 고려할 것이다. 마지막으로, 본인은 그렇게 하나님에게 아름다움을 돌리는 것이 신학에서 어떤 함의를 가지게 되는지 보다 포괄적인 성찰을 하려 한다.

## 하나님의 아름다움: 텍스트적 근거들

본인은 이미 1장에서 하나님을 아름답고, 가장 아름다우며, 혹은 아름다움 자체라고 묘사한 몇몇 초기 교부들의 예를 제공하였고, 이와 유사한 많은 경우를 살펴보았다. 힐러리(St Hilary)는 지혜서 13:5를 인용한 후 우리는 하나님의 지고한 아름다움을 창조 세계를 통해 알게 되며, 우주는 아름답기 때문에 '코스모스'라 불린다고 하였다(여기에서 언어놀이를 하고 있음을 볼 수 있는데, 그리스어 $\kappa \acute{o} \sigma \mu o \varsigma$ 는 '우주'를 뜻하는 동시에 '장식' 혹은 '장식물'을 의미하기도 한다). 그는 이렇게 묻는다. "바로 이런 아름다움의 주님이 모든 아름다움 중에서 가장 아름다운 분이라고 인식되어야 하지 않는가?"[3] 나치안추스의 그레고리(St Gregory of Nazianzus)는 플라톤의 『국가론』(Republic, vi. 508a-509a)에 나오는 태양(sun)과 선의 형상(the Form of

---

3 *On the Trinity*, i. 7 (*PL* 10: 30bc).

the Good) 사이의 유비를 언급하며, 대신 태양과 하나님 사이의 유비를 제시한다. 태양이 우리가 볼 수 있는 존재 중에서 가장 아름다운 것처럼, 하나님은 우리가 알고 있는 존재 중에서 가장 아름다운 분이시다. 천사들은 그의 아름다움의 모델을 따라 너무도 잘 만들어졌기 때문에, 우리에게 하나님의 빛을 전달하는 역할을 한다.[4] 마찬가지로 니사의 그레고리(St. Gregory of Nyssa)는 하나님 홀로 진정하게 아름답고, 단지 아름다운 것만이 아니라 아름다움의 본질로서[5] 그리고 모든 아름다움의 원형으로서[6] 항상 존재한다고 주장한다. 따라서 이러한 생각은 위-디오니시우스(Pseudo-Dionysius)의 폭넓은 영향력을 끼친 저작 『하나님의 이름들』(The Divine Names)이 쓰인 주후 500년 전후에 이미 충분히 친숙한 것이었다. 그에 따르면 (하나님의 이름들 중의 하나인) 선은 아름다움이라고 불리었는데, 그것이 사물들의 본성에 따라 사물들에게 아름다움을 심어주기 때문이다. "그리고 사람들은 그것을 아름다움 자체라고 불렀는데, 왜냐하면 그것은 모든 것을 포함하는 아름다움이고 모든 것을 넘어서는 아름다움이기 때문이다. 아름다움 자체는 영원히 아름답고, 동요하거나 변함이 없이 아름답다." 위-디오니시우스는 계속해서 말하길, 그것은 단지 어떤 한 부분이나 한 측면에서 아름다운 것이 아니

---

4 *Second Theological Oration* (*Or.* xxviii), §§30, 31 (*PG* 36: 69a, 72b).

5 *On the Song of Songs,* 4 (*PG* 44: 836ab).

6 *On Virginity,* xi (*PG* 46: 368c). 또한 그의 *Catechetical Oration* vi (PG 45: 29b)도 참조하라. 보다 자세한 교부시대의 논의에 대해서는 Heinrich Krug, *De Pulchritudine Divina* (Freiburg im Breisgau, 1902)를 보라. 이 저작의 2권은 초기 교부들로부터의 엄청난 양의 인용문들을 담고 있다 (그것들 대부분이 오직 '영적인' 아름다움에만 관심을 가졌다는데 우리는 또한 주목해야 할 것이다).

라, "그 자체 속에서 그리고 그 자체에 의해서, 그것은 독특하게 영원히 아름답다. 그것은 그 자체로 모든 아름다운 사물이 지닌 아름다움의 무한한 원천이다."[7]

본인이 언급한 위-디오니시우스와 많은 교부들은 플라톤과 신플라톤주의에 영향을 받았다. 이러한 영향은 태양과 같은 플라톤적 유비들에 대한 그들의 선호, 형상의 이론(Theory of Forms: 사물들은 아름다움에 '참여한다')을 떠올리는 그들의 언어사용 그리고 『향연』에 나오는 "아름다움의 사다리"라는 사상을 그들이 채용하는 것 등에서 보인다. 니사의 그레고리가 쓴 『모세의 생애』(Life of Moses)에는 놀랍게도 마지막의 예가 발견된다. 이 저작은 epektasis의 개념, 즉 완전을 향해 끊임없이 확장되어 가는 영혼이라는 생각을 드러낸다(이 용어는 빌립보서 3:13에 나오는 바울의 용법과 그 뿌리가 같은 것인데, 거기서 바울은 "앞에 있는 것을 잡으려고" 시도하는 기독교인에 대해 쓰고 있다). 그레고리는 아름다운 것을 사랑하는 자들에 대해 유비적으로 이렇게 말한다.

소망은 항상 보이는 아름다움에서 그 너머에 놓여 있는 것에로 영혼을 이끌고, 항상 지속적으로 보이는 것을 통해서 감추어진 것에 대한 바람을 불붙인다. 따라서 아름다움의 열렬한 연인은 항상 보이는 것을 자신이 바라는 것의 이미지로 받아들이지만, 그 원형(archetype)의 표식으로서 가득 채워지기를 소원한다.

---

7 iv. 7 (PG 3: 701cd), trans. Colm Luibheid, in Pseudo-Dionysius: The Complete Works (Classics of Western Spirituality, London, 1987), 76-7.

그리고 그는 소망의 산들을 용감하게 올라가며, 거울이나 반영에서가 아니라 얼굴과 얼굴을 맞대고 아름다움을 향유하기를 바란다.[8]

하나님의 아름다움이나 그것이 지상적인 아름다움에 가지는 관계 등이 종종 플라톤적 용어들로 묘사되긴 하였지만, 그러한 사상은 단지 플라톤과 신플라톤주의에서 빌려온 것이 아니라 이미 성서 속에도 발견된다는 것을 우리는 주목해야 한다. 구약성서는 많은 경우에 있어서 아름다움을 하나님 자신에게 돌리고 있는데(비록 하나님 자신이 아름다움이라고는 말하고 있지 않지만), 그 대부분의 경우가 시편에서 발견된다. 최초의 예인 시편 27:4는 이렇게 쓰고 있다. "내가 여호와께 청하였던 한 가지 일 곧 그것을 구하리니 곧 나로 내 생전에 여호와의 집에 거하여 여호와의 아름다움을 앙망하며 그 전에서 사모하게 하실 것이라."[9] 여기서 '아름다움'(beauty)으로 번역된 히브리어 *nō'am*은 시편 90:17의 경우에서처럼 '은총'(favour)을 의미하기도 하고("주 우리 하나님의 은총을 우리에게 임하게 하사…"), 또한 잠언 3:17의 경우처럼 지혜의 본질이 지닌 '즐거움'(pleasing)과 '달콤함'(sweetness)을 가리키기도 한다(cf. 15: 26, 16:

---

8 ii, §§231-2 (*PG* 401d-404a), trans. A. Malherbe and E. Ferguson, in *Gregory of Nyssa: The Life of Moses* (Classics of Western Spirituality, New York, 1978), 114f.

9 유대교의 아름다움에 대한 관념들이 현대의 예술을 위한 예술이나 미학적 인식 등의 관념과 얼마나 차이가 나는지에 대한 유용한 소개로는 Claus Westermann, "Beauty in the Hebrew Bible," in Athalya Brenner and Carole Fontaine (eds.), *A Feminist Companion to Reading the Bible: Approaches, Methods and Strategies* (Sheffield, 1997), 584-602를 참조하라. 이스라엘의 하나님에 대한 칭송과 그 아름다움의 의미에 대해서는 Gerhard von Rad, *Old Testament Theology*, i, trans. D. M. G. Stalker (London, 1975), 364-8을 참조하라.

24). 또한 하나님에게 돌려지는 이런 유사한 용어들로는 시편 145:5의 "주의 존귀하고 영광스러운 위엄과 주의 기사를 나는 묵상하리이다"의 경우처럼 '영광'(splendour)과 '위엄'(majesty)을 가리키는 *hāh-dāhr*와, 시편 71:8에서의 경우처럼 '아름다움' 뿐 아니라 '광채', '존숭함', '영광', '영예' 등으로 번역되는 *tiphāhrāh*가 있다. 그리고 아마 후대 히브리어에서 그 미학적 의미의 측면에서 '아름다움'에 가장 가까울 수 있는 *yŏphee*가 스가랴 9:17에서 사용된다.[10] 종종 이러한 용어들은 하나님과 관련된 장소들에도 사용되었다. 예를 들어, 시편 50:2는 "온전히 아름다운(yŏphee) 시온에서 하나님이 빛을 발하셨도다"라고 한다.

이러한 묘사들은 시편에서 가장 일반적으로 발견되는데, 이들 대부분이 하나님에 대한 찬양의 노래이거나 사랑의 시이다. 거기서 하나님에게 아름다움을 돌리는 것은 그의 임재에 대한 놀라운 경험 혹은 그에 대한 열렬한 동경과 갈망에서 생겨난 것으로 보이며, 이를 표현하기 위해 기쁨의 찬송, 경외 그리고 숭배의 언어가 사용되었다. 하지만 우리는 완전히 다른 접근을 외경인 지혜서 13:3-5에서 발견할 수 있는데, 힐러리 이외에 많은 후기의 작가들이 이를 인용한다. 이 텍스트는 하나님을 아름다움의 최초의 저자이며 창조자라고 묘사하며, "피조물의 위대함과 아름다움에 비례해서(proportionably) 그것들의 조물주가 보인다"라고 한다. 여기서 우리는 세계의 아름다움에서 하나님을 추론하는 많은 후대의 자연신학의 선례를 발견하게 된다(이 텍스트가 비록 3-4절에서 하나님은 피조물을 능가하며, 또한 앞에

---

10 만약 마조레틱 텍스트(Mazoretic text)를 따르면, 이것은 "그의 아름다움"으로 번역되어진다.

서 그의 영광의 발산[7:25]으로서의 지혜는 밝게 비추이고 아름답다[6:13; 7:10, 29; 8:2]고 하고 있지만, 하나님 그 '자체'가 아름답다고 말하지는 않는다는 사실을 우리는 주목해야만 할 것이다). 우리는 이러한 두 접근법 사이에서 보다 중재적인 입장을 소위 '창조' 시편들에서 발견하게 된다. 예를 들어 시편 104편 기자는 하늘, 바다의 물 그리고 자연의 아름다움에서 하나님의 광대하심과 영광을 인식한다. 여기서 중심적인 문제는 추론의 그것이 아니라, 하나님의 임재에 대한 반응으로 "하늘이 하나님의 영광을 선포"하는 것(시편 19:1)을 보는 것이다.[11] 이런 입장은 우리로 하여금 하나님의 아름다움보다는 성서에서 훨씬 더 중심적인 하나님의 영광이라는 개념에 주목하도록 만든다. 하지만 본인은 이후에 이 둘이 밀접하게 관련되어있을 뿐 아니라, 하나님의 아름다움이 그의 영광을 구성하는 한 요인이라고 주장하게 될 것이다.

'영광'은 히브리어 *kabod*의 번역으로서, 그 의미가 '무거움' 혹은 '무게'에 뿌리내리고 있다. 이 용어는 단지 하나님에게 적용된 것은 아닌데, 창세기 45:13에서 요셉은 그의 형제들에게 자신이 이집트에서 누리고 있는 '영광'을 그 아비에게 가서 전하라고 한다(여기서 kabod는 요셉이 누리고 있는 부와 지위를 가리키고 있다). 또한 이사야 35:2는 광야와 메마른 땅이 수목이 무성하여져서 레바논의 '영광'과 갈멜과 샤론의 아름다움을 가지게 될 것이라고 쓰고 있다. 하나님에게 *kabod*를 사용하는 보다 초기의 텍스트들은 그것을 가시적인 자연의 현상에 연관시키는데, 특히 구름(출 16:10; 24:16)과 불(신

---

11 J. Kellenberger, *The Cognitivity of Religion: Three Perspectives* (London, 1985), ch. 2.

5:24; 대하 7:1-3)을 들 수 있다. 그래서 모세는 하나님의 영광을 보게 해달라고 기도한다(출 33:18f., 22). 그것은 하나님의 시내산에서의 계시와 출애굽의 이적들(민 14:22), 성소를 하나님이 구름으로 가득 채운 일(왕상 8:10f.) 그리고 천둥과 같은 자연 현상들(시 39:3-5)에 사용되어졌다. 이러한 현현들은 예를 들어 회막(출 29:43)과 같이 그것이 일어난 '장소'(locus)를 거룩하게 만든다고 여겨졌고, 종종 하나님의 말씀과도 연관되었다. 보다 나중에는 영광이라는 용어가 하나님의 능력과 광채에 대해 일반적으로 사용되었는데, 특히 시편들에서 그것이 잘 드러난다(예를 들어 96:3; 이런 맥락에서는 18세기의 용어 '숭엄'이 종종 영광의 적합한 번역이 될 수 있을 것이다). 이사야의 비전 속에서 세라핌들은 야훼의 영광이 온 땅을 충만하게 채우고 있음을 선포하며, 그것을 하나님의 거룩함에 관련시키고 있다(사 6:3). 이 책의 보다 뒤에서 예루살렘의 재건이 예언되며, 하나님의 영광을 빛이 밝아오는 것에 비하고 있다(60:1-3; 또한 에스겔 1:28도 하나님의 영광을 광채에 연관시키며, 출애굽기 34:29절 이하는 시내산에서의 하나님의 현현 이후에 모세의 얼굴이 밝게 빛나는 것으로 묘사하고 있다). 하나님의 영광은 오직 미래에, 즉 메시아의 시대에 완전하게 드러나게 될 것이며, 그때는 전 인류가 이를 보게 될 것이다(사 40:5, 60:1-3, 66:18-9).

나중에 타굼(Targums: 히브리 성서의 아람어 번역)에서 '영광'은 종종 하나님의 임재에 대한 대용적인 묘사로서 사용된다. 하나님의 초월성에 대한 인식이 점점 강해지면서, 유대교는 하나님이 직접 사람의 일에 관여하는 것에 대해 말하기를 삼가는 경향을 보여주었

다. 대신 간접적인 묘사들이 선호되었는데 특히 말씀(memra), 영광
(yekara) 그리고 거주하심(shekinah)의 세 아람어 단어들이 사용된
다. 이들 중에서 마지막은 가장 애용되었으며, 하나님의 초월성의
교리에 위반됨이 없이 피조된 세계에서의 하나님의 보편적 임재,
가까우심 그리고 특별한 활동 등을 나타내었다. '영광'과 마찬가지
로, 그것은 종종 빛과 연관된다. 70인역에서 kabod와 shekinah 둘
다가 그리스어 doxa로 번역되었으며, 이 사실이 신약성서의 용법
에 지대한 영향을 끼쳤다. 람시(A. M. Ramsey)는 여기에 대해 다음과
같이 말한다. "히브리어와 아람어에 있어 독특했던 개념들이 70인
역에서는 하나의 단일한 이미지로 융합되어서, 하나님의 영광 혹은
이스라엘 백성과 함께 하나님이 동행하심을 나타내었다. 이러한 통
일된 이미지가 신약성서 기자들의 사상에 있어 그 배경으로 작용하
고 있는 것이다."12 사실 람시의 지적대로 doxa는 '위엄', '아름다움'
그리고 '탁월함' 등 다양한 의미를 지닌 히브리어 용어들을 번역하

---

12 A. M. Ramsey, *The Glory of God and the Transfiguration of Christ* (London, 1949), 20.
이 책의 처음 두 장은 영광의 개념에 대한 유용한 연구를 제공한다. 또한 Israel Abraham,
*Glory of God* (Oxford, 1925; repr. in *The Foundations of Jewish Life: Three Studies*, New
York, 1973)을 참조하라. 폰 발타자(von Balthasar)의 이 개념에 대한 논의로는 *The Glory of
the Lord: A Theological Aesthetics*, vol. vi, *Theology: The Old Covenant*, tr. B. McNeil
and E. Leiva-Merikakis (Edinburgh, 1991), 특히 1장을 보라; 그리고 *The Glory of the Lord*,
vol. vii, pt. 2도 참조하라. 폰 발타자에 있어 '영광'은 아름다움보다 더 근본적인 개념인데, 그
는 세계-내적인 아름다움(inner-worldly beauty)의 인식이 하나님의 영광에 부수적으로 관련
된다고 보았기 때문이다. 그래서 그는 (바움가르텐과 칸트로부터 시작되는) 현대 미학을 참된
미학의 단지 한 파편으로 여긴다. 여기에 대해서는 그의 *Herrlichkeit: Eine Theologische
Ästhetik*, iii. 1: *Im Raum der Metaphysik, pt. 2, Neuzeit* (2nd edn., Einsiedeln, 1975; 영역
본으로는 *The Glory of the Lord*, vol. v), 특히 6장을 참조하라. 폰 발타자를 현대 미학 이론으
로부터 멀어지게 만드는 또 다른 요인으로, 그는 아름다움을 한 초월적 범주 즉 '존재의 광채'
로 여긴다.

는데 사용되었으며, 따라서 히브리 성서에서의 *kabod*보다 훨씬 빈번하게 70인역에서 *doxa*가 발견된다.[13]

이러한 *doxa*의 광범위한 용례는 신약성서에도 이어지는데, 예를 들어 신자들은 성령의 활동으로 말미암아 하나님의 영광의 형상을 닮게 되는 것이다(고후 3:18). 하지만 특히 그리스도에 대해서 이용어가 주로 사용된다. 그리스도의 얼굴에 하나님의 영광이 비추이는데(고후 4:6), 여기서 '영광'은 '왕국'의 용어와 마찬가지로 종말론적 함의를 가진다. 하나님의 영광이 그리스도에서 드러나지만, 그의 재림까지는(마 24:30; 막 8:38, 13:26; 눅 9:26) 혹은 그가 십자가형을 당할 때까지는(요 7:39, 12:16; cf. 눅 24:26) 이것이 완벽하게 계시되지는 않는다. 변화산상에서의 그리스도에 대한 설명은 흥미롭게도 출애굽기 33-4에 나오는 시내산에서의 모세에 대한 설명과 유사한 점이 있다. 이 두 경우 모두 영광을 빛에 관련시키고 있다. 여기서 예수는 제자들 앞에서 변화하여 그의 얼굴이 태양처럼 빛나고 그의 옷이 빛처럼 하얗게 되었다고 묘사되고 있다. 또한 제자들은 빛나는 구름에 둘러싸였다(마 17:2, 5). 동방교회에서 예수의 변화산상의 일을 기념하는 축제는 아주 중요하다. 왜냐하면 이 사건이 단지 부

---

13 Ramsey, *The Glory of God*, 24. 마찬가지로 그리스어 *kalos*도 매우 일반적으로 70인역에서 사용되어지는데, 예를 들어 창세기 1장의 반복구 "하나님의 보시기에 좋았더라"를 들 수 있다. 우리는 다시 한번 이 용어가 '아름다움'보다 넓은 의미를 가졌다는 것을 지적해야 할 것이다. 그것이 가지는 '유인력'과 '갈망'이라는 함의로 인해 영어의 'beautiful'보다 하나님에 대해 서술하기에 훨씬 더 적합하다. 위-디오니시우스는 명사 *kallos*가 동사 *kalein*('부르다')에 밀접한 연관을 가진다고 주장한다. 왜냐하면 "아름다움은 모든 것들을 그 자신에게로 부르기 때문이다"(*loc. cit.*). 이러한 연관은 이미 플라톤에 의해서 *Cratylus*, 416c에서 제안되어지고 있다. 따라서 미학적 특질들에 대한 현대의 논의들이 하나님의 아름다움을 고려하는데 있어서는 그리 유용하지 않을 수도 있을 것이다.

활한 그리스도의 영화롭게 됨을 예견할 뿐 아니라 또한 전 우주의 궁극적인 변모를 예견하는 것으로 여겨지기 때문이다.

하나님의 아름다움과 영광에 대한 자신의 논의에서 몰트만 (Moltmann)은 서방교회가 동방교회와는 달리 변화산상에서의 일에 별다른 중요성을 부여하지는 않는다는 것을 지적한다. 서방교회는 일방적으로 하나님의 통치만을 강조하고 그의 광채나 아름다움은 주목하지 못함으로써, 결과적으로 기독교를 율법적이고 도덕적인 범주에 굴복시켰다고 그는 주장한다. 또한 그는 비록 *kabod*와 *doxa*가 성서에서 중심적인 용어들임에도 불구하고 현대 신학 사전들에서는 그런 위치를 가지지 못하고 있으며, 대륙의 개신교 전통에 있어서 아마 바르트가 유일하게 하나님을 '아름답다'고 부를 용기를 지닌 신학자였다고 주장한다.[14] 몰트만이 언급하는 모든 요인들이 실제로 서로 연관이 있는지는 확실하지 않지만, 서방교회가 하나님의 아름다움보다는 하나님의 힘에 더 주목하였다는 것은 분명 사실일 것이다. 이러한 경향은 몰트만 자신이 찬사하는 바르트의 하나님의 영광에 대한 텍스트에서도 발견된다. 거기서 바르트는 하나님의 아름다움에 오직 부수적인 역할만을 인정한다(*CD* ii, pt. I, §31). 바르트는 *kabod*와 그것의 그리스어, 라틴어 그리고 독일어 파생어들이 우리가 아름다움이라고 부르는 것을 포함하고 표현한다는 것을 인정한다. 하지만 그는 하나님의 완벽성을 논의하는데 있어 아름다움이 주도적 개념이라기보다는, 우리로 하여금 하나님의 영광이 효과적 영향력을 가진다는 것을 보게 만드는 보조적 개

---

14 Jürgen Moltmann, *Theology of Play*, trans. R. Ulrich (New York, 1972), 38-9.

넘이라고 말한다(p. 653). 우리는 몇 페이지 뒤에 이와 유사한 평가를 또 다시 발견하게 된다. 거기서 바르트는 하나님에 대해 "그가 아름다운 모든 것과 아름다운 것에 대한 모든 사상들의 근거이며 척도이다"라고 말하지만(p. 656), 우리가 여기서 피조된 것들에서 유래한 아름다움의 피조물적 개념을 다루고 있는 것은 아니라고 바르트는 경고한다. 이러한 경고는 정당한 것이지만, 바르트는 하나님의 아름다움과 피조물의 아름다움 사이에 어떤 관계가 있는지에 대한 논의를 그냥 방치해 둔다. 그는 하나님의 아름다움이 오직 부수적인 역할만을 가진다고 하는 자신의 논의를 정당화하거나 방어하지도 않는다. 이러한 입장의 애매 모호성은 우리가 이미 보았듯이 아름다움이라는 개념에 대한 바르트의 신중함에 그 원인이 있을 것이다. 우리는 매우 다른 접근을 일례로 조나단 에드워즈에서 발견하게 되는데(바르트는 그를 한 번도 언급하지 않았다), 에드워즈는 하나님의 완전성 중에서도 아름다움이 탁월한 역할을 가진다고 보았다. 그는 신성한 영광 속에서 하나님의 아름다움이 하나님의 능력보다 우선성을 가지는 것으로 혹은 종종 이 둘을 동일한 것으로 취급하였다.15 하지만 기독교 신학자들에 있어서 에드워즈처럼 하나님의 아름다움과 영광에 주도적인 역할을 부여하는 예가 흔치는 않다.

후기 유대교는 우리가 주목한 몇몇 성서의 주제들을 발전시켰

---

15 Jonathan Edwards, *A Treatise concerning Religious Affections,* ed. John E. Smith (New Haven, 1959), 264f. 그리고 302f. 에드워즈가 영광에 대한 가장 광범위한 논의를 한 것으로는 그의 *Dissertation concerning the End for which God created the World*를 보라. 또한 Roland A. Delattre, *Beauty and Sensibility in the Thought of Jonathan Edwards* (New Haven, 1968), ch. 6을 참조하라.

다. 탈무드는 야곱에 도달하는 일종의 아름다움의 사다리에 대해 묘사하고 있는데, 야곱의 아름다움을 아담의 그것을 반영하는 것으로 여긴다. 하지만 셰키나(*shekinah*)에 비해서는 아담조차도 "마치 원숭이가 사람에 비교되는 것과도 같다"고 한다.16 아담의 아름다움은 하나님의 영광의 반영으로서, 그의 후세들에게는 보다 약한 형식으로 전달된다는 것이다.17 랍비들의 천사학에 있어서도 가장 높은 곳에 있는 천사들 중 하나가 "Yafefiah"(하나님의 아름다움)라는 이름을 가지고 있다.18 하지만 우리는 후기 유대교에서 신성한 아름다움에 대한 관심이 신비주의자들에게 가장 잘 드러나는 것을 보게 된다. 초기의 예가 팔레스타인과 나중에 3~4세기 무렵 바빌론에서 활동하던 *merkava*(수레) 신비주의자들이 작성한 *hekhalot*(궁전) 찬송에서 발견된다. "궁전"은 7층천의 방들을 가리키는데 여기를 예언자들이 통과하게 되는 것이고, "수레"는 이 7층천의 내부 깊숙이 자리하고 있는 하나님의 보좌를 가리키는 것이다. 이들 중 한 찬양에서, 천사들이 보좌 옆 자신들의 자리에서 하나님의 얼굴을 대하며 이렇게 승리의 찬가를 드린다.

사랑의 얼굴, 위엄의 얼굴,

아름다움의 얼굴, 불의 얼굴,

주 이스라엘 하나님의 얼굴이 그 영광의 보좌에 앉으셨으며,

---

16 *Baba Bathra* 58a, in *The Babylonian Talmud*, xi, ed. I. Epstein (London, 1935), 233-4.
17 Claim Reines, "Beauty in the Bible and the Talmud," *Judaism,* 24 (1975), 100-7 참조.
18 *The Jewish Encyclopedia* (New York and London, 1902), ii, 618.

그 광채의 자리에서 찬양으로 옷 입으셨다.

그의 아름다움은 노인의 아름다움을 능가하고,

그의 광채는 신방에서 막 결혼한 자들의 광채보다 빛난다.


그를 보는 누구나 즉각 찢어질 것이고,

그의 아름다움을 일견하는 누구나 금세 녹아 없어질 것이다.

그를 섬기는 자들의… 마음은 비틀거릴 것이고,

그들의 눈은 왕의 아름다움이 비추이는

광채와 발광에 어두워질 것이다.[19]


보다 후대에 카발라(cabbala)에서 아름다움은 열 가지 세피롯 (Sefirot) 중의 하나, 즉 신성이 유출되고 계시된 세계로서 여겨진 다.[20] 조하(Zohar: 13세기 스페인에서 쓰인 주요한 카발라 텍스트 중의 하나)는 세피롯을 나열하며 다음과 같이 쓰고 있다. "만약 거룩한 분의 영광의 광채가 그분이 만든 모든 피조물들에 퍼지지 않았다 면, 어떻게 현자라도 그분을 이해할 수 있었겠는가? 그분은 계속해 서 알려지지 않았을 것이고, '그 영광이 온 땅에 충만하도다'(사 6:3) 라는 말씀이 진정 이루어지지 않았을 것이다."[21]

---

19 *The Greater Hekhalot*, in T. Karmi (ed.), *The Penguin Book of Hebrew Verse* (Harmondsworth, 1981), 196. 하나님의 아름다움에 대한 이보다 더 신인동형론적인 묘사가 주후 6세기 바빌론에서 쓰인 것으로 추정되는 신비주의 텍스트 *Shi'urQomah* (ed. Martin Samuel Cohen, Lanham, Md., 1983)에 나온다. 본인은 A. P. Hayman과 P. M. Morris 등의 도움으로 이 두 텍스트에 주목하게 되었다.

20 Gershom Scholem, *Kabbalah* (Jerusalem, 1974), 106.

21 *Zohar*, selected and edited by Gershom Scholem (New York, 1963), 78. 물론 후기 랍비들

# 아름다움을 하나님께 돌리는 이유들

우리는 유대교와 기독교 둘 다에서 아름다움을 하나님에게 돌리는 다양하고 많은 텍스트들과 출처들을 살펴보았다.[22] 우리는 그러한 묘사가 다른 여러 컨텍스트에서 발견된다는 것도 보았다. 하나님을 숭배하고 갈망하는 기도, 자연의 장엄함에서 드러나는 하나님의 영광을 찬양하는 찬송 등등. 우리는 또한 자연의 아름다움에서 하나님을 추론하려는 일종의 추론적 접근법이 지혜서 13:3-5에서 시작되고 있음도 살펴보았다(비록 이 텍스트가 직접적으로 하나님의 아름다움에 대해 논의하고 있지는 않지만). 이제 우리는 왜 이러한 텍스트들이 아름다움을 하나님께 돌리고 있으며, 이렇게 하는 어떤 정당한 이유들을 제공하는지 살펴보아야 할 것이다. 개괄적으로 말해, 컨텍스트에 대한 본인의 분석은 크게 두 가지 주요한 부류를 드러낸다. 경험과 예배의 컨텍스트 그리고 논쟁의 컨텍스트. 우선 후자에서 시작하도록 하자.

자신의 『신학대전』 처음 부분 하나님의 완벽성에 대한 항목에서, 아퀴나스는 여러 가지 완벽성들을 하나님에게 돌리는 두 가지 주요한 이유에 대해 말하고 있다. 1) 하나님은 자기-지속적인 존재라고 하는 그의 본성 때문에 모든 완벽성을 가져야 한다. 2) 어떠한

---

은 물리적 아름다움이 교만을 가져올 수도 있다고 경고하였다.

22 여기에 대한 비기독교적인 예들도 많이 찾을 수 있을 것이다. 예를 들어 크리슈나의 아름다움에 대한 리얼리스틱한 설명으로는 Alvar hymns, in *The Tiruvaimoli of Nammalvar*, trans. S. Bharati and S. Lakshmi (Melkote, 1987)을 보라. A. Hunt-Overzee가 본인으로 하여금 여기에 주목하도록 도와주었다.

원인도 항상 그것의 결과들의 특질을 가지고 있어야 하는 것처럼, 하나님도 피조물 속의 모든 완벽성들의 원인이기 때문에 그것들을 가지고 있어야 한다. 아퀴나스는 이러한 논의를 위-디오니시우스의 『하나님의 이름들』에 대한 자신의 주석에서 특히 아름다움에 구체적으로 적용시킨다(뜨거운 것들에 대한 태양의 그것처럼). 하나님의 탁월한 위대함(His exceeding greatness) 때문에 그리고 모든 아름다움의 원천으로서의 그의 인과성(His causality) 때문에 하나님은 가장 아름답고 초월적으로 아름답다고 아퀴나스는 거기서 주장한다. 하나님은 자신의 아름다움을 가지시기 때문에, 그는 자신의 닮은 형상을 전달함으로써 그것을 증식시키고자 하신다. 그래서 하나님은 사물 속의 모든 아름다움의 모범적 원인(exemplary cause)이라는 것이다.23

아퀴나스는 단지 하나님이 아름답다고만 하는 것이 아니라, 그가 또한 아름다움 자체라고 주장한다. 그에 따르면 하나님은 그 본질 속에서 모든 완벽성을 지니고 있으며(*ST* 1a. iv. 2; xiv. 6), 특히 자신의 위-디오니시우스에 대한 주석에서 아퀴나스는 아름답다는 것과 아름다움 자체는 하나님 속에서 분리될 수 없다고 주장한다. 왜냐하면 그의 단순성 때문에 최초의 원인자와 완벽성으로서의 하나님은 모든 것들을 그 단일함 속에서 이해하기 때문이다(§336). 우리는 하나님이 단지 아름다울 뿐 아니라 아름다움 자체라는 이러한

---

23 *In Librum Beati Dionysii De Divinis Nominibus Expositio* (Turin, 1950), ch. 4, lectio 5 (위-디오니시우스의 저작 4장 §7에 대한 주석), 특히 §§341, 343, 347, 352 그리고 354를 참조하라.

주장을 이미 초대 교부들에서 만나 보았고, 아퀴나스와 교부들 중간의 시기에서는 예를 들어 안셀름(Anselm)이 정의로움이나 다른 특질들과 마찬가지의 이유에서 하나님이 지고의 아름다움이라고 주장하는 것을 보게 된다. 안셀름의 논의는 다음과 같이 요약될 수 있다: 정의로운 어떤 것도 정의 그 자체를 통해서 그러한데(다른 특질들도 마찬가지이다), 만약 하나님이 이런 방식으로 정의롭다면 그는 자기 자신이 아닌 다른 것을 통해서 정의롭게 될 것이다; 하지만 하나님의 본질이 무엇이든, 하나님은 다른 것을 통해서가 아니라 오직 자신을 통해서 그러하다; 따라서 하나님의 본질은 정의 그 자체이며, 하나님이 정의를 '가지는' 것이 아니라 정의'로서' 존재한다; 그래서 하나님은 정의롭다고 말하는 것과 하나님은 정의 자체라고 말하는 것 둘 다가 적합한 것이다(*Monologion*, 16).

이러한 논의는 단지 하나님의 존재나 본질에 대한 철학적 성찰에만 제한된 것이 아니라, 보다 신앙적인 컨텍스트에서도 발견된다. 12세기 시스터시안 신학자 성 티에리의 윌리엄(William of St Thierry)은 아가서에 대한 긴 주석서를 쓴 바가 있다(많은 교부시대와 중세의 작가들이 여기에 대한 주석을 썼다는 것은 주목할 만하다). 1:14 이하를 주석하며 그는 다음과 같이 말한다: 신부가 신랑의 찬사에 응답하며 그를 "어여쁘고" 등등으로 묘사할 때, "그녀는 그녀가 지닌 칭찬할 만한 어떤 것도 그에게서 옴을 이해하였고 확신하였다. 그는 선한 모든 것들의 선이고 아름다운 모든 것들의 아름다움이다. ··· 그리고 사람은 그의 조물주의 형상을 따라 만들어졌기 때문에, 사람은 하나님에게 끌리게 된다. 즉 그는 하나님과 한 영이 되며,

그의 아름다움 속에서 아름다우며, 그의 선함 속에서 선하다."[24]

하나님이 아름다움 그 자체라면, 플라톤 철학의 용어를 빌리면 그는 모든 아름다운 사물들이 거기에 참여하는 아름다움의 형상 (Form of Beauty)일 것이다. 우리는 이미 초기의 교부들에서 이런 식의 논의가 이루어진 것을 발견한다(하지만 아우구스티누스와 같은 다른 이들은 플라톤적인 형상을 하나님의 마음속에 있는 생각으로 보기를 선호하였다[25]). 또한 우리는 아리스토텔레스 철학의 용어를 사용하여 하나님을 아름다움의 형상적 원인(formal cause of beauty)이라고 보는 초기의 기독교 신학자들도 발견할 수 있다. 그래서 위 -디오니시우스는 사물들이 아름다움과 선함으로부터(from), 그 속에서(in) 그리고 그것을 향해서 혹은 그것을 위해서(unto 그리고 for the sake of) 존재한다고 한다: 즉 아름다움과 선함은 사물들의 작용적(efficient), 형상적(formal) 그리고 목적적(final) 원인이다(Div. Nom. iv. 10; PG 3: 705 cd.). 하지만 이것은 우리를 하나님의 아름다움에 대한 인과성의 논의로 이끈다.

그러한 논의의 예를 우리는 니사의 그레고리가 쓴 아가서에 대한 주석에서 만날 수 있다. 아가서 5:10 이하에 나오는 신랑의 수려함에 대한 신부의 찬사를 주석하며, 그는 다음과 같이 말한다. "감각적 세계를 보며 사물들의 아름다움 속에 내비치는 지혜를 숙고하

---

24 *Exposition on the Song of Songs*, st. 8, in "Cistercian Fathers" series 6, trans. Mother Columba Hart, OSB (Spencer, Mass, 1970), 75-6. 아가서에 대한 후기 유대교적 해석들 또한 존재한다. 유대교와 기독교의 해석을 비교한 것으로는 Steven T. Katz, "The 'Conservative' Character of Mysticism," in his (ed.) *Mysticism and Religious Traditions* (New York, 1983), 특히 6-13을 참조하라.

25 *On Eighty-three Questions*, no. 46 (*PL* 40: 30). Cf. Aquinas, *ST* 1a. xv. 2.

는 자는 또한 보이는 것들에서부터 보이지 않은 아름다움과 지혜의 샘을 추론하게 된다."26 마찬가지로 아우구스티누스는 로마서 1:19 이하를 주석하며, 우리는 사물들의 아름다움으로부터 하나님 의 불변하는 아름다움을 알게 된다고 말한다.27 인과성에 기초해서 추론하는 이러한 식의 논의들은 기독교 전통에서 자주 발견되는 것 으로, 후에 '설계에 기초한 신존재 증명'(*Argument from Design*)이 라고 불리는 것의 선례가 되고 있다. 하지만 우리는 동시에 그런 논 의들이 단지 하나님 존재의 증명이나 최초의 원인자에 대한 논쟁이 아니라, 아름답고(혹은 아름다움 그 자체이며) 나아가 모든 아름다움 들의 원형이자 모범인 하나님에 대한 것이라는 사실을 주목해야 할 것이다.

이러한 입장들은 종종 분명한 이유에서 비판받는다: 우리는 몇 몇 구체적인 사물들이나 그 관계들에서 사용될 수 있는 추론의 양 식을 우주 전체에 적용시킬 수는 없다; 결과에서 발견되는 특질들 이 반드시 그것의 원인에서도 발견된다고 추정할 수는 없다; 한 존 재가 아름다운 동시에 아름다움 자체이거나, 정의로운 동시에 정의 자체일 수는 없다 등등. 유신론적 철학자들은 이러한 반대들에 대 해 그들의 대답을 가지고 있을 것이나, 본인은 종교철학에서의 그 런 친숙한 논의들을 언급하고자 하지는 않는다. 대신 본인은 이런 추론적 접근법이 가지는 한계를 우리의 논의와 상관이 있는 한에서 주목하고자 한다. 먼저, 비록 이런 방식에 의해 하나님은 아름답다

---

26 *Hom. 13 in Cant.* (*PG* 44: 1049d-1052a).
27 *Sermon* 241. 1-2 (*PL* 38: 1134); cf. *City of God*, xi. 4 (*PL* 41: 319).

혹은 아름다움 자체라고 결론내리는 입장이 정당하더라도, 이것은 그런 아름다움의 본질을 불분명하게 남겨둔다. 기껏해야 이런 방식의 논의는 하나님이 아름답거나 아름다움 자체라는 '사실'을 말해 줄 뿐, 어떻게 하나님의 아름다움이 다른 세상적 아름다움들과 차이가 나는지에 대해서는 침묵할 뿐이다. 하나님은 모든 완벽성들을 가지기 때문에 아름다움도 가져야 한다는 식의 논의는 사람들이 단지 하나님에게 형이상학적 아첨만을 돌린다는 화이트헤드의 조롱을 피하기 어려울 것이다.[28] 여기서 순전히 철학적 혹은 신학적 추론에 의해 이러한 침묵의 공백을 메우려는 시도는 뭔가 공허하고 만족스럽지 못한 대답만을 제공하는 것 같다. 예를 들어, 마우러는 하나님의 아름다움을 아퀴나스가 말하는 아름다움의 세 조건인 통전성, 하모니 그리고 발광성을 가지고 설명하려 시도한다. 그는 하나님의 통전성 혹은 완벽성을 그의 순수한 존재 혹은 존재 자체라는 개념을 가지고 분석하고, 하나님의 하모니 혹은 비례를 삼위일체의 위체들 사이의 관계를 가지고 설명하며, 하나님의 발광성 혹은 명확성을 그의 지성적 혹은 영적 광채를 가지고 논의한다.[29] 그러한 마우러의 분석은 아주 기교 있게 잘 진행된 것이지만, 다소 모호하며 독자들로 하여금 하나님의 아름다움에 대한 보다 명확한 설명을 원하게 만든다.

---

28 Alfred North Whitehead, *Science and the Modern World* (Cambridge, 1926), 250.

29 Armand Maurer, *About Beauty* (Houston, Tex., 1983), 113-4. 이와 유사하게, Edgar de Bruyne은 Duns Scotus에 대해 언급하며 하나님의 아름다움이 하나님의 본성의 단순함 속에서 그의 속성들의 조화라고 제안한다. 그의 *Etudes d'Esthétique médiévale* iii (Bruges, 1946), 356-9 참조.

본인은 이러한 불만족에 크게 두 가지 이유가 있다고 생각한다. 첫째로, 이 장의 처음에서 살펴본 것처럼, 우리는 하나님의 아름다움에 대해 설명할 수 있는 용어들을 많이 가지고 있지는 못하다. 둘째로, 하나님의 아름다움에 대한 논의는 아름다움에 대한 다른 논의들과 마찬가지로 우리가 질문하고 있는 아름다움에 대한 어떤 경험을 가지고 있지 않다면 단지 말장난이 되어버릴 위험성을 가진다. 우리가 이제까지 살펴본 하나님의 아름다움이나 영광에 대한 성서의 본문들은 논쟁보다는 그런 경험에 기초하고 있는 것들이다.

우리가 하나님의 아름다움을 경험했다고 하는 주장은 하나님 자신에 대한 어떤 경험에 기초하거나, 혹은 하나님의 영광의 표현으로 간주되는 뛰어난 세계의 아름다움에 대한 어떤 경험에 기초할 것이다(본인은 '자연 시편들'이 이런 방식으로 이해되어져야 한다고 앞에서 제안하였다). 이러한 구분은 내향적 신비경험과 외향적 신비경험을 나눈 스테이스(W. T. Stace)의 구분에 상응하는 것이다. 전자의 경험은 하나님 혹은 '궁극적 실재'가 그런 경험의 직접적 대상이 되며, 후자의 경우 이러한 경험은 자연 세계에 대한 우리의 경험을 통해서 중재되어진다. 예를 들어 뵈메(Jakob Böhme)는 자연 세계에 대한 자신의 경험에 대해 이렇게 말한다. "이 빛 속에서 내 영은 모든 사물들과 모든 피조물들을 통과해서 보았고, 나는 풀과 나무들 속에서 하나님을 발견하였다."[30]

우리는 하나님의 아름다움에 대한 경험이 이 두 범주로 나누어

---

30 W. T. Stace, *Mysticism and Philosophy* (London, 1960), 60-79. 뵈메의 인용문은 그의 *Aurora*, ch. 19를 보라.

지는 것을 실례들을 통해서 볼 수 있다. 그 각각의 범주에 속하는 예들을 몇몇 보도록 하자. 그의 『순결함에 대하여』(*On Virginity*)에서 니사의 그레고리(Gregory of Nyssa)는 신성한 아름다움의 표현불가능성에 대해 말하며, 다윗이 성령의 힘에 의해 자신 밖으로 들리어 올림을 받아서 엑스터시의 상태에서 끝없고 이해불가능한 아름다움, 비가시적이고 형상이 없는 아름다움을 보았다고 묘사한다.[31] (몇 페이지 후에 그레고리는 성령의 도움을 통해서 세상적 아름다움에서 아름다움 자체를 향하여 사다리를 올라가라고 독자들에게 권고한다).[32] 그러한 엑스터시의 상태는 수세기 이후에 비잔틴의 신학자 시메온(St Symeon)에 의해 자신의 『하나님의 사랑의 찬송』(*Hymns of Divine Love*)에서 이렇게 묘사되고 있다. "당신의 아름다움 앞에서 전 황홀경에 빠졌으며 망연자실하게 되었습니다. 오 삼위일체 나의 하나님이여."[33] 그는 하나님의 아름다움을 봄에 대해 다음과 같이 말한다. "주 나의 하나님, 성부, 성자, 성령이여! 당신은 형상에 있어 어떤 가시적 모양도 가지지 않으시지만, 당신을 본 사람들에게는 더할 수 없는 아름다움이십니다. 상상할 수 없는 아름다움으로 당신은 모든 눈들을 컴컴하게 만드시며, 당신의 광채는 다른 보이는 모든 것들을 능가합니다"(no. xxxi, p. 173). 여기서 삼위일체가 언급되고 있다는 것은 주목할 만한 일인데, 그는 자신의 경험을 명시적으로 삼위일체적 용어를 사용해 묘사하고 있다. 그리스도에 대해 성찰하

---

31 Ch. x (*PG* 46: 361bd).

32 Ch. xi *(PG* 46: 364c, 365bd).

33 No. 24; trans. G. A. Maloney (Denville, NJ, 1976), 131.

는 자들은 성령의 빛 속에서 성자를 볼 수 있으며, 또한 성자 속에서 성부를 보며, 삼위일체 하나님을 경배하게 된다고 그는 주장한다.[34] 우리가 세 번째로 살펴보게 될 신비주의자 십자가의 요한(St. John of the Cross)은 비록 보다 온전하게 삼위일체적인 용어로 표현하고 있지는 않지만 성령에게 이와 유사한 역할을 돌린다. 자신의 『사랑의 살아있는 불꽃』(Living Flame of Love)에서 그는 성령이 하나님의 덕의 광대함과 그의 본성을 영혼에게 그림자처럼 내려오게 한다고 보며, "하나님의 아름다움이라는 등잔이 영혼에 드리우는 그림자는 또 다른 아름다움으로, 이것은 하나님의 아름다움의 척도와 속성에 따른 것이다"라고 한다.[35] 여기서 요한은 영혼에 덕을 심어주는, 은총 속에서의 하나님의 임재를 생각하고 있는 것 같다. 하지만 자신의 또 다른 저작 『영적인 기도서』(The Spiritual Canticle)에서 그는 하나님 임재의 세 가지 종류를 구분한다. 하나님의 본질에 의한 임재는 모든 영혼들 속에 있으며, 하나님의 은총에 의한 임재는 어떤 이들에게는 느껴지지 않을 수도 있으며, 하나님의 특별한 영적 애정과 동행의 임재는 헌신된 영혼들 속에 있다. 이것들 중에서 마지막이 하나님의 아름다움에 대한 체험을 포함한다. "이러한 임재는 너무도 숭엄하여서 영혼은 한 거대한 존재가 거기 감추어져 있는 것을 느낀다. 거기서 하나님은 영혼에게 자신의 신성한 아름다움에 대한 일종의 반쯤 명확한 일견만을 허락하는 것이다."

---

34 *Hymn* 11 p. 37; 21 p. 97.
35 St. 3, §§14-15, in *The Collected Works of St. John of the Cross*, trans. K. Kavanaugh and O. Rodriguez (Washington, DC, 1979), 616.

이러한 일견은 다윗이 여호와의 궁전을 사모하고 갈망하였던 것처럼(시 84:2) 영혼을 움직이는데, "영혼은 그러한 임재 속에서 거기에 감추어진 것에 대한 갈망과 소원으로 불타오른다."[36] 십자가의 요한에 따르면, 이런 경험은 장래에 은총 속에서 영원히 향유하게 될 것에 대한 일종의 예견인 것이다.[37]

신비주의자들의 이러한 글들은 신성한 아름다움의 본질에 대해서는 별로 이야기하고 있지 않다. 하나님의 아름다움은 다른 모든 종류의 아름다움을 능가하며 즐거움과 엑스터시의 원천이라고 말해짐에도 불구하고, 그것은 대체로 '한계가 없는' 혹은 '인식 불가능한' 등등 부정적인 용어들로 묘사된다. 따라서 이러한 표현들은 그것을 경험하지 않은 자들에게는 무엇을 가리키는지 알기 어렵고, 추론에 의한 하나님의 아름다움을 논의할 때와 마찬가지로 언어의 공허함을 다시금 직면하게 된다. 에코(Umberto Eco)는 그래서 중세의 신비주의자들에 대해 이렇게 말한다. "그들은 항상 자신들의 엑스터시 동안에 경험했던 아름다움에 대해 말하고자 시도하지만, 그것에 대해 말할 수 있는 긍정적인 것을 별로 가지고 있지 못하다. 하나님은 표현불가능하기 때문에, 그를 아름답다고 부르는 것은 마치 그가 선하다고 말하거나 혹은 무한하다고 말하는 것과 마찬가지다. 여기서 아름다움은 묘사 불가능한 것을 묘사하는데 사용된 한 용어에 불과하다."[38]

---

36 St. 11, §4, ibid., 449.

37 *The Spiritual Canticle*, st. 1, §11, st. 39, §1 (ibid. 420, 557).

38 Umberto Eco, *Art and Beauty in the Middle Ages*, tr. H. Bredin (New Haven, Conn., 1986), 90.

그러한 판단은 신성한 아름다움에 대한 또 다른 종류의 경험, 즉 스테이스가 '외향적' 신비주의라고 부른 것에 상응하는 경험에는 적용되지 않는다고 본인은 생각한다. 이러한 외향적 경험은 자연이나 예술에서 강력하게 드러나는 아름다움의 경험 속에서 하나님의 아름다움을 인식하기 때문이다. 예를 들어, 많은 이들이 브람스(Brahms)의 『저먼 레퀴엠』(*A German Requiem*)에 나오는 아리아 "만군의 여호와여, 주의 장막이 어찌 그리 사랑스러운지요"(How lovely are thy dwellings, O Lord of Hosts)에서 하나님의 아름다움을 발견하게 된다. 물론 이 아리아는 시편 84편의 내용과 무관하지 않을 것이다. 하지만 이 아리아의 의미는 동시에 특별히 '종교적'이지는 않은 음악에 의해 많은 이들에게 전달되기도 한다. 영화 『아마데우스』의 개봉에 맞추어 출판된 한 인터뷰에서, 극작가 피터 셰퍼(Peter Shaffer)는 자신의 신성한 아름다움에 대한 인식은 거의 대부분 미학적이라고 진술하였다. 그가 무엇을 의미하는지 설명하기 위해, 셰퍼는 영화 대본이 기초하고 있는 자신의 작품 『아마데우스』에서 모차르트의 라이벌이며 비엔나의 궁정 작곡가인 살리에리의 대사 한 소절을 인용한다: "나의 하나님은 예를 들어 모차르트의 *Masonic Funeral Music*의 34소절에서 44소절 사이에 살아있다."[39]

다른 이들에게는 하나님의 아름다움의 경험이 예술보다는 위대한 자연의 아름다움을 통해 중재될 수도 있을 것이다. 홉킨스(Hopkins)는 자신의 시 "하나님의 광대함"(God's Grandeur)에서 이렇게 쓰고 있다. "세계는 하나님의 광대함으로 가득하다. 그것은 마치 금속판

---

[39] *The Times*, 16 Jan. 1985. 인용문은 극작품의 119페이지에 나온다 (London, 1980).

에 비춰는 것처럼 불타 나올 것이다."[40] 그의 시들은 자연의 아름다움에 임재하는 하나님을 향한 호소로 가득하다. 더군다나 이미 언급된 몇몇 신비주의자들과 마찬가지로, 그는 이러한 임재를 구체적으로 삼위일체적 용어들로 설명하는데 특히 그리스도를 강조한다. 홉킨스에 따르면, 물리적이고 도덕적으로 완벽한 아름다움의 원칙들인 사랑과 희생은 성육화를 통해서 창조 세계에 계시되었으며, 그리스도는 피조된 아름다움의 신성한 원형이다.[41] "황조롱이"(Windhover), "추수 때의 만세"(Hurrahing in the Harvest) 등과 같은 시에서 그는 자연의 아름다움을 그리스도에 관련시킨다. 그리고 자신의 일기에서 홉킨스는 주님의 아름다움이 별들과 블루벨 풀 속에서 계시된다고 쓰고 있다.[42] 아름다움을 특히(비록 배타적은 아니라 하더라도) 그리스도와 관련시킴에 있어서 홉킨스는 우리가 이미 살펴본 서방교회의 주요한 전통을 따르고 있는 것이다. 하지만 조나단 에드워즈와 마찬가지로 홉킨스는 그리스도의 아름다움이 자연의 아름다움을 통해서 비추어 나온다고 생각한다.

기독교인이나 유신론자가 아닌 사람들은 이러한 입장을 세계에 대한 '종교적 해석'이라고 부르고 싶어 할 것이다. 홉킨스나 다른 이들은 우리 모두가 보고 듣는 것을 똑같이 보고 듣지만, 그들은 이것

---

40 *Poems* (4th edn.; Oxford, 1970), no. 31, p. 66. 이 시가 성령에 대한 호소로 끝나고 있다는 것은 주목할 만하다. 이 끝 부분에서 성령은 "굽어진 세상을 내려 보며, 따뜻한 가슴과 그리고, 아!, 밝은 날개들로 그것을 품는다."

41 Hilary Fraser, *Beauty and Belief: Aesthetics and Religion in Victorian Literature* (Cambridge, 1986), ch. 2 참조.

42 *Poems*, no. 36, p. 69, no. 38, p. 70; *The Journals and Papers of Gerard Manley Hopkins*, ed. Humphrey House (Oxford, 1959), 199, 254.

을 하나님의 영광의 계시'로서'(as) 보고 들었다. 우리는 여기서 또다시 종교철학에서의 친숙한 논의들 즉 종교적 경험에 대한 논의들과, 보다 구체적으로는 비트겐슈타인이 "~으로 봄"(seeing as) 혹은 존 힉이 "~으로 경험함"(experiencing as)이라 부른 것에 대한 논의에 이끌어져 간다.43 사람들의 서로 다른 경험들, 어떤 외부적 척도를 사용하는 것 이외에는 무엇이 바른 해석인지 보여줄 수 없는 불가능성, 사람들의 신념이 그들이 보는 것에 영향을 주는 방식들 등등 이러한 문제들에 대한 잘 알려진 논증들과 반박들이 있다. 하지만 본인은 이러한 친숙한 논의들을 여기서는 하지 않을 것이다. 왜냐하면 마치 어떤 이가 행운의 사건을 하나님의 섭리의 활동'으로' 보는 것처럼 홉킨스가 자신의 자연에 대한 경험도 그렇게 해석한다고는 생각하지 않기 때문이다. 오히려 시편 기자가 창공과 하늘에서 하나님의 영광을 보았던 것처럼, 보다 단순하게 홉킨스도 자연을 통해 비추이는 그것을 보았기 때문이다. 이처럼 셰퍼도 살리에리의 입을 통해서 모차르트의 음악을 '해석'하고 있는 것이 아니라, 그것의 비지상적인 아름다움에 충격을 받고 그것을 신성하다고 부른 것이다. 이러한 설명 중 가장 단순하고 과감한 예가 시몬느 베이유(Simone Weil)에서 발견된다. 그녀는 "우리에게 순수하고 진정한 아름다움의 느낌을 주는 모든 것들 속에는 하나님의 임재가 함께한다"고 말하였다.44 베이유는 또한 신성한 아름다움을 "우리가 그것

---

43 Ludwig Wittgenstein, *Philosophical Investigations,* trans. G. E. M. Anscombe (Oxford, 1968) pt. 2, xi; John Hick, *Faith and Knowledge* (2nd edn.; London, 1967), ch. 5 그리고 그의 "Religious Faith as Experiencing-As," in Godfrey Vesey (ed.), *Talking about God* (Royal Institute of Philosophy Lectures 2, London, 1969), 20-35를 참조하라.

을 통해 하나님을 보는 그의 속성"이라고 묘사한다.[45] 그녀에 따르면 종교적 신자들이 세상적 아름다움을 종교적 용어로서 '해석'하고 있는 것이 아니다. 그들이 그런 세상적 아름다움에서 신성한 아름다움을 추론하고 있는 것은 더더군다나 아니다. 마찬가지로 비신자들이 그러한 해석이나 추론을 할 수 없는 것도 아니다. 왜냐하면 그들도 또한 신자들이 보고 사랑하는 것을 똑같이 그렇게 하기 때문이다. 아주 단순하게, 그들 모두는 하나님의 아름다움을 일견하고 있는 것이다. 베이유는 아름다움에 대한 사랑을 "하나님에 대한 암시적 사랑"이라고 묘사한다. 이러한 사랑은 우리의 영혼 속으로 내려오시는 하나님으로부터 나오는 것이고, 우주 속에 현존하시는 하나님을 향해 나아가는 것이다.[46] 아마 그러한 사랑을 가지고 있으면서도 비신자로 남는 자들을 그런 사랑의 대상이 실제로 하나님이라는 것을 인식하는 데 실패한 것으로 그녀는 여길 것이다.

베이유는 또한 우리 시대의 많은 이들에게 있어 세상의 아름다움이 하나님으로 향하는 가장 적합한 길일지도 모른다고 주장하며, 기독교가 여기에 대해 침묵하는 것을 비판한다.[47] 만약 그녀가 말한 것처럼 아름다움이 그것을 통해 우리가 하나님을 보게 되는 하

---

44 Simone Weil, *Gravity and Grace*, trans. Emma Craufurd (London, 1963), 137.

45 *On Science, Necessity and the Love of God*, trans. R. Rees (Oxford, 1968), 129. 앞의 119 페이지에서 그녀는 플라톤의 형상을 하나님의 속성과 동일시한다. 또한 *Intimations of Christianity among the Ancient Greeks*, tr. E. C. Geissbuhler (London, 1957) 150페이지에서 *Phaedrus* 250c에 대해 성찰하며 (여기서 플라톤은 아름다움이 "아름다운 실재들" 중 보여진 유일한 것이라고 말한다), "감각에 계시되어진 하나님 자신의 아름다움이 곧 세계의 아름다움이다"고 말한다.

46 Id., *Waiting on God*, trans. Emma Craufurd (Fontana edn.; London, 1959), 120.

47 Ibid. 118, 116.

나님의 한 속성이라면, 그런 그녀의 견해는 신학에 있어 엄청난 중요성을 가지게 될 것이다. 왜냐하면 이 입장에 따르면 '자연의 아름다움'과 '예술의 아름다움' 둘 다 전통적으로 우리가 신학의 '원천'(source)이라고 불렀던 것에 속하게 될 것이기 때문이다('원천'이라는 용어는 성서나 교회의 교리 등과 같은 것들에만 제약적으로 사용되어져왔다). 비록 많은 신학자들이 『백치』에서의 도스토예프스키의 "아름다움이 세상을 구원할 것이다"라는 진술을 자주 인용하였지만,[48] 그러한 원천들은 그녀가 말하듯 상대적으로 거의 고려되지 못하였다. 보다 일반적으로 신학자들은 그리스도가 지닌 도덕적이고 영적인 아름다움이나, 복음의 아름다움에 대해서만 논의하였다. 하지만 홉킨스나 몇몇 다른 이들은 이러한 것들이 자연적 아름다움에 관계있는 것으로 여겼고, 자연이 그리스도를 계시한다고 보았다.

본인은 하나님의 아름다움을 세계의 아름다움 '속에서'(in) 분별하고자 시도하는 베이유와 같은 이들의 접근법에 공감한다. 왜냐하면 이 입장은 신성한 아름다움에 대한 철학적 논쟁이나 신비적 경험에 대한 이차적 보고가 지니는 공허함을 피할 수 있기 때문이다. 만약 이런 입장도 아름다움에 대한 신비한 어떤 것을 남겨두게 된다면, 그것은 아마도 모든 아름다움이 다소간은 신비하기 때문일 것이다. 하지만 이런 입장이 보다 정교하게 발전되어져야 하는 것은 분명하다. 이것은 도덕적이고 영적인 아름다움을 포함할 수 있

---

48 예를 들어 Kallistos Ware in "The Spirituality of the Icon," 198, in Cheslyn Jones, Edward Yarnold, and Geoffrey Wainwright (eds.), *The Study of Spirituality* (London, 1986). 또한 여기에 대한 흥미로운 논의로는 John W. de Gruchy, *Christianity, Art and Transformation: Theological Aesthetics in the Struggle for Justice* (Cambridge, 2001), 97-102를 참조하라.

도록 확장되어야 한다. 베이유 자신도 아름다움과 성스러움 사이의 병행관계를 제시하며, 성자 속에서 성령의 임재를 구분하는 것은 아마도 지상적 아름다움 속에서 하나님의 영광을 인식하는 것과 비슷할 것이라고 말한다. 아마 이 둘은 같은 것을 다른 시각에 본 것인지도 모른다. 보다 일반적으로, 우리는 이러한 입장이 어떻게 하나님의 초월성을 설명할 수 있으며, 그것이 범신론(pantheism)과는 어떻게 다른지 밝혀야 하는 과제를 가진다. 나아가 셰퍼가 모차르트의 작품을 언급한 예처럼 만일 어떤 이가 위대하게 아름다운 어떤 것을 가리키며 그것을 신성하다고 하거나 하나님의 계시라고 부른다면, 우리는 여기서 사용된 종교적 용어들이 그 전통적인 의미에서 사용되었는지 물어야 할 것이다. 만약 그러하다면 왜 우리는 그러한 형이상학적 무게를 지니는 용어들을 사용하고자 하는지 설명해야만 할 것이다. 유신론자는 아름다움을 신성하다고 말하면서도 동시에 자신의 입장을 범신론에서 분리시킬 수 있을 것이다. 왜냐하면 우리는 창조와 영감이라는 하나님의 활동들로 인해 세상의 아름다움이 하나님에 의해 이루어진 것이고 그의 영광을 반영하는 것으로 여길 수 있기 때문이다.

그렇다면 본인의 지금까지의 논의의 결론은 다음과 같다: 아름다움을 하나님에게 돌리는 것은 일반적으로 추론(inferences)보다는 하나님의 임재에 대한 강력한 경험(experiences)에 기초하고 있다; 아름다움이라는 용어는 그러한 경험을 표현하기 위해 적절한 것인데, 왜냐하면 이것은 하나님의 압도하는 매력과 유인력을 드러내기 때문이다; 그러나 보다 많은 경우에 있어, 하나님에게 아름다움을 돌리는 것은 세상의 아름다움에 대한 경험의 결과로서, 세상의 아름다움은 하나님의 아름다움을 반영하는 것으로 간주된다. 마지막 결론은 이 둘 사이의 관계라는 또 다른 추가적인 질문을 가져온다. 여기에 대한 플라톤주의적 접근은 무엇이 '모든' 아름다움의 형상(Form) 혹은 원칙인지 그리고 왜 하나님의 아름다움이 모든 아름다움의 형상으로 여겨지는지 설명해야만 하는데 반해, 이 관계를 형상적 혹은 모범적 인과성(formal or exemplar causality)으로 묘사하는 아리스토텔레스적 접근은 어떻게 하나님의 아름다움이 그렇게 많은 다른 방식들로 반영될 수 있는지 혹은 굴절될 수 있는지 설명해야만 할 것이다. 본인은 6장에서 하나님의 아름다움과 세계의 아름다움이 지니는 관계에 대해 논의할 때 이러한 문제들을 다시 살펴보게 될 것이다. 지금은 성령이라는 우리의 구체적 관심사로 인해 제기되는 보다 급박한 질문들을 살펴보고자 한다. 우리는 아름다움을 단일한 신성의 본질이 지닌 한 속성으로 보아야 할 것인가, 혹은 여기에서 삼위일체의 문제를 동시에 다루어야 할 것인가?

## 한 하나님과 삼위일체 하나님

하나님의 존재나 속성에 대한 대부분의 현대 논의들은 우리가 이미 본 것처럼 하나님의 아름다움에 대해 거의 주목하지 않는다. 또한 여기에 대한 보다 고대의 논의들은 매우 간략하며 대체로 한 하나님(One God)의 속성이라는 측면에서 이야기된다(이것은 아름다움을 전체 신성의 특질로 본 위-디오니시우스의 영향을 보여준다: *Div.*
*Nom.* ii. I, *PG* 3: 637b). 아퀴나스를 따르는 자들은 하나님의 아름다
움을 그의 존재에서 연역하였거나, 혹은 그것을 초월적 범주들 중
의 하나로 보았다. 여기서 초월적 범주들은 모든 존재에 적용되는
것이고, 하나님에게는 탁월하게(supereminently) 적용된다. 예를 들
어 마리땡은 아름다움이 초월적 범주들 중의 하나로서 "모든 초월
적 범주들이 통합될 때의 발광"이며, 하나님의 이름들 중의 하나로
서 하나님은 "자신을 통해서, 자신 속에서 아름답고, 절대적으로 아
름다우며" 모든 피조된 것들 속의 아름다움의 원천이라고 주장한
다.[49] 그는 한 하나님의 존재에 대한 자신의 설명을 제공할 때에,
아름다움은 삼위일체 중에서 특히 성자에게 적합하다고 (아퀴나스
의 *ST* 1a xxxiv. 8을 따르며) 간략하게 말하고 있을 뿐이다.[50] 하지만
이 진술을 제외하고는, 마리땡의 설명은 유니테리언 유신론자 혹은
모든 유신론자가 수용할 수 있는 그런 것이다.

우리는 이미 하나님의 아름다움을 삼위일체의 교리에 직접적으
로 관련시키는 대안적 입장이 종종 제기되는 것을 보았다. 헤일스
의 알렉산더가 쓴 『신학대전』(*Summa*)은 하나님의 아름다움이 삼
위일체 위체들 사이의 관계에서 기인한다고 보고 있으며, 조나단
에드워즈는 아름다움을 삼위일체 내에서의 성자와 성령의 역할에
관련시킨다. 에드워즈의 삼위일체론은 단지 마지막에 붙은 한 신학

---

49 Jacques Maritain, *Art and Scholasticism*, trans. J. W. Evans (New York, 1962), 30-1 그리
  고 n. 66 참조. 여기에 대한 스콜라적 견해의 교과서로는 F. Diekamp, *Theologiae*
  *Dogmaticae Manuale*, i (3rd edn.; Paris, 1949), 189를 보라.
50 Maritain, *Art and Scholasticism*, 31-2.

적 부록이 아니라 그의 입장에 있어 중심적 위치를 차지하고 있다. 물론 삼위일체 위체들 간의 내재적 관계가 가지는 아름다움에 대한 설명은 보통의 평범한 종교인들에 있어서는 이해 불가능할 것이다. 만약 그렇지 않다 하더라도 그것은 마치 하나님의 본질에서 아름다움을 연역하여 지상적 아름다움에 관계시키려는 공허한 시도와 마찬가지로, 단지 소원하고 의미 없는 것으로 받아들여질 수도 있을 것이다. 하지만 만일 삼위일체 자체(내재적 삼위일체)가 경세적 삼위일체 즉 구원의 역사에서 드러나는 삼위일체 속에서 계시되어진다면, 우리는 그러한 인상들을 피할 수 있다. 따라서 에드워즈는 하나님의 아름다움을 단지 삼위일체의 모델에 의해 설명하고 있을 뿐아니라, 어떻게 그런 아름다움이 성자와 성령의 상호 보충적인 사역에 의해 세상에 확장되어 가는지 설명한다. 그는 나중에 폰 발타자가 지적한 순전히 연역적인 접근을 채용할 때 발생하는 난제들을 이미 예견적으로 보았던 것이다. 폰 발타자에 따르면, "하나님과 삼위일체에 대한 교리는 오직 신론(*theologia*)이 경세론(*oikonomia*, 즉 구원의 경세)으로부터 분리되지 않는 한에 있어서 그리고 오히려 그 모든 성찰의 단계들과 결과들이 후자의 생생한 경험에 의해 수반되어지고 지지되어지는 한에 있어서, 우리에게 진정 의미 있게 말할 수 있는 것이다."[51] 따라서 우리의 주제가 신학자들에 의해 다루어진 경우에 있어서도, 그들은 삼위일체의 아름다움이 무엇을 가리키는지 그 본질 자체에 대한 성찰보다는 그것이 어떻게 우리에게

---

51 Von Balthasar, *The Glory of the Lord*, i, *Seeing the Form*, trans. Erasmo Leiva-Merikakis, 125.

계시될 수 있는지에 대한 성찰에 더 관심을 가졌다.

삼위일체의 아름다움이 계시되는 방식은 대부분 '직선적 패턴' (linear pattern)이라 불릴 수 있는 것으로 이해되었다. 하나님의 영광은 그의 말씀이자 이미지인 성자를 통해 드러나고, 우리는 그렇게 드러난 영광을 성령의 인도하심을 통해서 보게 된다. 바실은 이러한 순서를 그의 편지에서 깔끔하게 표현하고 있다. "성령에 의해 계몽된 우리 마음은 성자를 올려볼 수 있게 되고, 이미지로서의 성자 속에서 우리는 성부를 볼 수 있는 것이다."[52] 또 다른 편지에서 그는 요한복음 14:9를 인용하며, "독생자 속에서 태어나지 않은 아름다움을 보는 것"에 대해 이야기한다.[53] 마찬가지로 알렉산드리아의 시릴은 요한복음 17:6을 주석하며 제자들이 성자의 광채에서 성부의 아름다움에로, 완전하고 절대적인 이미지에서 그것의 모범과 원형에로 인도되었다고 말한다.[54] 우리가 1장에서 본 것처럼, 그는 그리스도가 성령을 보내어 인류를 그 원래의 아름다움에로 회복시키고 하나님을 닮게 만든다고 주장하였다.

보다 후대의 기독교 전통은 성자의 아름다움을 다채로운 방식으로 고찰하였다. 말씀이나 이미지와 같은 성서적 용어들을 사용하며 (이 둘은 물론 예술적 함의를 담고 있다), 신학자들은 종종 그것을 매우 추상적으로 성부와 성자 사이의 관계를 가리키는 것으로 여겼다.

---

52 *Letter 226*. 3 (*PG* 32: 849a).

53 *Letter 38*. 8 (*PG*: 340b); 또한 이미 1장에서 인용되어졌고 세 위체들 모두를 아름다움에 연관시키는 그의 *On the Holy Spirit*, ix. 23도 참조하라.

54 *Thesaurus*, xxxii (*PG* 75: 560d-561a). 시릴은 성자와 성부의 아름다움에 각각 *hōraiotēs*와 *kallos*라는 다른 그리스어를 사용하였다.

하지만 진정 말씀이 육화되었다면, 우리는 바로 그 성육화에서 하나님의 아름다움을 찾아야 하지 않을까? 딕슨(Dixon)이 말하는 것처럼 "지상의 물질적 실체는 단지 하나님의 창조의 손에서 나왔을 뿐 아니라 하나님의 신성 자체의 발광으로서 가치 있게 여겨져야 하지 않을까?"[55] 어떤 이들은 그런 아름다움이 특히 부활한 그리스도의 영광에서, 혹은 그것을 예견하며 제자들의 눈앞에서 잠시 동안 물리적으로 변모하였던 변화산상의 사건에서 계시된다고 본다. 다른 이들은 그것을 그리스도의 도덕적이고 영적인 아름다움 그리고 그가 선포한 복음의 아름다움으로 보기를 선호한다. 따라서 조나단 에드워즈는 그리스도의 인성이 지니는 영적인 아름다움을 그의 성스러움과 덕으로 보았고, 이것이 그리스도의 신성의 아름다움을 이미지처럼 반영한다고 말한다.[56] 자신의 설교문 "악마의 경험에서 구분되는 진정한 은총"(True Grace Distinguished from the Experience of Devils)에서 에드워즈는 그리스도의 신성한 아름다움을 봄은 사람들의 의지를 굴복시키고 그 마음을 끌어당긴다고 말한다. 또한 그의 아름다움은 그의 외적 영화나 장엄함과 더불어 지금은 단지 그를 따르는 자만 보지만, 심판의 날에는 사악한 자들을 포함해 모든 이들에게 드러나게 될 것이라고 주장한다.[57]

---

55 John W. Dixon, *Nature and Grace in Art*, (Chapel Hill, 1964), 196. 딕슨은 곧 이어서 기독교 예술가에 있어서 물질은 "창조의 영광으로 발광하며, 성육화에서 시작되는 새로운 창조이다"고 말한다(p. 197).

56 Edwards, *Religious Affections*, 258-9. 마찬가지로 버나드(St. Bernard)는 그리스도가 그의 인성과 신성 모두에서 아름다운데, 왜냐하면 그는 성부의 광채이며 닮은꼴로서 은총의 아름다움을 가졌기 때문이라고 한다 (*On Song of Songs*, xlv. 9; *PL* 183: 1003).

57 *Works*, Bohn edn., ii (London, 1865), 48-9.

그리스도의 도덕적 아름다움에 대한 강조는 그의 지상에서의 미천함이나 수난 기간의 물리적 고초와도 쉽게 공존할 수 있을 것이다. 아주 일찍부터 교회는 이사야서에 나오는 수난의 종에 대한 예언을 그에게 적용시켜왔다. 하지만 어떻게 바로 성부의 영광의 이미지인 그가 또한 동시에 '고운 모양도 없고… 흠모할 만한 아름다운 것도 없는' 자일 수 있는 것일까(사 53:2)? 그래서 초대 교부들 중 몇몇은 시편 45:2의 "왕은 인생[사람의 아들]보다 아름다워"를 그리스도에게 적용시키며 예수가 물리적으로 아름다웠다고 주장하기도 했다. 그들에 따르면, 이사야의 말은 단지 그리스도의 수난 때에만 적합하다는 것이다. 이러한 견해는 홉킨스의 설교에서도 종종 반복되는데, 그는 그리스도의 몸이 직접 성령의 힘에 의해 만들어졌기 때문에 물리적으로도 아름답다고 주장한다. 왜냐하면 성령은 그의 일하심에 있어 서툴지도 혹은 실패하지도 않기 때문이라는 것이다. 하지만 그는 계속해서 말하길, 이러한 아름다움은 홉킨스 자신이 그리스도가 또한 지니고 있는 것으로 주장하는 지혜나 천재성의 아름다움과 마찬가지로 그리스도의 성품의 아름다움에 의해 초월되어진다.[58] 하지만 대부분의 신학자들은 이런 종류의 주장은 불필요한 것으로 여겼다. 알렉산드리아의 시릴은 이사야 53장을 (빌립보서 2:7 이하에 나오는) 그리스도의 자신을 비우심과 종의 형상을 취하심으로 해석하였고, 하나님에게 인간적 빼어남이 무슨 소용이 있겠느냐고 반문한다.[59] 보나벤투라는 시편 45:2를 이사야 53:2와

---

58 *The Sermons and Devotional Writings of Gerard Manley Hopkins*, ed., C. Devlin (London, 1959), 34-8.

그리스도의 수난에 대조시키며, 그리스도는 자신의 수난 속에서도 내적인 품위(decus)와 본질적 아름다움을 보존하였다고 주장한다. 그는 다음과 같은 교훈적인 진술로 끝맺고 있다. "우리도 상한 몸의 예수님을 본받아 외적 몸의 고난을 겪음으로써, 아름다운 예수님을 본받아 내적으로 변화되도록 힘쓰자."[60]

여러 기독교 신학자들은 여기서 한걸음 더 나아가서 십자가를 그리스도의 아름다움의 정점으로 보기도 하였다. 이것은 마치 일반적인 가치들을 뒤집는 것과도 같아 보인다. 아우구스티누스는 그의 한 설교문에서 "그는 십자가의 추함에 매달렸지만, 그 추함이 우리의 아름다움이다"라고 하였다.[61] 이러한 견해와 접근은 많은 신학자들이 왜 미학에 별로 관심하지 않았는지 그리고 왜 그들이 하나님과 그리스도의 아름다움을 다른 종류의 아름다움으로부터 구분하고자 노력했는지 둘 다를 설명해준다. 우리가 이미 앞에서 본 것처럼 바르트는 하나님이 모든 아름다운 것들의 기초이며 척도라고 주장하고 나아가 아름다움이라는 개념을 신학에 사용하는 위험에 대해 경고한 후에, 그는 성육신이 "하나님의 아름다움을 특별한 방식으로 그리고 어떤 의미에서는 그 최고의 정도로" 드러낸다고 주장한다. 하지만 그는 이사야 53:2-3에 호소하며, "만약 그리스도의

---

59 *Glaphyra in Exod.* bk. I (*PG* 69: 396ab); In Is. bk. 5, tom. I (*PG* 70: 1171ab). 여기에 대한 교부들의 논쟁은 Heinrich Krug, *De Pulchritudine Divina*, bk. 3, ch. 4에 요약되어 있다.
60 *Vitis Mystica*, ch. 5. 아퀴나스는 이 문제에 있어 매우 신중한 태도를 보인다. 그리스도의 아름다움은 사중적인 것으로 그의 신성한 형상, 정의와 진리, 정직한 말, 몸의 아름다움으로 구성된다고 한 이후에, 이러한 각 조건에 상응하는 아름다움을 그리스도가 각각 지닌다고 주장한다 (In Ps. xliv. 2).
61 *Sermon* xxvii. 6 (*PL* 38: 181).

아름다움을 십자가의 그리스도가 아닌 영광의 그리스도에서 찾고
자 한다면, 그런 시도는 헛될 뿐이다"라고 말한다.[62] 우리는 이러한
생각이 폰 발타자의 『주님의 영광』의 주제를 이루고 있는 것을 보
게 된다. 그는 바르트의 논의를 암시적으로 언급하며 두 가지 결론
을 내린다. 첫째로, 기독교적 아름다움은 십자가와 또한 세상적 미
학이 참을 수 없는 것으로 버리는 다른 모든 것들을 포함해야만 한
다. 둘째로, "우리는 하나님의 아름다움에 대해 그것이 구원의 역사
에서 드러나는 형상과 방식에 대해 함께 말함이 없이 결코 말해서
는 안 된다."[63] 폰 발타자로 하여금 십자가의 영광을 강조할 수 있게
하는 성서적 근거는 이사야서의 수난의 종에 대한 부분이 아니라,
그리스도의 이 지상에서의 진정한 영화는 변화산상에서의 사건이
아니라 십자가의 사건이라고 보는 요한의 사상이다(변화산상의 일
은 요한복음에서 언급되지 않는다). 요한복음에서 예수는 자신의 죽
음에 대해 이렇게 말한 것으로 기록되고 있다. "내가 땅에서 들리면
모든 사람을 내게로 이끌겠노라"(12:32).

　　본인은 이러한 글들이 십자가의 아름다움이라는 역설적 내용을
강조하는 경향이 있음에도 불구하고, 그리스도의 도덕적이고 영적
인 아름다움에 호소하고 있다고 본다. 이것은 리차드 빌라데서의
논의에서 분명하게 드러나고 있다. 십자가가 하나님에 대한 그리스
도의 궁극적인 충성과 죽기까지의 자기희생을 드러내는 한에 있어

---

62 Karl Barth, ii. pt. I. 661, 665; cf. Moltmann, *Theology of Play*, 41*f*.
63 *The Glory of the Lord*, i. 124. 십자가에서 가장 위대한 아름다움이 드러난다는 견해는 또한
　　Oliver Davies, *Living Beauty: Ways of Mystical Prayer* (London, 1990), ch. 3에서도 발견
　　된다.

서, 또한 성부가 이것을 받아들이고 부활이라는 사랑의 응답으로 대답하는 한에 있어서, 십자가는 아름답다고 빌라데서는 주장한다. 따라서 빌라데서에 있어서 십자가는 부활과 분리될 수 없다. 십자가가 사랑의 자기희생이라는 궁극적인 승리를 보여주기 때문이다.[64]

하지만 우리는 충격적으로 부재하는 한 주제를 언급하지 않을 수가 없다: '성령'은 거의 논의의 장에서 쫓겨난 것처럼 보인다. 이런 맥락에서 폰 발타자는 성령이 우리로 하여금 그리스도를 통해서 하나님에로 나아가도록 영감을 부어주고 독려하는 분이라고 주장한다(p. 121). 바르트는 자신의 성육한 그리스도의 아름다움에 대한 논의에 이어서, 하나님의 영광이 피조된 세계에 어떻게 외적으로 영화롭게 드러나는지 고려한다. 그에 따르면 하나님의 영광은 삼위일체 전체의 그것이기 때문에 성령의 영광이기도 하며, 세계 속에서 활동하는 신성한 실재는 곧 성령이라는 것이다. 하지만 그는 우리의 영화롭게 됨에 관해서는 순전히 종교적인 용어들로 표현하고 있다: "만약 하나님이 피조물을 통해서 영광을 받으신다면, 그것은 오직 피조물이 성령에 의해 세례를 받고, 거듭나고, 모아지고, 계몽되고, 성화되고, 진정한 신앙 속에서 예수 그리스도에 가깝게 머물도록 보존되기 때문이다"(p. 670). 하지만 이제는 반대로 '아름다움'이 논의의 장에서 배제되고 대신 그 공백을 경건이 메우는 것만 같다. 여기서도 무언가가 간과되고 있는 것이다. 따라서 우리는 이 책

---

64 Richard Viladesau, *Theological Aesthetics*, 189-97 특히 197을 참조하라. [『신학적 미학』, 348-362 특히 362를 참조하라.]

의 주제인 성령과 아름다움 사이의 관계로 돌아감으로써 이러한 공백과 생략을 보완하고자 하는 것이다.

# 제 4 장
## 삼위일체와 성령

    1장에서 우리는 초대 교회에서는 이레니우스와 알렉산드리아의 클레멘트가 그리고 보다 최근에는 에드워즈와 에브도키모프 등의 신학자들이 성령과 아름다움을 서로 관련시킨 것을 보았다. 이러한 연관은 자연의 아름다움뿐 아니라 예술적 아름다움에도 적용되어졌는데, 전자는 창조에서의 성령이 가지는 역할 때문이었고 후자는 예술을 성령의 영감을 받은 것으로 여겼기 때문이다. 특히 예술의 경우에 있어 작가나 예술가는 성령의 도구로서, 혹은 보다 적합한 의미에서 '공동의 창조자'로서 여겨졌다.

    기독교 전통은 아름다움뿐 아니라 다른 몇몇 초월적 개념들에 있어서도 성령이 유사한 역할을 한다고 여겼다. "진리의 영"이 제자들을 모든 진리의 충만함에로 이끌 것이라는 약속은 자연스럽게 성령과 진리 둘 사이를 관계 짓도록 만들었다(요 14:17, 16:13). 본인은 여기서 단지 종교적 진리만을 말하고 있는 것이 아니다. 아퀴나스는 어떤 종류의 것이든 모든 진리는 성령으로부터 오는 것이라고 하였다(*ST* 1a2ae. 109. 1 ad 1). 칼빈은 세속 작가들의 작품에 관련하여 이렇게 말한다. "만약 우리가 하나님의 영은 진리의 유일한 샘이라는 것을 조금이라도 성찰한다면, 우리가 그분에게 무례하지 않으려 조심하고 삼가는 것처럼 어떤 진리도 거부하거나 저주하지 않도록 조심할 것이다. 선물을 조롱하는 것은 그 수여자를 모독하는 것과 같기 때문이다"(*Inst.* ii. 2. 15). 이와 유사하게, 로마서 15:16이나 갈라디아서 5:22이하와 같은 텍스트들은 성령과 성화(sanctification) 사이에 특별한 관계가 있다고 제안한다. 우리는 이미 몇몇 초대 교부들이 성화를 일종의 미화(beautifying)로 보았고, 사실 그것은 우리 안의 하나님의 이미지 혹은 형상을 재-창조하는 것이기 때문에 유일하게 중요한 미화라고 여긴 것을 살펴보았다.

우리는 이제 이러한 주장들이 어떤 근거에서 이루어졌는지 살펴보고자 한다. 이 장에서 본인은 미학과 성령 사이의 관계에 대한 질문을 교리신학의 관점에서, 특히 삼위일체의 교리적 관점에서 접근하고자 시도할 것이다. 본인은 아름다움을 성령에 돌리는 것이 어떻게 삼위일체의 교리와 관계되는지를 고려한 후, 동방교회와 서방교회의 삼위일체 신학을 상호 비교할 것이다. 그리고 다음의 장에서 본인은 이 문제를 아래에서부터, 즉 우리의 경험으로부터 접근해서 영감의 개념을 고찰할 것이다.

## 성령과 아름다움

　우리는 왜 아름다움과 성령을 연관시키는가? 이 질문은 강조점을 어디에 두느냐에 따라서 두 가지 질문이 될 수도 있다. 우리는 왜 '아름다움'과 다른 미학적 특질들을 선택적으로 골라내어서 성령의 사역에 연관시키는가? 그리고 우리는 왜 그러한 것들을 '성령'에 연관시키는가? 예술적 재능은 성령의 선물이고 아름다움은 하나님의 속성이라는 견해를 살펴보았을 때, 우리는 이미 첫 번째 질문에 대한 몇몇 대답들을 보았다. 두 번째 질문과 관련하여 아름다움과 성령 사이의 연관은 종종 성령의 창조에서의 역할에 대한 논의에서 이루어지거나 혹은 영감, 빛, 지혜, 기쁨과 같이 특히 성령과 관련되는 다른 관념들을 언급하면서 제기되어졌다(아름다움을 특별히 성령과 연관시키는 것이 곧 아름다움은 삼위일체의 다른 위체들과는 아무 관계가 없다는 것을 주장하는 것은 아님을 다시 한번 지적하고자 한다).

　우리는 1장에서 이러한 연관을 지은 최초의 신학자인 이레니우스가 창조를 논의하는 컨텍스트에서 그렇게 했다는 것을 살펴보았다. 그와 후기의 신학자들은 이러한 주장을 뒷받침하기 위해서 창세기 1:2 그리고 하나님의 *ruach*(바람, 호흡, 혹은 영)를 언급하는 몇몇 시편들을 인용하였었다(예를 들어 시편 33:6). 일반적으로 성령에 창조의 역할을 돌리는 것은 다름 아니라 창조가 하나님의 사역이라는 것, 성령은 하나님이라는 것 그리고 세 위체들 모두는 신성한 사역에 관련된다는 것 등등의 전통적 교리들을 따르고 있는 것이다.

이것들 중 마지막 교리는 '삼위일체의 외적 사역은 나누어지지 않는다'는 원칙으로 요약될 수 있다. 이 원칙은 몇몇 초대 교부들에게서 유래하는데, 예를 들어 아우구스티누스는 성부가 창조의 일부분을 만들었고, 성자는 또 다른 부분을, 성령은 나머지를 만들었다는 식의 견해를 거부한다. 오히려 그에 따르면 "성부가 성자를 통해서 성령의 선물 안에서 함께 모든 만물과 모든 구체적 사물들을 만들었다"(On True Religion, vii. 13).[1] 하지만 후대 기독교 전통은 창조에서의 성령의 역할에 대해 그리 주목하지는 않았다. 비록 성령이 종종 '창조자 성령'(Spiritus Creator)으로 불리었고 니케아 신조에서는 '주님이며 생명의 수여자'로 묘사되었음에도 불구하고, 후대의 (특히 서방교회의) 신학자들은 성령의 사역에 대한 논의를 교회론, 영적 생활 그리고 보다 최근에는 종교적 경험에 제한시키는 경향을 보여준다. 맥도넬(Kilian McDonnell)은 만일 우리가 창조와 우주에 대한 성령의 관계를 보지 못한다면, 성령을 자연은 물론이고 우리의 도덕적, 문화적, 정치적 삶에 연관시키기는 더 어려울 것이라고 올바른 지적을 한다. 그래서 "성령이 너무 신성화되고, 너무 성스럽

---

1 *PL* 34: 129. 마찬가지로 아타나시우스(St. Athanasius)는 "성부는 말씀을 통해서 성령 속에서 모든 일들을 하시기 때문에, 성스러운 삼위일체의 통일성이 유지된다"고 주장한다(*Ad Serap.* i. 28, *PG* 26: 596a). 이와 유사한 입장으로는 St. Basil, *On the Holy Spirit,* xvi. 37 (*PG* 32: 133bc); St. Gregory of Nyssa, *On the Holy Trinity* (listed by Migne as St. Basil, *Letter* 189. 6-7; *PG* 32: 692c-693b); id., *On Not Three Gods* (*PG* 45: 133a); St. Gregory of Nazianzus, *Fifth Theological Oration* (*Or.* xxxi.) 14, 16 (*PG* 36: 148d-149a, 152ab); id., *Or.* xl. 41 (*PG* 36: 417bc); St. Augustine, *De Trin.* i. 4. 7; 5. 8; iv. 21. 30; v. 14. 15; 그리고 St. Thomas Aquinas, *ST* 3a. xxiii. 2 등을 참조하라. 삼위일체의 사역은 분리될 수 없다는 원칙은 AD 675년의 톨레도(Toledo) 공의회에서 신조로서 공식적으로 채용되었다 (*Denzinger* 284).

게 여겨지는 물건이나 사건에만 매이게 되는 것이다."2

하지만 우리가 보다 발전된 창조의 삼위일체 신학을 가지더라도 그 속에서 성령과 아름다움의 구체적 관계를 밝혀야 하는 과제를 가진다. 이레니우스는 구약에 나오는 지혜라는 개념을 통해서 그리 하였다. 그는 지혜를 성령과, 말씀을 성자와 동일시한다. 그에 따르면 지혜와 말씀은 창조 이전에 성부와 함께 있었는데, 하나님은 말씀을 통해서 모든 만물을 만드셨고 지혜를 통해서 장식하셨다.3 구약은 실제로 지혜에 창조의 역할을 부여하고 있다. 잠언 8:27 이하는 지혜를 창조 이전에 하나님과 함께 있었던 것으로 묘사한다. 더구나 그 텍스트는 지혜가 하나님을 기쁘게 만들었고 하나님과 함께 놀이(play)에 참여하였다고 보는데, 이레니우스가 여기에 주목하였더라면 분명 신학적으로 이 주제를 보다 발전시켰을 것이다. 실제로 몇몇 현대의 작가들은 이처럼 미학과 놀이를 서로 연관짓는다. 예를 들어, 가다머(Hans-Georg Gadamer)는 미학적 즐거움이 오늘날 일상의 삶이 주는 스트레스에서 잠시 탈출하는 것으로 간주되는 경향이 있다고 지적하며, 그것과 미학적 실천은 보다 근본적인 인간 경험인 놀이, 상징, 축제에 관련되어야만 한다고 주장한다.4 만약

---

2 Kilian McDonnell, "The Determinative Doctrine of the Holy Spirit," *Theological Studies*, 39 (1982), 150. 또한 Jürgen Moltmann, *God in Creation: An Ecological Doctrine of Creation* (London, 1985), 특히 9-13, 94-103을 참조하라.

3 *Adv. Haer.*, iv. 20. 1-3; *Demonstration*, 5.

4 Hans-Georg Gadamer, *The Relevance of the Beautiful and other Essays* (Cambridge, 1986), ch. 1. 놀이의 주제는 또한 그의 *Truth and Method*, trans. G. Barden and J. Cumming(London, 1975), 91 이하에서 논의되고 있는데, 거기서 가다머는 대부분의 현대 미학 이론이 보여주는 주관주의의 경향에 반대하고 있다. 또한 J. Moltmann, *Theology of Play*, trans. R. Ulrich (New York, 1972) 그리고 C. Seerveld, *Rainbows for the Fallen*

우리가 이런 생각을 보다 발전시킨다면, 우리는 바울에 의해 갈라디아서 5:22에서 "성령의 열매" 중의 하나로 포함된 '기쁨'을 통해서도 성령과 미학 사이의 또 다른 연관관계를 발견할 수 있다.5 바르트는 이러한 기쁨이 하나님의 아름다움으로부터 비추어 나온다고 보았고(CD ii, I, p. 654), 아브라함스(Abrahams)는 랍비 전통을 인용하며 이것이 하나님의 영광이 머무르고 있는 자들에서 발견된다고 주장한다.6 볼터쉬토르프는 이러한 주제에 종말론적 의미를 부여하며, "미학적 기쁨은 하나님이 인간 실존의 목표로서 예정한 샬롬의 한 요소이고, 샬롬이 주는 기쁨의 한 종류이다"라고 주장한다.7

또한 지혜는 성령의 선물에 대한 전통적 목록에 포함됨으로 특히 성령과 관계되어졌다. 이사야 11:1-2에서 유래하는 이 목록에서 예언자는 메시아가 하나님의 영을 부여받을 때의 특질들을 나열하고 있다(물론 이러한 연관은 출애굽기 31장과 35장 등 구약에서 이보다 일찍 발견되기도 하는데, 거기서는 장인 브살렐과 오홀리압의 기술이 성령에 관련되어진다). 이와 유사하게, 성령은 또한 인식이나 이해 그리고 마음의 조명에 관련되기도 한다(요 16:8, 13 참조). 그러한 조

---

*World* (Toronto, 1980), ch. 2를 참조하라.

5 로마서 14:17 그리고 데살로니가전서 1:6을 또한 참조하라. 이러한 연관은 그리스어에서 보다 자연스러운데, *chara*(기쁨: joy)와 *charis*(아름다움: beauty, grace)는 어원적으로 연결되어져 있다.

6 Israel Abrahams, *The Glory of God* (Oxford, 1925, repr. in his *Foundation of Jewish Life: Three Studies*, New York, 1973), 85.

7 Nicholas Wolterstorff, *Art in Action: Toward a Christian Aesthetic* (Grand Rapids, 1980), 169.

명은 좁게 지성적으로만 이해되어서는 안 될 것이다. 다음 장에서 우리가 살펴보게 될 것처럼 영감은 종종 감정의 폭을 확장시켜서, 사람들은 새로운 방식으로 사물들을 보거나 반응하고 그들의 창조물 속에서 '자신들을 초월하게' 되기 때문이다. 또한 성령의 조명은 단지 창조적 활동에만 제한되어서도 안 되는데, 우리는 관람자, 경청자, 혹은 독자의 측면을 동시에 고려하여야 하기 때문이다. 만약 성령의 활동이 일종의 조명으로서 이해된다면, 거기에는 창조의 조명뿐만이 아니라 성찰, 통찰 그리고 인식의 조명이 또한 있을 것이다.[8] 그러한 조명은 종종 전통적으로 성령과 연관되는 내적인 변화를 요구할지도 모른다. 올친(A. M. Allchin)은 러시아의 고전 『순례길』(*The Way of a Pilgrim*)의 한 구절을 인용한다. "모든 밖의 세상은 아름다움과 희락으로 가득한 것처럼 내게 보인다." 그는 계속에서 말하길, "마음의 변화에 의해서, 사람의 중심에 있는 하나님의 임재를 인식함을 통해서, 우리는 '하늘과 땅이 하나님의 영광으로 가득하다'는 것을 볼 수 있게 된다."[9] 이러한 생각은 그리스도나 성서의 말씀 속에서 하나님의 계시를 발견하기 위해서는 성령의 내적 증언이 필요하다고 하는 전통적 교리와 유사하다. 하지만 예술적 영감과 마찬가지로 그러한 조명이 단지 종교적 신자들에게만 제한되는 것은 아니다. 거룩함의 영이 단지 신자들에게만 주어진다고 생각했던

---

8 Dorothy Sayers는 성령의 역할에 대해 다룬 그녀의 책 *The Mind of the Maker* (London, 1941)에서, 모든 창조적 작품에는 삼위일체적 구조가 발견되어진다고 주장한다. 특히 3장과 8장을 참조하라. 불행하게도 그녀는 아름다움과 관련하여 성령의 역할을 논의하지는 않았다.

9 A. M. Allchin, *The World is a Wedding: Explorations in Christian Spirituality* (London, 1978), 40.

칼빈조차도 예술적 재능은 성령에 의해 차별 없이 주어지고, 사실 비신자들에게서 더 확연하게 발견될 수도 있음을 인정한다[10](그러나 종교적 신자들은 예술적 재능이 성령의 선물이라고 올바르게 이해할 수는 있을 것이다).

이제까지 본인은 창조의 교리를 살펴봄으로써 그리고 예술적 활동이나 감상에 관련될 수 있는 성령의 구체적 선물들을 고찰함으로써 우리의 주제에 접근하고자 하였다. 이런 과정에서 우리는 두 가지 상호 모순적인 것처럼 보이는 입장을 발견할 수 있다. 성령이 삼위일체 모두의 공동사역 속에서 한 부분을 차지하는 것으로 보는 경향과, 성령 혼자에게 특별한 역할이나 구체적 임무를 돌리는 경향. 모리스 와일즈(Maurice Wiles)는 카파도키아 교부들이 삼위일체 내에서의 위체들의 사역의 완벽한 동일성을 주장하면서도 동시에 각 위체들에게 창조에서의 서로 다른 역할들을 돌림에 있어 —예를 들어, 성부는 낳고 성자는 창조하고 성령은 완성한다고 봄에 있어 — 일관적인 입장을 주장하지 못했다고 본다.[11] 이 두 경향은 우리의 관심사에 있어 각각 다른 문제들을 만드는 것 같다. 만약 우리가 '삼위일체의 외적 사역은 나눠질 수 없다'는 원칙에 충실하고자 한다면, 어떻게 우리는 아름다움을 특히 성령에게 돌리며 그를 '완성자'(Perfector) 혹은 '미화자'(Beautifier)로 묘사할 수 있단 말인가? 만약 이렇게 하고자 한다면, 우리는 그러한 원칙을 포기하거나 혹은 어떻게 다른 위체들도 아름다움과 관계를 가지는지 설명해야만 할

---

10 *Inst.* ii. 2. 15-16; A Kuyper, *Lectures on Calvinism* (Grand Rapids, 1953), ch. 5.
11 Maurice Wiles, *Working Papers on Doctrine* (London, 1976), ch. 1.

것이다. 여기서 전통적인 대답인 '전유'(appropriation)는 별 도움이 되지 않는 것 같은데, 왜냐하면 그런 주장을 펼쳤던 자들(가장 중요하게는 아퀴나스)은 아름다움을 성령에 돌리기보다는 성자에게 관련시켰기 때문이다. 어떤 경우든 전유의 해결책은 오늘날에는 별로 유용한 입장으로 받아들여지지 않는 것 같다. 그것은 비성서적인 것으로 여겨지며, 기독교인들이 각각의 위체들과 다른 관계를 가질 수 있다는 가능성을 배제하는 것으로 생각되고, 성육신에게는 적용될 수 없는 것으로 비판되며(왜냐하면 오직 성자만이 성육신이 되었기 때문에), 성령이 가지는 그리스도 안에서의, 오순절에서의 그리고 교회 내에서의 역할을 제대로 강조하지 못하기 때문이다.

하지만 우리는 성령에 적합한 사명을 돌리는 동시에 다른 위체들도 이러한 사명에 공동 임재를 통해서 관련됨을 보여줌으로써 정통적인 삼위일체론을 보존할 수 있을 것이다. 이와 비슷한 예를 든다면, 비록 성자만이 성육신이 되었지만 성부와 성령도 성육신에서 그 역할들을 지니고 있는 것이다.[12] 만약 이러하다면 우리는 와일즈가 카파도키아 교부들에 대해서 말한 비일관성을 피할 수 있을 것이다. 하지만 본인은 와일즈가 비판한 것들의 경우에조차도 삼위일체의 외적 사역은 나누어질 수 없다는 원칙에 충실하면서, 동시에 니사의 그레고리가 말했던 것처럼 "모든 선한 것과 모든 선한 이

---

12 Yves Congar, "Pnematologie ou 'Christomonism' dans la tradition latine?," in *Ecclesia a Spiritu Sancto edocta: Mélanges théologiques Hommage à Mgr. Gérard Philips* (Gembloux, 1970), 127-40; id., *I Believe in the Holy Spirit,* trans. David Smith (3 vols; London, 1983), ii, 85ff.; and D. M. Coffey, "A Proper Mission of the Holy Spirit," *Theological Studies*, 47 (1986), 227-50.

름은 시작을 가지지 않는 그 능력과 목적에 의존하며, 성령의 힘 속에서 그리고 독생자 하나님을 통해서 완성에 다다르게 된다"고 보는 것이 비일관적인지는 확실하지 않다고 생각한다.[13] 아름다움의 경우에 있어, 그러한 사역의 분리불가능성의 원칙이 아름다움과의 구체적 연관을 성령에게 돌리는 견해를 배제하지는 않는다고 본인은 앞으로 주장할 것이다. 만약 모든 창조와 마찬가지로 아름다움의 창조가 한 하나님의 사역이라면, 성령은 그러한 하나의 사역 '속에서'(within) 특별한 역할을 가질 수도 있다. 우리는 여기서 유비적으로 기도의 예를 들 수 있다. 기도는 하나님에게 드려지는 것이나, 그것은 또한 삼위일체적으로 설명될 수도 있다. 로마서 8:15-17과 갈라디아서 4:6에 나오는 것처럼, 우리는 성자를 통해서 성령 속에서 성부에게 기도하도록 권고받았다.[14]

하지만 우리가 이런 입장을 주장하기 위해서는 여기에 대한 다른 입장들도 또한 살펴보아야 할 것이다. 따라서 우리는 1장에서 했던 것처럼 역사적 고찰을 하겠지만, 이번에는 신학자들 개개인

---

13 *On Not Three Gods* (*PG* 45: 129ab), trans. H. A. Wilson; 바로 얼마 뒤에 그레고리는 신성 속에서는 본질이나 사역의 차이는 없다고 말한다(*PG* 45: 133a). 아우구스티누스는 마가복음 3:13-7에 나오는 예수의 세례를 설명하며, 세 위체들이 따로 구분되어 보여질 수는 있어도 그들은 분리되지 않은 채 함께 사역한다고 주장한다(*Sermon*, lii; PL 38: 354-64). 여기서 그는 자신이 선호하는 인간의 영혼 속에 있는 기억(memory), 이해(understanding) 그리고 의지(will)의 유비를 예로 든다.

14 *We Believe in God: A Report by The Doctrine Commission of the General Synod of the Church of England* (London, 1987), ch. 7을 보라. 보다 일반적으로는 Gérard Philips, "Le Saint Esprit en Nous," *Ephemerides Theologicae Lovaniensis*, 24 (1948), 127-35를 참조하라. 인용되어진 바울의 텍스트는 성령에 대한 구체적으로 삼위일체적인 경험이 있는지, 즉 단지 신성한 에너지의 경험이 아니라 신성한 교제와 *perichoresis*의 경험이 있는 지의 흥미로운 질문을 제기한다.

보다는 신학적 입장들을 중점적으로 살펴보고자 한다.


## 삼위일체론에 대한 접근법들

우리의 주제에 대한 가장 간단한 접근법은 하나님이 그 영의 내적 활동을 통해서 아름다움을 세계 속으로 '불어넣거나' 혹은 '호흡한다'고 말하는 것이다. 사람들이 하나님의 영에 대해 이야기할 때, 종종 그들은 삼위일체적 함의를 고려함이 없이 단지 하나님이 어떤 방식으로 활동하고 특히 인간의 마음을 움직인다고 본다. 이러한 보다 넓은 의미에서의 '영'은 구약성서의 용법을 따르고 있는 것이다. 거기서 영이라는 용어는 창조 세계 속에서, 특히 인간의 마음속에서 활동하는 하나님의 내적 사역을 가리키고 있다. 우리는 이러한 사역의 능력이 '꿰뚫는' 혹은 '침투하는' 것으로 종종 묘사되는 것을 본다. 이것은 또한 구약과 신약 모두에서 인간의 마음에 관련된다. 우리는 이 용어가 지닌 비유적 특성을 또한 기억하여야 할 것이다. 히브리어와 그리스어 둘 다에 있어서 '영'(*ruach, pneuma*)은 '바람'이나 '호흡'을 의미하며 이러한 언어의 유사성은 성서에서 종종 주목되었다. 예를 들어 요한복음 3:8의 "바람이 임의로 불매"(영이 그 원하는 대로 불매)와 또한 20:22의 "숨을 내쉬며 가라사대 성령을 받으라"를 들 수 있을 것이다. 하나님의 영은 이처럼 사람들에게 예언, 힘(삼손의 경우), 지혜 그리고 예술적 기교(브살렐과 오홀리압의 경우) 등과 같이 다양한 선물들을 수여하는 것으로 여겨진다.

이러한 성서적 용법으로부터 성령과 삼위일체에 대한 기독교의 교리들이 발전되어졌다. 보다 최근에는 몇몇 신학자들이 그러한 교리들을 의문시하며 이전의 보다 단순한 용법으로 돌아갈 것을 제안하기도 한다. 따라서 자신의 책 『영으로서의 하나님』(*God as Spirit*)에서 램프(Geoffrey Lampe)는 하나님에 대한 삼위일체적 모델의 유용성을 의문시하며 '하나님의 영'이라는 표현이 성부 하나님이나 성자 하나님과는 구분되는 한 신적인 위체를 가리키는 것이라기보다는 "자신의 창조물 인간 속에서… 활동하시는 하나님 자신을 가리키는 것"으로 이해하기를 제안한다.15 램프는 우리의 구체적 관심사를 논의하지는 않는다. 하지만 우리가 그의 견해를 여기에 적용시킨다면, 성령의 능력에 의해서 하나님이 창조 세계를 영화롭게 하시며 사람들로 하여금 아름다운 사물들을 만들도록 영감을 부여하신다고 하는 보다 단순한 입장에 도달하게 될 것이다.

우리는 이제 이러한 단순한 견해에 대조적으로 삼위일체적 입장들을 살펴보도록 하자. 기독교는 하나님의 영의 사역과 선물에 대한 유대교의 가르침을 발전시켰다. 하지만 기독교는 영을 삼위일체 내에서의 한 위체로 인격화시킴에 있어 유대교를 벗어났다. 더군다나 이러한 영의 위체화는 말씀의 위체화가 이루어진 이후에야 발생하였고, 하나님의 영광이 비추어 나오는 예수 속에서 성육화된 것으로 이해되었다. 성령의 사역은 성육화와 매우 밀접하게 관련되어진 것이다.

---

15 Geoffrey Lampe, *God as Spirit* (Oxford, 1977), 11. 이와 유사한 견해로는 Maurice Wiles, *Faith and the Mystery of God* (London, 1982), ch. 7을 참조하라.

가장 단순한 삼위일체적 접근법은 카파도키아 교부들에서 발견
된다. 우리가 살펴본 것처럼, 그들은 아름다움과 영광이 한 하나님
에게 속하며 또한 미화시키는 활동도 그러하다고 보았다. 하지만
이러한 원칙이 그들로 하여금 세 위체들 각각이 아름다움이나 미화
의 활동과 관련하여 고유한 사역이나 기능을 한다고 주장하는 것을
막지는 않았다. 물론 이러한 각각의 사역이나 기능은 서로에게 연
결되었으며, 하나의 단일한 사역 속에 위치된 것은 말할 것도 없을
것이다. 이러한 이해는 일종의 직선적 패턴으로 표현되었다: 성부
의 아름다움이나 영광은 그의 말씀이며 이미지인 성자에게서 계시
되었다; 또한 이것은 성부의 닮은꼴로서의 성령(이레니우스)[16], 혹
은 성자가 성부의 이미지인 것처럼 성자의 이미지로서의 성령에게
서 드러났다(아타나시우스).[17] 니사의 그레고리는 여기서 한 등잔불
이 다른 등잔불들을 밝히는 유비의 예를 든다.[18] 이러한 직선적 패
턴의 이해는 성령이 아름다운(beauti*ful*) 동시에 그 사명의 측면에 있
어서 미화자(beauti*fier*)이라는 것을 제시한다. 즉 성령은 성부의 영
광을 반영하기 때문에 아름답고, 동시에 창조에서의 역할과 우리에
게 주는 선물들 때문에 미화자인 것이다.

카파도키아 교부들의 접근법은 현대의 동방정교회 신학자들에

---

16 *Adv. Haer*, iv. 7. 4.

17 *Ad Serapionem*, i. 20, 24; iv. 3 (*PG* 26: 577b, 588b, 640-641a); cf. St. John of Damascus,
*On the Orthodox Faith*, i. 13 (*PG* 94: 856b); *On Sacred Images*, iii. 18 (*PG* 94: 1340ab);
그리고 St. Cyril of Alexandria, *Thesaurus*, xxxiv (*PG* 75: 572a) 등을 참조하라. 아퀴나스는
각 위체들이 삼위일체 속에서 다른 위체들을 모방한다고 말한다(*ST* 1a. 93. 5 ad 4).

18 *De Spiritu Sancto contra Macedonianos*, vi (*PG* 45: 1308b); *Contra Eunomium*, i, 36
(*PG* 45: 416c).

의해 반복되고 발전되어졌다. 예를 들어 에브도키모프는 성부를 아름다움의 원천으로, 성자의 아름다움이 성부의 이미지를 드러내는 것으로 그리고 그것이 다시금 "아름다움의 영"이며 "말씀의 빛"인 성령에 의해 드러나는 것으로 묘사하고 있다.[19] 비록 그는 성령이 그 인과적인 기원에 있어서 성자로부터 혹은 성자에 의해 발생한다는 입장을 받아들일 수는 없었지만, 에브도키모프는 계시나 드러냄의 차원에 있어서는 성령이 성자 속에서 그리고 성자에 의해서 있을 수 있다는 것을 받아들인다.[20] 비록 성부 속에서의 성령의 발생은 성부에서의 성자의 태어남과 마찬가지로 신비이지만, 이 두 위체는 그들의 공통적 기원인 성부로 인해서 서로 닮은 것이다. 그리고 구원의 역사에서의 그들의 사역은 서로 밀접하게 관련되어 있는데, 서로의 계시와 사명에 있어 이 둘은 서로에게 의존한다.

서방교회에서는 이와는 다른 패턴의 이해가 생겨나는 것을 우리는 볼 수 있다. 여기서 성령은 성부와 성자 사이의 사랑의 교제로 보이며, 이 둘 모두에서 발생하는 것으로 정의된다. 이러한 입장은 특히 아우구스티누스에서 발견되는데, 11세기 초에 와서야 로마에 의해 공식적으로 수용된다. 하지만 이것은 하나님의 아름다움이라는 문제에 있어서는 훨씬 후에야 적용된다. 이러한 견해가 생겨난 이유나 혹은 여기에 대한 동방과 서방 교회들의 논란들을 자세히 요약하는 것은 우리의 주제로부터 벗어난다. 여기서는 단지 서방교회가 성령을 성부의 영이며 동시에 성자의 영으로 묘사하는 성서의

---

19 Paul Evdokimov, *L'Art de l'icône: Théologie do la beauté* (Paris, 1970), 29, 15.
20 *L'Esprit Saint dans la tradition Orthodoxe* (Paris, 1969), pt. 1, ch. 6.

증언에 충실하고자 하였다는 것을 살펴보는 것으로 충분할 것이다 (예를 들어 마 10:20, 롬 8:9, 11 그리고 갈 4:6). 서방교회의 입장에 따르면, 성령의 기원은 성부 '그리고' 성자에게서 발생하는(proceed) 것으로 보인다. 이에 비해 성자는 성부에게서 출생하는(generate) 것으로 주장된다(반면 동방교회는 발생과 출생이라는 이러한 구분에 크게 관심하지는 않는다). 서방교회는 성자가 성부와 함께 성령을 발생시킨다고 묘사함으로써 성자의 권위를 강조하며, 삼위일체의 위체들 사이의 상호관계와 통일성에 대해 동방교회보다 더 세심한 설명을 제공한다. 즉 서방교회는 세계 내에서의 위체들의 사역을 삼위일체 내에서의 그 위체들의 상호관계에 연결하고 있는 것이다. 우리는 이러한 견해가 어떻게 조나단 에드워즈에 의해서 하나님의 아름다움이라는 속성에 적용되는지 살펴보도록 하자.

에드워즈는 미화자로서의 성령의 사역을 삼위일체 내에서의 성령의 위치에 연관시킨다. 그는 이러한 성령의 위치를 아우구스티누스주의 전통의 삼위일체론으로 설명하는데, 이에 따르면 성령은 성부와 성자 사이의 상호적인 사랑으로서 이 둘 다에서 발생하는 것이다. 우리는 1장에서 에드워즈가 자신의 『삼위일체에 관한 에세이』(*Essay on the Trinity*)에서 성부와 성자는 서로의 안에서 기뻐하며, 그러한 사랑과 기쁨의 호흡이 신성한 본질을 넘쳐 나오게 만들어서 성령을 발생시킨다고 주장하는 것을 보았다. 또한 그는 모든 만물들에게 아름다움과 감미로움을 수여하는 성령의 사역은 성령이 창조자의 기쁨과 아름다움이라는 사실에서 기인한다고 주장한다(pp. 93*f.*, 98). 자신의 또 다른 책 『마음』(*The Mind*)에서 에드워즈는 성부와 성자의 상호적 사랑은 "제 3의 인격적인 성령 혹은 하나님의 거룩함을 만들어 내는데, 이것이 바로 하나님의 무한한 아름다움이며,"21 피조물들은 하나님이 이러한 자신의 성령을 의사소통하는 정도에 따라서 그 탁월함과 아름다움에 참여하게 된다고 주장한다. 마찬가지로, 그의 『논문집』(Miscellanies)에서 에드워즈는 이렇게 쓰고 있다:

> 성령의 사역은 특히 세계를 혼돈으로부터 아름다움과 완성에로 이끌어 가는 데에 있다. 왜냐하면 세계의 아름다움은 하나님의 아름다움의 한 의사소통이기 때문이다. 성령은 우리가 살펴본 것처럼, 신성의 하모니이며 탁월함이며 아름다움이다. 그러한 아름다움과 하모니를 세계에 전달하는 것이 곧 그의 사역이다. 우리는 그래서 바로 이 성령이 수면 위를 운행하였다고 적혀있는 것을 보게 된다(§293).

이 인용문에서 "하모니"에 대한 언급은 에드워즈가 자신의 시대에 있어 전형적이었던 아름다움에 대한 견해를 공유하였다는 사실을 드러낸다. 타타르키비츠(Tatarkiewicz)가 "아름다움에 대한 위대한 이론"이라고 부른 이 견해에 따르면, 아름다움은 부분들의 비례에 놓여있다는 것이다.22 에드워즈 자신도 아름다움을 동의와 합의, 혹은 "감미로운 상호적 조화"라고 정의한다.23 이러한 아름다움

---

21 §45 para. 9, in *The Works of Jonathan Edwards*, vi, *Scientific and Philosophical Writings*, ed. Wallace E. Anderson (New Haven, Conn., 1980), 364.

22 "The Great Theory of Beauty and its Decline," *Journal of Aesthetics and Art Criticism*, 31 (1972-3), 167.

에 대한 견해는 에드워즈의 설명에 타당성을 부여하는 동시에 그 한계를 드러내기도 한다.

아름다움을 성령에 관계시킴에 있어 그리고 나아가 후자를 하나 님의 아름다움과 동일시함에 있어, 에드워즈는 삼위일체의 다른 위 체들을 배제시키고자 하는 것은 아니었다. 왜냐하면 성령은 성자의 아름다움에 대해 증언할 뿐 아니라, 그런 성자의 아름다움이 세계 속에서 드러나고 반영되는 방식들에 대해서도 증언하기 때문이다. 에드워즈는 그리스도에서 하나님의 아름다움이 계시된다고 보았 는데, 그리스도는 하나님의 이미지이며 동시에 성령으로 채워져서 사람들을 자신에게 이끌기 때문이다. 하지만 에드워즈는 창조 세계 를 아름답게 하고 인간의 마음을 움직이는 것은 곧 성령의 기능이 라고 보았다.[24] 따라서 성령에 대한 그의 사상의 독창성에도 불구

---

23 *The Nature of True Virtue*, ch. 1, in *The Works of Jonathan Edwards*, viii, *Ethical Writings*, ed. Paul Ramsey (New Haven, Conn., 1989), 특히 540 이하; *Images or Shadows of Divine Things*, ed. Perry Anderson (repr. Westport, Conn., 1988), 135 참조. 아퀴나스는 하모니, 관계 그리고 기쁨이 특히 성령에 적합하다고 생각했다. 성령은 다른 두 위체들에서 발 생하는 동시에 이 둘 사이의 관계이기 때문이고, 이 두 위체들이 서로의 안에서 기쁘게 머무르 기 때문이다(*ST* 1a. 39. 8). 하지만 그는 에드워즈와는 달리 아름다움에 대한 함의를 이끌어내 지는 못한다.

24 그의 *Essay on the Trinity*, ed. George P. Fisher (New York, 1903), 89, 98 그리고 101; *Miscellanies* §§94 and 293 in *The Philosophy of Jonathan Edwards from his Private Notebooks*, ed. Harvey G. Townsend (Westport, Conn., 1972); 또한 Roland A. Delattre, *Beauty and Sensibility in the Thought of Jonathan Edwards* (New Haven, Conn., 1968), ch. 7 등을 참조하라. 성자와 성령이 삼위일체 내에서 가지는 그리고 세계 내에서의 각기 다른 사역들에 대한 구분이 *Miscellanies* §448에서 논의되고 있다. 여기서 에드워즈는 하나님이 '자신의 신성 속에서' 두 가지 방식으로 영화롭게 된다고 주장한다: 한편으로 하나님은 자신의 완전한 생각인 성자를 통해서 계시됨으로써, 다른 한편으로는 자신을 향한 무한한 사랑과 기 쁨 속에서 그의 성령이 넘쳐 나옴으로써 그러하다는 것이다. 마찬가지로, 하나님은 자신의 '피 조물들에 대해' 두 가지 방식으로 영화롭게 된다: 피조물들의 이해 속에서 계시됨으로써 그리

하고 에드워즈는 아우구스티누스, 아퀴나스 그리고 보나벤투라 등과 마찬가지로 아름다움을 특히 성자와 연결시키는 서방교회의 지배적인 전통을 따르고 있다. 에드워즈 이후의 대부분의 서방교회 신학자들도 이러한 견해를 공유하였다. 폰 발타자의 『주님의 영광』은 하나님의 영광이 자신을 비운 성자에게서 드러나고 있다는 중심 사상에 집중하며, 성령의 역할에 대해서는 오직 부수적으로 논의한다. 마찬가지로, 반 더 레우는 자신의 『아름다움의 성과 속: 예술 속의 성스러움』에서 성육화를 아름다움의 정점으로 묘사하며 성령은 단지 주변적으로만 논의하는데, 예를 들어 그는 아이콘 화가들은 성령에 의해서 조명되어야 한다는 원칙을 토의할 때 이에 대해 언급한다.[25]

최근 수십 년 동안 교회일치 운동이 성장하면서 서방교회와 동방교회 사이에는 화해의 조짐이 일어나고 있으며, 과거 세기들의 불필요한 논쟁을 삼가고 성령에 대한 공통의 교리를 찾아 추구하고 있다. 서방교회 측에서는 신조에서 *"filioque"*[그리고 성자로부터]라는 표현이 빠질 수도 있다는 제안이 나오고 있으며, 서방신학이 성령의 인격적 사역에 불충분한 주의를 기울였을지도 모른다는 것을 인정한다. 동방교회 측에서는 이 다른 두 신학들이 많은 측면에서 서로 모순되기보다는 상호 보충적일 수 있으며, 바로 이해된다면 *"filioque"*라는 표현이 한 적절한 신학적 입장을 표현하는 것일 수

---

고 그것들의 마음과 의지에 자신을 의사소통하심으로써 그러하다. 따라서, 그에 따르면 "하나님은 단지 그의 영광이 보여짐뿐만 아니라, 그 안에서 기뻐하심으로써 영화롭게 되신다."

25 Gerardus van der Leeuw, *Sacred and Profane Beauty,* trans. D. E. Green (London, 1963), 340, 328-9, 176.

도 있다고 양보한다. 이러한 화해적 논의에 결정적인 역할을 한 것은 콩가르(Yves Congar)의 『성령을 믿습니다』(I Believe in the Holy Spirit)의 3권이다.[26] 거기서 그는 4세기와 5세기의 많은 동방 교부들이 삼위일체 내에서 성령의 성자에 대한 의존성을 인정했으며, 오직 동서방이 갈리게 되는 AD 1054년에 와서야 동방 신학자들이 서방의 입장을 받아들일 수 없는 것으로 여기게 되었음을 지적한다. 하지만 그는 서방 신학자들도 성령이 신성의 원천 내지 기원인 성부에게서 주로 발생한다는 사실에 보다 주의를 기울일 필요가 있다는 것을 인정한다. 따라서 그는 "성자를 통해서"(per filium)라는 표현을 사용할 것을 제안하며, "filioque"는 이단적이지 않다고 인정되는 한에 있어서 그 사용이 제한되어질 수 있다고 생각한다(사실 "per filium"이라는 표현은 이미 1493년 플로렌스 공의회에서 합의된 것이었다).[27] 동방 신학자들 측에서는 에브도키모프(Evdokimov)가 성령은 "성부 혼자에서" 발생한다는 포티우스(Photius)의 공식은 "filioque"

---

26 Congar, I Believe in the Holy Spirit, 특히 4장 참조. 또한 Lukas Vischer (ed.), Spirit of God, Spirit of Christ: Ecumenical Reflections on the Filioque Controversy (London and Geneva, 1981) 그리고 Germain Leblond, "Point de vue sur la procession du Saint-Esprit," Revue Thomiste, 78 (1978), 293-302를 참조하라.

27 자신의 마지막 저작 Word and Spirit (trans. D. Smith, London, 1986), 7장에서 콩가르는 서방과 동방 교회들이 381년의 콘스탄티노플 신조를 근본적으로 인정하는 한에 있어서, 어떤 한 공통적인 신조를 추구하기보다는 이 두 전통 사이의 연계성을 추구할 것을 선호한다. "성자를 통해서"라는 표현은 물론 플로렌스 공의회 이전에 이미 발견되는데, 예를 들어 니사의 그레고리는 성령이 그 존재를 성부로부터 성자를 통해서 가진다고 주장하였다. 그의 Letter xxiv (PG 46: 1089c)를 보라. 또한 그의 Contra Eunomium, i (PG 45: 464bc)에서 그레고리는 성자가 성령의 원인이라고 쓰고 있다. John of Damascus, On the Orthodox Faith, i. 12 (PG 94: 849b)도 참조하라. 몰트만은 (Vischer, Spirit of God, 164-73에서) "성령은 성자의 성부에서 (from the Father of the Son) 발생한다"는 또 다른 입장을 논의한다.

의 입장만큼이나 성서적으로 정당화되기 힘들다고 본다. 그는 이러한 신조들에 대한 논쟁들이 불행하게도 성자와 성령의 관계에 대한 미묘한 신학적 질문들을 정치적 논란의 대상으로 만들었다고 본다. 그는 성령의 인과적 기원에 대한 지엽적인 논의는 계시 속에서의 위체들의 관계에 대한 보다 광범위한 논의에 의해 교체되어야 한다고 제안한다. 성부는 그 자신을 성자를 통해서 성령 속에서 계시하며, 따라서 이 세 위체들 사이에는 변증법적인 관계가 존재한다는 것이다.[28]

동방 신학자들은 성령을 성부와 성자 사이의 사랑의 관계로 보는 입장을 그것이 가지는 *filioque* 입장과의 밀접한 연관 때문에 대체로 거부한다.[29] 하지만 최근의 신학은 화해의 가능성을 열어 놓았다. 코페이(David Coffey)는 삼위일체를 이해하기 위해서는 전통적인 "발생 모델"(procession model)뿐만 아니라 그가 "수여 모델"(bestowal model) 혹은 "돌려줌의 모델"(model of return)이라고 부르는 것도 있다고 제안한다. 이 후자의 모델에 따르면, 성부는 그에 의해서 출생된 성자에 그의 사랑을 수여하고, 성자는 여기에 답해 성부에

---

28 *L'Esprit Saint*, pt. 1, ch. 6. 이와 유사한 중재적 입장으로는 S. Bulgakov, *Le Paraclet* (French trans., Paris, 1946), 123-4, 182를 참조하라. 보다 논쟁적인 입장으로는 Vladimir Lossky, "The Procession of the Holy Spirit in the Orthodox Triadology," *Eastern Churches Quarterly*, 1948, suppl. 2, 31-53 그리고 *The Mystical Theology of the Eastern Church* (London, 1957), ch. 3 등을 보라.

29 이러한 입장이 동방교회에 전혀 알려지지 않은 것은 아니었다. Gregory of Palamas는 성령을 성부와 성자 사이의 상호적 사랑이라고 쓰고 있다(*PG* 150: 1144d-1145a). David Coffey는 아우구스티누스가 *filioque*에 기초하여 성령을 성부와 성자 사이의 상호적 사랑으로 본 견해는 이러한 '성자로부터'라는 표현과는 독립적으로 성서에 기초되어질 수 있다고 보았다. 그의 "The Holy Spirit as the Mutual Love of the Father and the Son," *Theological Studies*, 51 (1990), 193-229 참조.

게 그의 사랑을 수여한다. 그리고 이 상호적 사랑이 다름 아닌 성령이라는 것이다. 결론적으로 성부는 성자를 낳기 때문에 그리고 성령은 성자에 대한 성부의 사랑이기 때문에, 성령은 어떤 의미에서는 성부 혼자에서 발생하는 것이다. 하지만 성령은 또한 성자의 응답하는 사랑이고, 그래서 이 두 위체들의 상호적 사랑이기도 하다. 그러나 궁극적으로 볼 때, 성부에 대한 성자의 사랑은 일종의 응답적 사랑으로서, 그에 대한 성부의 사랑을 전제하는 것이다. 따라서 수여 모델은 성부를 사랑의 원천으로 인정할 수 있는 동시에, 성부와 성자 사이의 상호적 사랑도 인정할 수 있다. 이런 입장이 동방과 서방의 교회들을 화해시킬 수 있는 한 방법일 수도 있을 것이다. 나아가 이것은 내재적 삼위일체의 순환적 운동(perichoresis)을 나타낼 수 있는 장점도 가진다.[30]

또한 코페이는 다른 최근의 서방 신학자들과 마찬가지로 성령이 독특한 인격적 사역을 가진다고 주장함으로써 에큐메니칼적 성령의 신학에 공헌하고 있다. 전통적으로 서방 교회는 '삼위일체의 외적 사역은 나누어질 수 없다'는 원칙이 세계 내에서의 신적인 사역은 항상 한 하나님의 사역이라는 것을 의미하는 것으로 해석하였다 (반면 동방 교회는 그것을 성부가 성자를 통해서 일하시고, 성령을 통해서 완성하는 것으로 해석하였다). 따라서 성령의 사역인 성화는 삼위

---

30 David Coffey, *Grace: The Gift of the Holy Spirit* (Sydney, 1979), 특히 pt. 1, ch. 2 그리고 pt. 4, ch. 10을 참조하라. 위의 주에 인용되어진 논문도 보라. 이와 유사한 모델로는 von Balthasar, *Spiritus Creator: Skizzen zur Theologie*, iii (Einsiedeln, 1967), 114-15를 참조하라. 코페이는 계속해서 은총의 신학을 발전시키는데, 여기에 따르면 은총으로 가득한 자들은 이러한 상호적 사랑에 참여하게 된다. 왜냐하면 이 은총이 바로 성령이기 때문이다.

일체 전체의 성화시키는 활동을 가리키는 것으로 보였고, 성령은 삼위일체 내에서의 사랑의 관계라는 위치 때문에 그에게 성화의 역할이 '전유'되는 것으로 이해되었다.31 아마 성령이 사랑의 관계라는 견해는 또한 성령을 한 활동 주체 혹은 인격으로 보기 힘들게 만들었을지도 모른다. 하지만 성서는 성령이 그리스도의 생애 속에서 활동하였으며, 오순절에 자신을 드러내었고, 신자들의 마음속에 거주하고 있으며, 그 선물들을 나누어주고, 초대 교회를 인도하였다고 증언한다. 따라서 몇몇 최근의 서방 신학자들은 성령이 실제로 자신에게 고유한 사역을 가지고 있다고 주장한다. 성자의 출현을 알리는 일, 그리스도의 죽음 이후에도 그를 임재하게 만드는 일, 우리에게 그리스도가 말하고 행한 모든 것을 기억나게 하는 일, 교회에서 사역하며 우리를 기도하게 만드는 일 등등.32 그러한 고유의 사역을 인정하는 것이 '삼위일체의 외적 사역은 나누어질 수 없다'는 원칙을 위반하는 것은 아닐 것이다. 왜냐하면 그러한 사역이 동시에 다른 두 위체들과도 관계되기 때문이다. 이것은 성자가 성육신이 되었다는 사실이 다른 두 위체들이 성육화에서 가지는 역할을 배제하지는 않는다는 것과 마찬가지일 것이다(폰 발타자는 누가복음 1장을 따라서 성령이 그리스도의 수태에 있어 역할을 하였고, 성

---

31 Columba Marmion, *Fire of Love* (London, 1964), ch. 4 그리고 Edward Kilmartin, "The Active role of Christ and the Holy Spirit in the Sanctification of the Eucharistic Elements," *Theological Studies*, 45 (1984), 225-53 참조.

32 이미 인용된 Coffey와 Kilmartin의 저작들 이외에도 J. Webster, "The Identity of the Holy Spirit: A Problem in Trinitarian Theology," *Themelios*, 9 (1) (1983), 4-7; J. Milbank, "The Second Difference: For a Trinitarian without Reserve," *Modern Theology*, 2 (3) (1986), 213-34; Heribert Mühlen, *Der Heilige Geist als Person in der Trinität, bei der Inkarnation und im Gnadenbund: Ich-du-wir* (Münster, 1969) 등을 참조하라.

자는 보내심을 받아 순종적으로 위탁받은 사명을 수행했으며, 성령이 창조적인 활동을 통해 성자로 하여금 인간이 되게 만들었다고 주장한다.).[33] 어떤 경우든, 위의 원칙은 하나님의 '작용적' 인과성(*efficient causality*)에만 적용되는 것이지, 하나님의 형상적 혹은 유사-형상적 인과성(formal or quasi-formal causality)과 관련되는 은총의 수여에는 적용될 수 없는 것으로 간주되었다.[34]

이렇게 성령에게 고유한 사명을 인정하는 추세는 단지 신학적 사변의 주제로서만이 아니라 일반 신도들의 삶에 중요한 의미를 가지는 것으로, 삼위일체 교리에 대한 새로운 관심이 일어나는 것과 때를 같이 하고 있다. 이것은 또한 성부에 대한 예수의 관계 그리고 그의 생애와 사역에서의 성령의 역할에 대한 관심과도 병행되어진다.[35] 하지만 아쉽게도 이러한 저작들 중 어느 것도 하나님의 아름다움과 관련하여 우리의 주제를 중심적으로 다루고 있지는 않다. 마찬가지로 성령의 고유한 사명을 인정하는 것으로 본인이 언급한 저작들 중 어느 것도 세계를 미화시키는 성령의 사역에 대해서는 주목하지 않고 있으며, 보다 일반적으로 자연, 문화 그리고 역사에서의 성령의 임재에 대해서는 침묵할 뿐이다. 예를 들어 콩가르의 3부작이 이러한 문제들에 대해 거의 논의하고 있지 않은 사실을 주목하라.[36] 본인은 지금까지 삼위일체론에 대한 주요한 입장들을 개

---

33 Von Balthasar, *Explorations in Theology*, iii, 119.

34 Karl Rahner, "Nature and Grace," in his *Theological Investigations*, iv. trans. K. Smyth (London, 1974), ch. 7, 165-88, 특히 177 참조; Coffey, *Grace*, pt. 1, ch. 3.

35 예를 들어 Walter Kasper, *Jesus the Christ*, trans. V. Green (London, 1976) 그리고 그의 *The God of Jesus Christ*, trans. M. J. O'Connell (London, 1984)을 보라.

36 우리의 논의에 가장 관련이 있는 부분은 *I Believe in the Holy Spirit*, ii, 218-28일 것이다. 또

괄적으로 살펴보았다. 이제는 우리의 주 관심사로 돌아와서, 이러한 입장들의 차이 특히 동서방 교회 사이의 차이가 우리의 주제에 어떤 영향을 끼치는지 알아보도록 하자.


## 동방교회 대 서방교회

서로 다른 삼위일체 신학들이 우리의 주제와 가지는 연관관계는 두 가지 방향에서 물을 수 있을 것이다. 우선 우리는 이러한 다양한 신학들이 우리의 주제에 어떤 중요한 차이들을 가져오는지 물을 수 있다. 반대로 우리는 또한 성령과 아름다움 사이의 관계에 대한 성찰이 삼위일체론과 성령론에 어떤 새로운 이해의 빛을 가져오는지 물을 수도 있을 것이다. 후자의 질문은 우선적으로 성령의 사역에 대한 성찰과, 나아가 경세적 삼위일체(즉 하나님의 구원 사역에서 우리에게 계시되는 삼위일체)에 대한 성찰도 포함할 것이다. 왜냐하면 성령의 사역은 성부와 성자의 사역들에 관계될 뿐 아니라, 경세적 삼위일체가 삼위일체 그 자체 즉 내재적 삼위일체와 관계된다고 우리는 가정하기 때문이다. 우선 동방교회와 서방교회의 입장들은 각각의 장점을 가진다. 동방교회는 최근까지 성령의 인격적 사역에 대해 서방교회보다는 더 강조하여 왔다. 아마 이러한 성령에 대한 강조는 '아마' 그들의 *filiogue*에 대한 거부와 관련이 있는지도 모르겠다(하지만 이 둘 사이에 어떤 논리적 양립불가능성이 존재하는 것은 아

---

한 그의 *Word and Spirit*, ch. 8을 참조하라.

닐 것이다). 이러한 강조로 인해 동방교회는 특히 성령과 관련하여 아름다움의 신학을 발전시키는데 많은 공헌을 하였다. 반면, 조나단 에드워즈가 성령을 삼위일체 내에서의 사랑의 관계라고 본 예는 서방교회도 아름다움의 신학에 공헌하는 어떤 측면들을 가지고 있다는 것을 보여준다.

여러 동방의 신학자들은 *filioque*를 거부함에도 불구하고, 성령의 미화자로서의 역할을 성령의 말씀을 계시하는 기능에 연관시킨다. 이것은 그들이 삼위일체 내에서의 성령의 기원에 대해 추정하고자 함이 없이, 성령의 사역을 성자의 그것과 밀접한 관련 속에 두고자 하기 때문이다. 우리는 이미 에브도키모프가 성부의 말씀이며 이미지인 성자의 아름다움을 드러내는 역할을 성령에게 돌리는 것을 살펴보았다. 그는 성령을 "말씀의 빛"이라고 묘사한다. 이러한 에브도키모프의 입장은 같은 동방교회 신학자인 불가코프(Sergius Bulgakov)가 자신의 책 『성령』(*Le Paraclet*)에서 주장하는 입장에 비교될 수 있을 것이다.37 불가코프는 성자와 성령을 "2분자"(dyad)로 이름하며 하나님의 지혜가 이러한 두 위체들의 이중적 결합이라고 주장함으로써 다른 동방 정교회 신학자들보다 앞서서 나아간다. 더군다나 성령의 발생을 논의하며 그는 성령이 성자 '위에로'(on) 발생하여 그에게 머무른다고 보며, 성자의 현존은 성령이 성부로부터 발생하는데 있어 필수불가결한 조건이라고 주장한다(pp. 173f.). 하지만 그는 성령의 계시적 역할과 세계 내에서의 사명을 묘사함에 있어 에브도키모프와 유사한 견해를 주장한다. 그에 따르면 이 두 위체들은 성

---

37 특히 4장의 "The Dyad of Word and Spirit"을 참조하라.

부를 2분자적으로 드러내는데, 성자는 말씀(Word)과 내용(content)으로서 그리고 성령은 이러한 내용의 실현된 실재(the actualized reality of this content)와 아름다움(beauty)으로서 그렇게 한다는 것이다. 왜냐하면 "느껴진 진리의 실재는 아름다움이다"라고 그는 보기 때문이다(p. 176). 따라서 이 둘의 기능은 상호 보충적이며, 여기에는 일종의 "상호적 투명성"이 존재하는 것이다(p. 176). 불가코프는 이 것을 다음과 같이 표현한다: "성령은 계시의 투명성이고, 성자는 이러한 투명성 속에서 '존재하는' 자 즉 그 내용이다. 만일 말씀이 그 구체적 실재를 성령 속에서 부여받지 않는다면 그것은 단지 추상적인 관념이 될 뿐이다"(p. 182). 에브도키모프와 마찬가지로, 그는 성령을 빛에 비유한다: 우리는 빛 그 자체를 보는 것이 아니라, 그것을 통해서 태양을 보게 되는 것이다. 자연의 아름다움에 대해서 불가코프는 창조 세계를 성부가 자신의 신성한 지혜를 통해서 만드시고, 이러한 존재의 로고스이며 형상인 "말씀"을 성령이 완성하는 것으로 본다. 따라서 성령은 "세계의 예술가"인 것이다. "세계의 아름다움은 성령 즉 아름다움의 영이 사역한 결과이고, 이러한 아름다움은 기쁨 즉 존재의 기쁨이다"(p. 193). 불가코프에 있어 자연의 아름다움은 하나님의 지혜에 대한 증거이다. 왜냐하면 그것은 "신성한 지혜의 영원한 신비의 빛이 반영되는 것"이기 때문이고, "'생기 없는' 자연이 자신을 '영을 가지는' 것으로 성령에 대해 증언하고 있으며 또한 자연 그 자체가 성령의 계시이기 때문이다"(p. 194).

따라서 비록 동방 교회가 *filioque*를 성령의 영원한 발생에 대한 적절한 설명으로 받아들이지는 않지만, 성부를 드러내는 데 있어서 그리고 자연에 있어서 성령이 성자의 역할과 밀접하게 관련된 역할을 지닌다는 것에는 동의하는 것 같다. 실제로 불가코프는 성령과 성자의 관계가 고려되는 한에 있어서는, 성령의 신학을 발전시키기 위해 일종의 '실용적인' *filioque*의 입장이 불가피한 것으로 본다.[38] 신성한 지혜의 '2분자적' 본성에 대한 불가코프의 보다 사변적인 성찰을 제외한다면, 서방 신학자들은 이러한 동방 신학의 그 어떤 부분도 즉각적으로 수용 불가능한 것으로 거부하지는 않을 것 같다. 비록 서방 신학자들이 자신들의 신학을 하나님의 공통된 본질로서의 신성에서 출발하며, 결과적으로 삼위일체의 위체들이 창조와 계시에서 가지는 역할들에 대해 보다 불충분한 주의를 기울였다고 하더라도, 그것이 이러한 수용가능성을 배제하지는 않을 것이다. 서방 교회는 성령이 말씀을 조명하는 데에서 가지는 역할보다는, 성자가 성부를 계시하는 방식에 더 주목하여 왔다(그리고 아마 이것이 왜 아퀴나스와 다른 서방의 신학자들이 아름다움을 성자에게 '전유'되는 것으로 보고, 성령의 미학을 발전시키는 데에는 실패하였는가를 설명해 준다. 그들은 성령이 말씀을 계시하는 데에서 가지는 역할에 주목하는 에브도키모프의 예를 따랐어야만 했는지도 모르겠다). 하지만 그러한 성령의 미학을 발전시키면서 동시에 *filioque*의 입장을 수용하는 몇몇 서방 신학자들은 어떠한가? 이러한 *filioque*의 입장과 또한 성

---

38 Bulgakov, *Le Paraclet*, 182. 이와 유사하게, Dumitru Staniloae는 성자—성령의 관계에 대해서 "—으로부터 나아가다," "—으로부터 비추어 나오다," "—에 의해서 계시된다"는 등의 표현을 사용할 수 있다고 본다(그의 "The Procession of the Holy Spirit from the Father and his Relation to the Son, as the Basis of our Deification and Adoption," in Vischer, *Spirit of God*, 174-86 참조).

령이 성부와 성자 사이의 사랑의 관계라는 입장을 수용하는 것이 그들의 미학에 어떠한 공헌을 하였던 것일까?

이제까지 살펴본 두 서방의 신학자 조나단 에드워즈와 폰 발타자는 둘 다(특히 후자가) 성령과 아름다움을 관련시키는데 있어서 아우구스티누스의 삼위일체론에 호소한다. 에드워즈는 성령의 미화자로서의 사역이 삼위일체 내에서의 성령의 역할에서 유래하는 것으로 본다(아름다움의 이미지로서의 성자의 그것도 마찬가지이다). 그는 성령의 역할과 사명을 하모니, 동의, 일치 등을 통해서 설명하는데, 성령이 곧 신성의 하모니이며 아름다움으로서 그러한 아름다움이나 하모니를 세상에 전달하고 의사소통하는 독특한 역할을 가진다는 것이다. 폰 발타자는 하모니보다는 "게쉬탈트"(Gestalt 혹은 form: 형상)라는 개념을 주로 사용한다. 첫째로, 그는 아름다움을 형상 특히 즐겁고 광채 나는 형상으로 보며, 이것을 통해서 우리가 내용을 분별하게 된다고 주장한다.[39] 둘째로, 그는 성자가 성부의 내용(content)을 계시하는 형상(form)이라고 한다. 이러한 형상은 모든 아름다움의 미학적 모델로서, 성육화 속에서 우리에게 가시적으로 드러난다. 이 형상 혹은 게쉬탈트 속에서 하나님이 '자기 자신'을 보여주고 수여하기 때문에, '그리스도-게쉬탈트'는 하나님의 아름다움을 드러내며 동시에 모든 아름다움의 원형(archetype)이 된다는 것이다.[40] 셋째로, 그는 형상 혹은 게쉬탈트라는 개념을 매우 독특한

---

39 Hans Urs von Balthasar, *The Glory of the Lord: A Theological Aesthetics*, i, 151. 또한 그는 3권의 103페이지에서 단테에 대해 이야기하며 아름다움이 선함과 참됨의 표현적 형상(expressive form)이라고 주장한다.

40 Ibid. i, 153-4, 319, 477, 606, 609, 611.

방식으로 성령에 관계시킨다. 그에 따르면 성령은 성부와 말씀으로 부터 발생한다. "성령은 성부와 성자의 일치 속에서 이 둘을 모두 변화시키는데, 자신이 바로 이 둘의 일치이고 이러한 사실에 대한 증언이기 때문이다. 따라서 성령은 형상(*Gestalt*)과 형상화(*Gestaltung*)의 영인 동시에 사랑과 열정의 영이다. 이러한 이해 불가능한 일치 속에서, 성령은 하나님의 아름다움의 자리(locus)인 것이다."[41] 이 다소 모호하지만 풍부한 진술은 성령이 성부와 성자 서로의 자기-내어줌의 인격적 일치이며, 이러한 사랑의 열매와 충만성으로서의 성령이 이 둘을 함께 묶고 삼위일체의 형상으로 사랑을 지속되게 만든다는 폰 발타자의 보다 일반적인 입장과 관련해서 이해되어야 할 것이다.[42] 이러한 생각이 보다 과감하게 그의 성 토요일의 신학에서 제시되고 있는데, 여기서 폰 발타자는 성자가 자신의 죽음에서 하나님의 유기의 경험을 겪은 이후 지옥으로 내려갈 때 성령이 성자와 성부를 다시 사랑의 끈으로 묶는 것으로 묘사하고 있다. 이 둘의 뼈아픈 분리 속에서 "성령은 그들의 사랑을 참을 수 없는 지점까지 늘여 확장시키면서, 동시에 그들을 일치 속으로 묶는다."[43] 이

---

41 Ibid. 494.

42 폰 발타자의 성령론에 대해서는 *The Glory of the Lord*와 *Prayer*, trans. A. V. Littledale (London, 1961) 등에 분산되어 있는 논의 이외에도, 그의 *Explorations in Theology*, iii-iv와 *Theologik* iii: *Der Geist der Wahrheit* (Einsiedeln, 1987)에 나오는 에세이들을 참조하라. John Randall Sachs의 박사학위 논문 *Spirit and Life: The Pneumatology and Christian Spirituality of Hans Urs von Balthasar* (Tübingen, 1984)는 매우 유용하지만, 폰 발타자의 *Theologik*을 연구에 포함시키기에는 너무 일찍 쓰였다.

43 "Mysteries of the Life of Jesus (IV): Jesus' Death on the Cross – Fulfillment of the Eternal Plan of God," in *The von Balthasar Reader*, ed. M. Kehl and W. Löser, trans. R. J. Daly and F. Lawrence (Edinburgh, 1982), 149. 또한 다음을 참조하라. *The Glory of the Lord*, vii, 214, 389; John J. O'Donnell, SJ, "The Doctrine of the Trinity in Recent German

러한 역할은 결혼 서약의 예를 통해서 설명될 수 있을 것이다. 이 서약은 두 사람의 사랑의 주관적 '내용'인 동시에 객관적 '형태'이다. 폰 발타자는 또한 뮐렌(Heribert Mühlen)이 제공하는 예를 언급하며, 인격적인 관계가 보다 발전하면 "나─너"(I─You)의 관계가 "우리" (We)에 의해 초월되어지는 것처럼 성령이 이러한 "나─너"를 넘어 서는 성부와 성자의 "우리"의 인격적 관계라고 말한다.[44] 그는 계속 해서 이러한 사랑의 관점에서 성령의 사역을 설명한다. 그는 성부 와 성자 사이에서 충만하게 넘쳐 흘러나오는 상호적 사랑이 성령의 사역에 있어 영원토록 결실할 수 있게 하는 원천이라고 본다. 사랑 그 자체인 성령은 우리 속에서의 이러한 사랑의 활동에서 분리될 수 없는데, 하나님은 그 자신을 성령으로 부어냄에 있어서 우리 마 음속에 주어진 바로 그 사랑이기 때문이다.[45]

폰 발타자의 성령의 계시적 역할과 사명에 대한 논의는 자신의 삼위일체 신학에 비해서는 훨씬 두드러지지 않고 있다. 그는 성령 의 구속적 역할에만 집중하며, 자연의 아름다움이나 예술적 영감 등에 대해서는 별로 논의하지 않고 있다. 사치스(J. R. Sachs)는 폰 발 타자의 신학적 미학에 있어 성령은 우리에게 예수 그리스도의 '게 쉬탈트'를 보고 이해하게 만들며, 그것에게로 우리를 이끌고, 그 형

---

Theology," *Heythrop Journal*, 23 (1982), 153-67, 특히 156-7; 그리고 John Saward, *The Mysteries of March: Hans Urs von Balthasar on the Incarnation and Easter* (London, 1990), ch. 8.

44 Von Balthasar, *Explorations in Theology*, iii, 126-7. Ch. *Theo-Drama: Theological Dramatic Theory*, ii, *Dramatis Personae: Man in God*, trans. G. Harrison (San Francisco, 1990), 256-7 참조.

45 *Explorations in Theology*, iii, 132.

상이 지닌 생명-부여적인 힘을 통해서 우리를 변화시키는 역할을 한다고 올바르게 지적한다.[46] 성령을 통해서 우리는 그리스도의 죽음과 부활이 영화롭고 자기-희생적인 하나님의 사랑의 계시라는 것을 알게 되며, 이러한 신비의 실재 속으로 인도되는 것이다. 그리고 우리는 자신의 삶 속에서 열매를 맺음으로써 우리에게 주어진 그 영광을 '영화롭게' 하도록 힘을 얻는 것이다. 따라서 폰 발타자는 우리에게 성령의 은총이 계시의 형상을 이해하고 맛보는 능력을 창조하고, 그의 사랑이 하나님을 인식하고 맛볼 수 있게 하는 '감각기관'(sensorium)을 우리에게 부여한다고 말하는 것이다.[47] 또한 성령은 성자를 증거하며, 말씀을 설명하며, 신자들로 하여금 그리스도를 보고 만나도록 인도한다.[48] 성자는 성육화에서 한 개인의 형상을 가지지만, 성령은 구속된 전 우주를 이러한 형상과 하모니 속에 있도록 가져온다. 따라서 만약 성자가 하나님의 '표현'(ex-pression: 밖으로 드러냄)이라고 한다면, 성령은 하나님의 '감동'(im-pression: 안으로 드러냄)의 역할을 가진다.[49] 이것은 우리에게 이미 친숙한 입장이다. 폰 발타자는 비가시적인 성령이 성부의 가시적인 이미지인 성자를 우리가 볼 수 있도록 인도하고, 그를 닮아가도록 우리를 갱신시킨다는 서방과 동방 교회 공통의 가르침을 전달하고 있다.

이제 우리는 논의들을 돌아보며 이러한 신학자들이 아우구스티누스주의 전통에 호소하는 것이 과연 그들의 논의에 있어 본질적인

---

46 Sachs, *Spirit and Life*, 204-5.
47 Von Balthasar, *The Glory of the Lord*, i, 247, 249.
48 Ibid. i, 155, 319, 494, 605-6.
49 Ibid. ii, 116, 348.

것인지 그리고 그것이 그들의 신학적 미학에 유용한 것인지를 살펴보도록 하자. 그들은 단지 자신들이 물려받은 모델을 이용하고 있는 것인가, 아니면 그것을 어떤 구체적인 방향으로 발전시키고 있는가?

조나단 에드워즈의 경우는 보다 단순하여서 그의 아름다움에 대한 정의가 가지는 한계점에 대한 질문을 제기하는 동시에, 세상적 아름다움이 왜 삼위일체의 하모니에서 유래해야 하는지 묻게 만든다. 우선 전자의 경우, 우리는 모든 아름다움이 하모니, 동의, 합의의 문제로 여겨질 수는 없다는 사실을 주목해야 할 것이다. 이미 오래 전에 플로티누스(Plotinus)는 색깔, 태양의 빛 그리고 황금 같은 것들이 '균형적 대칭'(symmetry)으로서의 아름다움이라는 정의에는 잘 들어맞지 않는다고 지적하였다(*Enneads*, i. 6. 1). 또한 우리는 하모니의 개념이 이미 아름다움의 개념을 포함한다고 주장할 수도 있는데, 왜냐하면 우리는 어떤 것이 아름답다는 것을 발견하게 되면 그것을 그 사물의 하모니라고 부르기도 하기 때문이다. 더군다나 다른 아름다움에 대한 설명들이 다른 삼위일체 신학들과 자연스럽게 연결될 수도 있을 것이다. 예를 들어 플로티누스와 신플라톤주의자들에게서 발견되는 빛의 예는 ─여기서 우리는 성령과 조명의 관계를 다시금 주목할 수 있다─ 에브도키모프에게 영향을 주었으며, 에드워즈 자신도 그의 『삼위일체에 관한 에세이』(*Essay on the Trinity*) 마지막 부분에서 태양을 피조물 가운데 발견되는 삼위일체의 이미지 중의 하나로 포함시킨다. 그는 태양의 실체 혹은 내적 구성을 성부에, 그 밝음 혹은 영광을 성자에 그리고 그 빛의 줄기 혹은 광선을 성령에 상응하는 것으로 보고 있다. (하지만 그는 예를 들어 광선은 태양의 실체와 그 밝음 둘 다에서 발생한다고 보는 식의 filioque의 입장을 가지고 해석하지는 않는다.) 사실 이러한 에드워즈의 유비의 예는 이미 몇몇 초기 교부들에서 발견되는데,[50] 이것에 대한 동방 신학의 삼위일체론적 해석도 동일하게 가능할 것이다.

비록 아름다움이 에드워즈가 제안하는 방식으로 정의된다 하더라도, 우리는 세계 내에서 발견되는 하모니의 여러 예들이 왜 삼위일체 자체의 하모니에서 유래되어지는지 묻고자 할 것이다. 우리는 이보다 더 온건한 주장, 즉 삼위일체의 하모니로서의 성령과 세계의 하모니로서의 아름다움 사이에는 유비적 관계가 존재하지만 전자가 후자에 대해 어떤 구체적인 인과적 역할을 가지는 것은 아니라고 주장할 수도 있기 때문이다. 하지만 에드워즈는 여기에 대한 자신의 대답을 제공한다: 성령이 그러한 역할을 수행하는 것은 적절한데, "만약 창조자의 아름다움이며 기쁨 그 자체인 성령이 아니라면 누가 모든 만물들에게 적절하게 그 감미로움과 아름다움을 수여하는 역할을 가질 수 있단 말인가."[51] 성령은 하나님의 아름다움과 하모니로서 존재하기 때문에 그리고 세계의 아름다움은 그러한 아름다움의 의사소통이며 전달이기 때문에, 세계 내 아름다움은 성령의 임재에 의존한다고 말할 수 있다는 것이다. 그러나 이러한 그의 대답은 성령이 상호적 사랑이며 따라서 어떤 의미에서는 삼위일

---

50 예를 들어, Tertullian, *Against Praxeas*, ch. 8.

51 Edwards, *Essay on the Trinity*, 98. 또한 그의 *Miscellanies* §293 그리고 *The Mind* 45: 9를 참조하라.

체의 하모니임에도 불구하고, 그것이 단지 세계적 아름다움의 원천으로서의 하나님의 아름다움에 동일시되고 환원되는 것은 아닌지 의문을 제기한다.

폰 발타자의 입장은 보다 미묘하다. 성령의 계시적 기능과 사명에 대한 그의 논의 대부분은 동방과 서방 교회 모두에게 동일하게 수용될 수 있다. 만약 성령의 사역의 한 부분이 미화자가 되는 것이고, 또한 미화는 '형상'을 부여하는 것과 관련된다면, 성령은 '형상화의 영'으로 불릴 수도 있다. 동방 신학자들에게 있어서 문제는 폰 발타자가 성령은 삼위일체의 형상으로서 성부와 성자를 함께 묶는 상호적 사랑이라고 주장하며, 따라서 성령이 계시와 구원에서 가지는 역할은 삼위일체 내에서의 성령의 역할을 거울처럼 반영한다고 보는 데 있다. 하지만 폰 발타자와 많은 서방 신학자들은 이러한 입장이 오히려 장점을 지닌 것으로 본다. 왜냐하면 성자와 성령의 세계 내 사역들은 밀접하게 관련시키면서도 삼위일체 내에서의 그들의 존재를 관계시키기를 거부하는 것은 일관되지 못하다고 생각하기 때문이다. 폰 발타자는 위체들의 외적 관계들은 삼위일체의 내적 삶을 반영하는 것으로 묘사하고 있는 보나벤투라에 대해 논의할 때 이러한 견해를 제시한다.[52]

우리는 여기서 동방교회와 서방교회를 분열시킨 삼위일체 신학의 근본적인 문제를 직면하고 있다. 만약 서방교회의 입장에 장점이 있다면, 그것은 신학적 미학의 영역에로 확장되어야 할 것이다. 하지만 신학적 미학에서 폰 발타자의 입장을 선호할 어떤 이유가

---

52 Von Balthasar, *The Glory of the Lord*, ii, 291.

있는 것일까? 또한 이 입장에도 에드워즈의 경우처럼 유사한 질문이 제기되어질 수 있지 않을까? 만약 성령이 성부와 성자를 함께 묶는 삼위일체의 형상이라고 한다면, 여기서부터 세계의 아름다움은 삼위일체의 형상 혹은 아름다움으로부터 유래된다는 결론이 따라 나오게 되는 것일까? 이 문제에 대한 폰 발타자의 입장은 에드워즈의 그것보다는 보다 미묘한데, '형상' 혹은 '게쉬탈트'라는 개념이 하모니의 개념보다는 더 신축성을 가지기 때문이다. 그리고 성부와 성자 사이의 사랑으로서 존재하는 성령이 우리의 마음속으로 넘쳐 흘러 들어오게 된다는 그의 진술은 자연스럽게 신성의 아름다움이 (성령은 이 아름다움의 자리 즉 locus이다) 사물들의 즐겁고 빛나는 형태들 속으로 마찬가지로 넘쳐흘러 들어가게 된다는 것을 유비적으로 제안한다.

폰 발타자와 에드워즈는 서방교회의 삼위일체론을 자신들의 신학적 미학 속에서 새로운 방식으로 사용하고 있는 것 같다. 그들은 아름다움을 특히 성자에 관련시키는 서방의 주도적인 전통에 깊은 영향을 받았지만, 단지 여기에 자신들의 논의를 제한시키지 않고 그들 고유의 삼위일체론적 미학 이론을 발전시켰다. 이러한 삼위일체론적 미학은 성령에게 중요한 역할을 부여함으로써, 단지 성자에게 아름다움을 '전유'시키는 데서 오는 빈곤화를 피할 수 있었다.

따라서 우리는 지금까지 살펴본 신학자들을 통해서 크게 두 입장의 분별할 수 있게 된다. 서방교회적 입장은 성령이 삼위일체의 하모니 혹은 하나님의 아름다움의 자리로서, 세계 속으로 넘쳐흘러 나온다고 본다. 보다 직선적인 동방교회적 입장은 세 위체들 모두에게 아름다움을 돌리지만, 삼위일체 내에서의 역할에 따라 각각 서로 다른 방식으로 아름다움과 관계된다고 본다. 성부는 아름다움의 원천이며, 성자는 성부의 온전한 이미지 혹은 복제로서 하나님의 영광을 발산하고(골 1:15, 히 1:3, 고후 4:6), 성령은 세계 속으로 이 영광과 이미지를 영원히 드러내고 비춘다. 성령은 이러한 자신의 세계에 대한 사역을 통해서 하나님의 계시를 전달하고 완성하며, 아름다움을 창조한다. 따라서 우리에게 있어서 성령이 바로 삼위일체의 "접촉점"(point of contact)인 것이다.53 비록 아우구스티누스주의 전통의 모델과는 다른 방식이기는 하더라도 이 모델도 또한 성자와 성령의 역할들을 구원사에서 밀접히 관련시키고 있는 것이다.

본인은 우리의 미학적 문제에 대한 성찰이 이 두 입장 중 어느 하나를 선택하게 만든다고 생각지는 않는다. 이 둘 모두는 하나님의 아름다움을 인정하며, 성령의 미화자로서의 사명을 인식하기 때문이다(동방과 서방 교회는 성령의 사역에 대해서나, 혹은 성자의 사역과 성령의 사역이 가지는 관계에 대해서 크게 의견을 달리하지는 않는다). 동방과 서방의 차이는 성령이 성부와 성자의 사랑의 관계라는 아우구스티누스의 가르침을 서방교회에서 수용한다는 것 그리고 동서방 교회들 사이의 *filioque*에 대한 논란에 놓여있는 것이다. 이러한 문제를 해결하려는 시도는 이 연구의 범위를 훨씬 넘어서는

---

53 이 표현은 Kilian McDonnell이 사용한 것으로, 그의 "The Determinative Doctrine of the Holy Spirit," 149-50을 보라. 하지만 그는 이것을 아름다움의 신학이라는 맥락에서 사용하지는 않는다. 또한 그는 Basil의 *Letter* 38. 4 (*PG* 32: 332c)를 인용하며, 삼위일체를 한 쇠사슬에 비유한다. 이 쇠사슬 한 쪽을 잡으면 다른 한 쪽도 같이 당겨져서, "성령을 당기는 자는… 그것을 통해서 성자와 성부를 함께 끌어당기게 된다." 그의 "A Trinitarian Theology of the Holy Spirit," *Theological Studies*, 46 (1985), 191-227을 참조하라.

것으로, 지난 천 년 동안 여기에 대해 계속적으로 논쟁이 일어났고 우리 시대에 와서는 교회 일치적 관심으로 인해 보다 건설적인 논의가 이루어지고 있는 실정이다.[54] 우리는 이 두 입장을 라이벌로 여기기보다는, 서로 다른 신학적 대안들로 보는 것이 나을 것이다. 그들 모두가 성령의 다양한 역할들, 특히 계시의 완성자이며 전달자로서의 역할과 하나님의 삼위일체적 삶의 접촉점으로서의 역할을 자신들의 모델 속에 수용하고자 노력한다.[55]

결론적으로, 동방과 서방은 둘 다 우리의 관심사인 성령과 아름다움의 연관관계를 자신들의 삼위일체적 논의에 수용할 수 있는 신학들을 제공하고 있다. 하지만 우리는 그러한 신학들이 그 자체로는 아주 추상적일 수밖에 없다는 것을 또한 지적해야만 할 것이다. 도대체 어떻게 지상적 아름다움이 그리스도의 아름다움을 반영하고 있단 말인가? 그리고 어떻게 성령이 세계 내에서의 하나님의 아름다움의 반영을 보존하기 위해 활동하는 것인가? 따라서 우리는 이러한 보다 일반적인 신학적 토론에서 방향을 돌려서, 성령이 인간의 경험 속에서 미화자로서 '아주 구체적으로' 만져지고 경험되는 곳을 살펴보고자 한다. 즉 그것은 다름 아닌 '영감'(inspiration)이

---

54 예를 들어 Vischer, *Spirit of God*를 보라. 여기의 기고자들은 대부분 *filioque* 문제에 집중하고, 이와 관련하여 성령이 성부와 성자의 사랑의 관계라고 보는 아우구스티누스주의 전통의 입장에는 별로 주목하지 않고 있다. 하지만 이 후자의 문제가 에드워즈와 폰 발타자에 있어서는 훨씬 중요한 주제로 여겨진다.

55 본인은 이 점에 있어 아직 출판되지 않은 Sarah Coakley의 논문에 도움을 받았다. 또한 그녀의 "Why Three?," in Sarah Coakley and David A. Pailin (eds.), *The Making and Remaking of Christian Doctrine: Essays in Honour of Maurice Wiles* (Oxford, 1993), 29-56을 참조하라. 여기서 코클리는 성령에 대한 독특한 경험이 동방교회와 서방교회의 교리적 전통 둘 다를 형성시키는데 도움을 주었다고 주장한다.

라는 주제이다. 그런 이후에 우리는 어떻게 지상적 아름다움이 하나님의 아름다움을 반영할 수 있는지 고찰할 것이다. 이렇게 함에 있어 우리는 그 봉우리가 안개로 자욱한 교리신학의 산으로부터 내려와서, 인간 경험이라는 보다 햇빛이 많은 평원으로 내려오고자 하는 것이다.

# 제 5 장
# 영감과 상상력

우리는 성령과 미학 사이에 다리를 놓을 수 있는 개념을 영감에서 가지게 된다. 앞의 장에서 논의된 삼위일체 신학의 몇몇 용어들과는 달리, 그것은 일상의 삶과 대화에서 종종 사용되는 것이다. 사람들은 자신이 예측하거나 계획하지 않은 일을 하게 되면서 혹은 자신이 의도했던 것 이상의 것을 만들어내게 되면서 자신을 초월하는 어떤 신비한 경험을 하게 된다. 여기에 대해 예술가, 작가, 혹은 음악가뿐 아니라 과학자나 혹은 창조적 직업에 종사하는 이들이 자신들의 실례로서 증거하고 있다. 아마 가장 잘 알려진 예 중의 하나가 헨델의 『메시아』 작곡이다. 그는 이것을 단지 3주 만에 마쳤는데, 마치 하나님의 방문을 받아서 신들린 사람처럼 썼다고 전해진다. 그래서 그는 이후에 이 작품을 연주하며 돈 받기를 한사코 사양하였다. 이것을 작곡한 이는 사실 자신이 아니라고 느꼈기 때문이다.[1]

많은 종교적 신자들은 이러한 현상을 하나님의 선물로서 여기며, 여기에 대한 감사의 태도를 가지는 것이 적절하다고 생각한다. 왜냐하면 하나님의 능력이 인간의 능력 밖에 놓여있는 일을 가능하게 만들었다고 믿기 때문이다. 몇몇은 예술가가 영감에 의지하는 것과 성자가 은총을 필요로 하는 것 사이에는 일종의 병행관계가 있다고 주장한다.2 이들 모두는 이러한 선물을 받기 전에 메마름의 시간을 견뎌야 했으리라. 더군다나, 이 두 경우 모두에 있어 기독교인들은 성령의 사역에 호소한다. 다른 몇몇 종교들도 이와 유사한 개념들을 사용하는데, 아마 서양의 문화에 있어 가장 친숙한 예는 고대 그리스 종교에서 예술에 영감을 부여하는 것으로 여겨진 뮤즈에게 호소한 일이다. 그리스 종교는 이외에도 아폴로 신과 지혜의 여신 아테나에게 호소하기도 하였다. 이러한 뮤즈에 대한 호소는 그리스 종교의 죽음 이후에도 남게 되었는데, 종종 성령에 대한 호소와 연관되기도 했다. 그래서 밀턴은 자신의 『실낙원』을 "천상의 뮤즈"(6행)에 대한 호소로 열고 있으며, 17행에 와서는 이를 "오 성령이여"로 전환한다. 그는 또한 7권에서 지혜를 뮤즈 중의 하나인 우라니아의 동반자로 묘사하기도 한다. 마지막으로 그의 『복낙원』에 와서는 밀턴은 순전히 성령에게 호소한다.3 마찬가지로 단테는 뮤즈, 미네르바 그리고 아폴로의 인도를 구한다(예를 들어 *Paradiso*, ii. 8*f*). 그의 『낙원』 처음 부분에서 단테는 지금까지는 파르나소스

---

1 Stefan Zweig, *The Tide of Fortune: Twelve Historical Miniatures*, trans. E. and C. Paul (London, 1940), ch. 4 참조. Rosamond E. M. Harding은 자신의 *An Anatomy of Inspiration* (2nd edn., London, 1967)에서 그러한 많은 예들을 제공하고 있다.

2 Étienne Gilson, *L'École des muses* (Paris, 1951), ch. 9.

3 본인은 여기서 아직 출판되지않은 논문 Noel O'Donoghue의 "The Heavenly Muse and the Holy Spirit"에 많은 도움을 받았다.

의 봉우리(뮤즈들이 거주하는 장소) 하나만이 필요했으나 이제는 둘째로 아폴로의 봉우리가 필요하다고 말하고 있다(i. 13-18). 우리는 이러한 시인들이 정말 뮤즈들이 존재한다고 믿었는지 알기 힘들 것이다. 하지만 어떤 이들은 뮤즈가 사실상 고대인들이 성령에 부여한 이름이라고 주장한다. 그래서 자연과 문화 속에서의 성령의 역할에 대한 몇 안 되는 논의 중 하나에서 페도토프(G. Fedotov)는 "뮤즈는 고대의 시인들이 그 이름이 알려지지 않은 성령(*Ruah*)을 지칭하기 위해 사용한 일종의 익명이었다"고 주장한다.[4]

본인은 성령의 사역을 단순히 영감을 부여하는 것과 동일시할 수는 없다고 생각한다. 왜냐하면 영감이라는 용어는 창조성 혹은 독창성과 같은 함의들을 가지게 된 반면, 성령의 사역은 은총의 현존을 가리킬 뿐 아니라 부정적 측면에서 지혜롭지 못하고 나쁜 행동으로부터 우리를 삼가게 만드는 인도하심까지 포함하기 때문이다. 더군다나 세속적 세계에서 영감으로 여겨지는 많은 것들 중에는 종교인들에 의해 받아들여질 수 없거나 혹은 악마적 영감으로까지 여겨질 수 있는 것들도 있기 때문이다. 이 장에서 본인은 영감에 대한 보다 정확한 정의를 제공하고자 하며, 그것이 성령과 가지는 연관관계를 설명한 후에, 상상력이 가지는 위치에 대해 살펴보고자

---

4 G. Fedotov, "De L'Esprit Saint dans la nature et dans la culture,"*Contacts*, 28 (1976), 212-28. 인용문은 218페이지를 보라. 그는 계속해서 시인에게 영감을 주는 힘은 그를 찢어놓을 수도 있고, 악령들이 영감의 성스러운 원천을 오염시킬 수도 있다고 경고한다. 불가코프는 보다 복잡한 입장을 취한다. 그는 뮤즈나 고대의 신들을 하나님으로부터 유래하는 "영감의 자연적 은총" 즉 성령의 표현으로 본다. 하지만 이것은 진정한 하나님의 영감이라기보다는 그것에 대한 수용능력에 가깝다고 그는 주장한다. S. Bulgakov, *Le Paraclet* (Paris, 1946), 203-8.

한다. 또한 본인은 우리가 영감을 설명할 수 있는지(혹은 설명해 '버릴' 수 있는지) 고려하고자 한다.


## 영감의 본질

불행하게도 최근 몇 세기 들어서 영감의 개념에 대한 고려는 매우 제한된 범위에서 이루어지고 있는 것 같다. 기독교 신학자들은 주로 성서적 영감의 문제에 관여하여 왔다. 성서의 권위(특히 그것의 진리)는 거의 두 세기 동안 중심적인 문제였기 때문에, 그들은 종종 아주 지성주의적 견해를 발전시켜 왔으며 영감을 하나님의 지도나 가르침 혹은 마음의 조명으로 이해하였다. 세속의 작가들은 영감에 대한 질문을 소위 '창조성의 심리학'이라고 불리는 측면에서 접근하였으며, 예술가나 작가 그리고 창조적 과학자들에 있어서 그들의 독창성의 원천을 밝혀내는 것으로 생각하였다. 이렇게 논의의 폭을 제한시킴으로써, 사람들은 편식을 피하고 다양한 예들을 고려하는 것이 유익하다는 비트겐슈타인의 충고를 무시하며 그 개념을 빈곤하게 만들어 버렸다.5 이러한 빈곤화의 경향은 영감을 지나치게 단순한 설명의 패턴에 끼어 맞추려 시도함으로써 더욱 심화되어 졌다(본인은 여기에 영감의 개념을 단지 창조성의 설명으로 보거나, 영감 자체에 대한 이런 식의 설명을 포함하고자 한다). 종교적 혹은 세속

---

5 "철학적 질병의 주요한 원인들 중 하나는 일방적인 편식에 있다: 사람들은 자신의 사고를 위해 오직 한 가지 종류의 예를 섭취하는 것이다." Ludwig Wittgenstein, *Philosophical Investigations*, trans. G. E. M. Anscombe (Oxford, 1968), pt. 1, §593.

적 작가들 모두에게 있어서 영감이 단지 심리적 과정이라고 보는 경향이 지배적으로 퍼져가고 있으며, 그 심리적 기원을 하나님의 개입이나 혹은 무의식적 마음의 작용 둘 중 하나에 종속시키고 있다. 하지만 관련된 너무도 많은 요인들이 아직 알려지지 않고 있기 때문에, 영감은 거의 "블랙 박스" 혹은 "우리가 모르는 어떤 것"으로 간주되고 있다. 따라서 하딩(Rosamond Harding)은 예술가나 과학자 사이에서 발견되는 영감에 대한 그녀의 흥미로운 연구를 다음과 같은 정의로 결론내리고 있다: "영감은 과학자나 예술가의 마음의 작용이 어떤 긴장에 갇혀지게 되는 구체적인 순간에… 우발적으로 작용하는 어떤 알려지지 않은 요인의 결과라고 정의되어질 수 있을 것이다."6 이러한 정의는 여러 이유에서 부적절해 보인다. 하지만 여기서 지적되어져야 할 가장 중요한 약점은 그녀의 설명이 사람들이 '영감을 받은' 것으로 묘사하는 생각들이나 작품들이 가지는 '특질'(quality)에 대해 아무것도 말하지 않고 있다는 것이다. 하딩의 정의는 천재의 뛰어남뿐만 아니라 평범함이나 사소함도 동일하게 포함하게 되는 것이다.

따라서 우리는 영감에 대한 보다 풍부하고 완전한 개념을 필요로 하는 것 같다. 본인은 우리가 앞에서 언급한 두 주제, 즉 성서적 영감과 예술적 혹은 과학적 독창성은 보다 큰 전체에서 떨어져 나온 일부분이라고 생각한다. 이보다 큰 전체가 바로 '창조의 교리'라고 본인은 제안하고 싶다(다음 장에서 본인은 이것이 계시의 교리와 가지는 관계에 대해 논할 것이다). 창조론에 따르면, 남자와 여자는 하나

---

6 Harding, *Anatomy*, 102.

님의 형상과 이미지를 따라 만들어졌다. 어떤 신학자들은 인간의 창조성이 곧 하나님의 창조적 능력에 대한 닮은꼴이고, 나아가 하나님의 에너지와 목적에 참여하는 것이라고 제안한다.[7] 이러한 창조성의 결과물들은 단지 예술작품뿐만 아니라 자녀들, 곡식, 정원, 과학이론 그리고 우리가 소위 '지적 재산'이라고 부르는 많은 다른 형태들을 포함한다. 보다 전통적인 신학적 표현을 빌리면, 하나님은 이러한 것들의 창조에 있어 "이차적 원인"(secondary cause)으로서의 인간을 통해 활동하시는 것이다. 또한 우리는 여기에 대해 "도구적 원인"(instrumental cause)이라는 표현을 사용할 수도 있을 것이나, 이것이 기계적 결정주의나 혹은 하나님이 인간의 영혼을 조정함으로써 결과적으로 인간의 자유가 상실되는 것을 의미하지는 않는다는 것을 기억해야 할 것이다. 이러한 여러 경우에 있어서, 영감은 하나님이 자신의 영을 통해 우리가 하나님의 창조성을 공유할 수 있도록 만드는 한 방식이라고 본인은 제안하고자 한다. 예를 들어, 하나님은 우리의 창조적 능력 속에서 그리고 그것을 통해서 활동하심으로써, 우리가 하나님 자신의 아름다운 창조물을 모방하고 그것을 발전시키도록 도우신다. 휴고(Victor Hugo)가 간결하게 표현하듯, "자연은 하나님의 즉각적 창조물이고, 예술은 하나님이 인간의 마음을 통해서 창조하시는 것이다."[8] 나아가 우리는 하나님이 종종

---

7 Roger Hazelton, *Ascending Flame, Descending Dove: An Essay on Creative Transcendence* (Philadelphia, 1975), 117*f.* (이 저작은 Berdyaev의 입장에 기초하고 있다). 또한 Peter D. Ashton, "The Holy Spirit and the Gifts of Art," *Theological Renewal,* 21 (July 1982), 12-13을 참조하라. 제2차 바티칸 공의회는 결혼생활에서의 아이의 생산을 우리가 하나님의 창조적 활동에 참여하는 한 방식이라고 본다. *Gaudium et Spes* §50, in Walter Abbott (ed.), *The Documents of Vatican II* (London, 1966), 254를 보라.

아름다움을 창조하시는 데 있어서 자연의 다른 생물들을 "이차적 원인"으로 사용하시기도 한다는 것을 지적할 수 있다. 예를 들어 하나님은 산호 벌레들을 통해서 산호를 창조하신다. 물론 인간의 창조적 능력은 무시되어지거나, 억제되거나, 착취되거나, 혹은 반복적이고 지루한 방식으로 사용될 수도 있다. 이것이 놀라운 방식으로 확장되거나 고양되어질 때 우리는 영감에 대해 이야기하게 되는 것이다.

그러나 이 문제를 고찰하기 이전에 본인은 영감의 본질에 대해 종종 무시되어지는 중요한 두 가지 근본적인 사실들을 강조하고자 한다. 첫째로, '영감'이라는 용어는 문자적으로 '불어 올리다' 혹은 '호흡을 불어넣다'를 의미하는 것으로, 심리학이나 신학 둘 다에 있어 기술적인 개념은 아니라는 것이다. 둘째로, 본인은 하딩에 대한 본인의 비판에서 영감이 사물들의 구체적 특질, 특히 그것들의 아름다움, 선함, 진리뿐 아니라 출처에 대한 판단을 나타내는데 사용된다고 주장하였다. 이 두 가지 사실 모두에 있어 '영감'은 '계몽'(enlightenment)이라는 용어와 유사한 측면들을 가진다.

본인의 첫 번째 주장은 사전에서 *epipneō, epipnoia, inspiro, inspiratio* 그리고 *afflatus* 등의 그리스어와 라틴어 용어들의 용법을 비교해보면 알 수 있다. 우리는 또한 영감이라는 말이 또 다른 중요하면서도 풍부한 의미를 지닌 용어인 '영'(spirit)과 밀접하게 연

---

8 *Philosophie* I. 265. 이것이 Monroe C. Beardsley, *Aesthetics from Classical Greece to the Present: A Short History* (Alabama, 1966), 262에 재인용되고 있다. 또한 헤겔은 하나님이 영적인 존재자로서의 예술가를 통해 일하신다고 보지만, 우리가 이미 2장에서 살펴보았던 것처럼 불행하게도 자연의 아름다움에 임재하시는 하나님에 대해서는 그리 주목하지 않는다.

관이 되어있다는 사실에 주목해야 할 것이다. 후자는 원래 히브리어, 그리스어, 라틴어에서 '바람' 혹은 '호흡'을 의미하였는데, 성서의 많은 부분에서 이러한 연관관계가 의도적으로 강조되고 있다. 본인이 다른 글에서 강조한 것처럼[9] 만약 성서가 '하나님의 영'을 사람들을 "통해 불고" 침투하는 힘으로서 어떤 특별한 능력을 부여하거나 확장시키며 특히 마음의 변화를 가져오는 것으로 보고 있다면, '영감'은 원래 이런 종류의 힘을 부여하는 것이라고 이해되었을지도 모른다. 불행하게도 '영'은 이제 대부분의 사람들에 의해 죽은 메타포로 간주되고 있다. 많은 현대의 철학자와 신학자는 그것이 지닌 다양한 역사적 배경이나 함의에 대한 고려 없이 영을 단순히 비물질적 실체 혹은 비육체적 인격으로 정의한다. '영감'이라는 말 또한 같은 운명을 지니는 것 같다. 그것은 오늘날 종종 격려 혹은 자극과 동의어로서 사용된다. 심리주의자들의 해부용 칼이 철학자나 신학자들이 '영'에 대해 행한 것을 '영감'에 이제 하고 있는지도 모르겠다! 하지만 시인과 예술가의 살아있는 경험이 최소한 이러한 진부화의 과정을 늦출 수는 있을 것이다. 예를 들어, 셸리(Shelley)는 자신의 『시의 변증』(*A Defense of Poetry*)에서 영감에 대해 논의할 때 이 용어가 지니는 메타포적인 성격을 잘 인식하고 있었다: "창조의 마음은 사그라지는 석탄과도 같아서, 일정하지 않은 바람과 같이 어떤 보이지 않는 영향이 그것을 잠시 반짝이도록 일깨운다."[10]

이러한 성찰은 영감이라는 용어에 대한 어떤 정확한 정의를 추

---

9 본인의 *Spirit, Saints and Immortality* (London, 1984), 2장을 보라.
10 *Shelley: Selected Poetry, Prose and Letters*, ed. A. S. B. Glover (London, 1957), 1050.

구할 수는 없다는 것을 드러낸다. 또한 우리는 그것이 종교적이든 세속적이든 영감이 단일한 어떤 본질을 지닌다고 생각해서도 안 될 것이다. 나아가 그것은 어떤 유일한 활동방식을 지니지도 않는 것 같다. 어떤 때는 영감 받은 사람이 마치 누가 그들을 통해 활동하는 것처럼 외적 힘에 의해 사로잡힌 것처럼 행동하다가도,11 어떤 때는 그것이 순간적인 인식의 투명성에 더 가깝고(아마 긴장의 시기 이후에 이것이 찾아올 것이다) 그리고 어떤 때는 그것이 어둡고 마음을 뒤흔드는 힘으로 다가온다고 느꼈다. 본인이 나중에 보여주게 될 것처럼, 어떤 경우든 영감이라는 말은 최근보다는 과거에 더 폭넓은 함의를 지녔었다. 따라서 우리는 그 의미를 기술적으로 축소시키는 경향에 저항해야 할 또 다른 이유가 있는 것이다.

본인이 하고자 하는 두 번째 주장은 어떤 사람이나 사물이 영감을 받았다고 묘사하는 것은 그러한 특질들에 대한 우호적인 판단을 하는 것이라는 사실이다.12 이것은 우리가 영감 받은 결정 혹은 추측이라고 말하는 경우에서처럼, 보다 사소하고 파생적인 의미에서 말할 때에도 마찬가지이다. 고용주가 만든 '영감 받은 결정'은 직업을 찾고 있는 우수한 인재를 발견한 것을 가리킬 것이다. 또는 선물

---

11 그래서 J. W. Cross의 보고에 따르면 George Eliot은 자신에 대해 이렇게 말한다: "그녀의 가장 좋은 글들에 있어 그녀를 지배하고 있던 것은 '그녀 자신이 아니고,' 자신은 단지 이 영이 활동하도록 도구처럼 사용되어진다고 느꼈다." J. W. Cross, *George Eliot's Life, as Related in her Letters and Journals*, Leipzig, 1885, iv, 280-1.

12 비트겐슈타인은 이러한 본인의 일반화에 다음과 같은 예외가 있을 수 있다고 지적한다: "이것이 악마에 대한 믿음이 의미하는 것이 아닐까? 우리에게 영감으로 오는 모든 것들이 선한 것으로부터 오는 것은 아니지 않는가?" *Culture and Value*, trans. Peter Winch (2nd edn.; Oxford 1980), 87. 하지만 본인은 이제 악마와 싸우지 않고도 우리들의 접시 위에 충분히 많은 재료들을 가지고 있다고 생각한다!

을 찾고 있는 어떤 사람에게는 적합한 선물을 발견하는 것이다. 반대로, 어떤 이가 전혀 '영감을 받지 못한' 자로 비판되는 것은 그가 지루하거나, 진부하거나, 상상력이 부족한 것을 가리킬 수 있다. "연공서열에 의한 승진"의 전략을 택하는 것은 고용인들의 승진에 있어 영감을 주지 못하는 선택이 될 위험성을 가지며, 선물을 위해 볼펜이나 면도 크림 등등을 사는 것이 영감의 부족을 드러낼 수 있다. 그러나 보통 우리는 영감이라는 말을 보다 중요하고 심각한 일들에 적용시킨다. 예를 들어, 우리는 진리, 아름다움, 혹은 선함과 같은 중요한 문제들에 있어서 과학적 발견이나 성서적 영감 등을 이야기한다. 여기서는 단지 우호적인 판단을 내리는 문제를 넘어서서 우리의 경이로움을 표현하고 있다. 한 예술작품을 영감 받은 것으로 묘사하는 것은 그것이 지닌 탁월함을 칭찬하는 것뿐만 아니라 신비감과 놀라움을 드러내는 것이다. 예술가는 종종 작품이 자신의 의도를 뛰어넘고 초월할 때 그러한 판단을 스스로 내린다. 칸트는 그의『판단력 비판』에서 천재적 작품의 제작자는 그가 어떻게 이런 작품을 만들 수 있었는지 과학적으로 묘사하거나 설명할 수는 없다고 말한다. 예술가는 그가 어떻게 이런 생각들을 가지게 되었는지 모르며, 그 자신의 의도나 계획에 의해 이런 것들을 고안할 수 없으며, 다른 이들로 하여금 유사한 작품들을 만들 수 있도록 어떤 원칙을 제시할 수도 없다. 이러한 맥락에서 '천재'라는 말이 *genius*에서 유래하는 것이라고 칸트는 추정하는데, 이것은 "사람의 출생 때 그에게 독특하게 주어지는 인도와 보호의 영을 가리키는 것으로, 이 영의 제안에서 그러한 독창적인 생각들이 나온다"(§46).

종종 사물이나 사람이 영감 받았다는 판단은 '회상적'으로 이루어질 수도 있다. 여기서도 그러한 판단은 어떤 뛰어난 특질을 직면하여 놀라움과 경이로움을 표현한다. 코울리지(Coleridge)는 성서적 영감에 대한 가장 탁월한 논의들 중 하나로 여겨지는 자신의 『추구하는 영의 고백록』(Confessions of an Enquiring Spirit)에서 다음과 같이 쓰고 있다. "성서 속에서는 다른 모든 책들에서 내가 발견한 것들을 모두 합한 것보다 더 많은 것이 나를 '발견한다.'… 성서의 말씀은 내 존재의 보다 깊은 곳에서 나를 발견한다.… 그리고 거기서 나를 발견하는 모든 것은 그것이 성령에서 온 것이라는 피할 수 없는 증거를 함께 가지고 온다."13 많은 기독교 변증론자들이 성서는 하나님이 영감을 주었기 때문에 진리라고 주장한 반면, 코울리지는 반대로 성서의 영감 받은 특질은 그것의 영적 깊이에 있다고 본다. 보다 최근에는 칼 라너가 성서의 영감의 문제를 그것의 정경성(canonicity)에 연관시켰다. 그에 따르면, 초대 교회는 성서의 글들이 진정한 사도적 신앙을 명백하게 표현하고 있기 때문에 그것들을 정경으로 선택하고 포함하였다는 것이다.14 우리는 여기서도 비록 코울리지와는 다른 방식이지만, 성서의 중요성에 대한 회상적 판단을 발견하게 된다. 본인은 이러한 판단의 회상적 특질을 성서 외에 다른 진리의 표현들과 미학적 특질들에도 확장시키고자 한다.15

13 Ed. H. St J. Hart (London, 1954), 43.
14 Karl Rahner, *Inspiration in the Bible* (New York, 1961).
15 그의 *A Dish of Orts* (London, 1908)에 나오는 상상력에 대한 한 흥미로운 논의에서 George MacDonald는 다음과 같은 방식으로 영감이라는 개념을 소개하고 있다: 예술작품 속에는 제작자가 그것을 만드는 동안에 인식하였던 것 이상이 항상 들어있기 때문에, 그것을 단지 인간이 아닌 보다 큰 기원에 돌리는 강력한 이유가 있다 (pp. 25ff.; 'Orts'는 나머지를 가리키는 스

## 영감의 개념을 확장하며

코울리지는 같은 저작에서 영감의 개념을 확장할 것을 제안한다. 그는 "영감 받은 계시"라는 좁은 의미에서의 영감과 보다 넓은 의미에서의 영감을 구분하는데, 이 광의적 의미에서의 영감을 통해 "작가는 자신이 가지고 있던 능력이나 지식의 선물들을 하나님의 성령의 조력, 통제, 실제화의 활동 아래에서 이용하고 적용하는 것이다"(p. 77). 그는 이러한 후자의 영감을 모든 기독교인들이 희망하고 기도하는 진정한 신자들 속의 성령의 임재라고 본다. 거의 같은 시기에 이와 유사한 구분이 키에르케고르에 의해 제안되었다. 1834년 10월에 쓰인 자신의 한 일기에서 그는 영감을 배타적으로 사도들의 활동에 관계된다고 본다. 그는 이것을 다시 사도들이 신약성서를 집필할 때와 그들의 전 생애 기간으로 나누며 주장하길, "우리는 전자에 대한 어떠한 근거도 신약성서에서 발견할 수 없다. 반대로 거기서 성령의 의사소통으로 말해지고 있는 것은 사도들의 전 생애 동안에 걸쳐 관계되는 어떤 것이다."[16] 다른 곳에서 그는 어떻게 성령의 의사소통이 현대의 신자들의 삶을 변화시킬 수 있는지에 대해 논의한다. 자신의 글 "생명을 주는 것은 성령이다"에서 키에르케고르는 성령을 "생명-부여의 영"으로 묘사하며, 주어지는 새로운 생명은 죽음을 포함한다고 주장한다.[17] 즉 여기서의 죽음은

---

코틀랜드 말이다).

[16] *Soren Kierkegaard's Journal and Papers*, iii, ed. Howard V. Hong and Edna H. Hong (Bloomington and London, 1975), §2854, p. 265.

[17] "It is the Spirit that Giveth Life," pt. 3 of *For Self-Examination*.

이기심, 세상 그리고 지상적 소원에 대한 죽음을 가리킨다. 위로자는 오직 그리스도의 수난과 죽음이 가져오는 공포 이후에 오는 것이다. 그러나 성령은 반드시 온다. 그리고 성령은 이제 신앙을, 희망에 거스르는 희망을 그리고 진정한 사랑을 가지고 오는 것이다. 하지만 성령 혹은 위로자의 사역은 우리에게 있어 종종 위로가 되지 않는 것처럼 보일 수도 있다고 키에르케고르는 주장한다. 왜냐하면 성령은 말을 운전하는 숙련된 조련사처럼 우리를 조종하기 때문이다.

따라서 우리는 여기서 성령의 의사소통, 그의 생명-부여적이고 변혁적인 역할에 영감이 포함된 것을 발견하게 된다. 본인은 이러한 접근이 올바르다고 생각한다. 이것은 영감이라는 말의 본래적 의미와 일치하는 것으로 결코 새로운 제안은 아니다. 과거를 되돌아보면 초기의 기독교인들은 지금의 기독교인들보다는 훨씬 폭넓은 영감에 대한 이해를 지녔던 것을 볼 수 있다. 예를 들어, 토마스 아퀴나스는 『신학대전』 68, 1에서 성령의 선물인 지혜, 이해, 지식, 권고, 경건함, 꿋꿋함 그리고 하나님을 경외함 등에 대해 *inspiratio* 라는 용어를 사용하고 있다. 이러한 것들은 신성한 영감에서 오며, 사람들을 하나님의 영감에 민감하게 반응하도록 만든다고 그는 주장한다. 비록 그가 다른 곳에서는 *inspiratio*와 *inspirare*에 대해 아주 드물게 언급하고 있지만, 아퀴나스는 이러한 것들을 신앙, 회개, 선의, 헌신 그리고 거룩한 욕망에 대해 사용하고 있을 뿐 아니라 예언과 아주 드물게는 성서에 대해서도 적용하기도 한다. 그는 나아가 성부가 그리스도로 하여금 우리를 위해 고난 받기를 원하도록 성자 속에 사랑을 불어넣음으로써 영감을 부여하였다고 한다.[18] 이와 유사하게, 몇몇 초기의 교부들은 영감이 유대인의 성서에만 제한된다는 견해에 반대하여 그 당시 교회 안에서도 발견됨을 주장한다. 예를 들어 그들은 영감의 활동을 장로, 예언자, 설교자의 활동과 교회의 건축 그리고 감독의 선출에 연관시켰다.[19]

초기 기독교인들은 영감의 용법을 이와 관련된 영의 개념에 따라 자연스럽게 확장해 나갔기 때문에, 아주 다양한 의미에서 영감을 사용하였다. 성서에서는 영이라는 개념도 또한 광의적으로 사용된다. 하나님의 영에 대해 적용될 때 그것은 하나님이 세계 속에서 활동하시는 방식을 보통 표현하였다. 이것은 창조에 대해 사용되었으며(창 1:2, 2:7), 보다 구체적으로는 삼손의 힘(삿 14:6), 장인 브살렐의 기술과 지식(출 35:31), 우리가 아퀴나스에 대해 언급하며 이미 살펴보았던 성령의 선물(사 11:1이하), 바울이 언급하는 성령의 은사와 선물(고전 12:8-11, 갈 5:22), 초대 교회를 인도하심(행 8:29, 9:31, 13:2) 등등 하나님이 특별한 어떤 것을 수여하시는 것에 대해 사용되었다. 다른 글에서 본인은 우리가 "도덕적 영감" 혹은 "마음의 영감"이라고 부를 수 있는 것도 인정해야 한다고 주장하였다. 만약 우

---

18 *Summa Theologiae*, xxiv (London, 1974), 131-6에 나오는 Blackfriars판의 appendix 5를 참조하라. Lancelot Andrewes는 오순절에 사도들에게 성령이 강림한 것과 우리 속에 성령이 계속적으로 내재하는 것에 대해 "영감"이라는 용어를 사용한다. 그는 이것을 성육신에 상응하는 "신성함의 위대한 신비"라고 본다. 그의 1606년 6월 성령에 대한 설교를 참조하라 (*Ninety-Six Sermons*, iii, Oxford, 1841, 108-9).

19 A. C. Sundberg, "The Bible Canon and the Christian Doctrine of Inspiration," *Interpretation*, 29 (1975), 352-71. 물론 그 당시 다양한 이교도적인 견해들도 존재하였다. 예를 들어 Quintilian은 연설가가 자신의 능력으로 청중들에게 영감을 주는 것에 대해 말하고 있다(*Institutio Oratoria*, ii. 5. 8).

리가 영감이라는 용어를 아름다운 사물들을 만들거나 혹은 심오한 진리를 인식하고 발견하는데 있어서 사람들의 능력이 확장되는 것에 대해 사용하였다면, 유비적으로 우리는 이 용어를 특히 창조적인 도덕적 행위를 하거나 혹은 새로운 패턴의 선을 인식함에 있어서 사람들의 감정적이고 도덕적인 마음의 폭이 확장되는 데에도 사용할 수 있을 것이다.[20]

우리가 영감이라는 개념을 확장할 수 있는 또 다른 두 방식이 있을 수 있다. 첫째는 그것을 단지 어떤 재료에 대한 초기의 창조적 욕구뿐만 아니라 후속적인 선택과 작업에도 적용시키는 것이고, 둘째는 그것을 독자, 청중 그리고 감상자에게도 적용시키는 것이다. 몇몇 성서학자들은 전자에 대해 성서의 많은 책들이 단지 한 저자에 의해 쓰인 것이 아니라 이미 존재하는 자료들에서부터 편집되었다는 사실을 지적한다. 우리는 이러한 과정을 시작한 사람(예를 들어 예언자)에게만 영감을 돌릴 어떠한 이유도 없는 것이다. 이 자료들을 편집하고 완성하는 긴 과정에 있어서 마지막으로 그것을 손질한 사람의 경우도 마찬가지일 것이다. 왜냐하면 성령은 그러한 선택과 편집의 각 순간순간에 임재하실 수 있기 때문이다.[21] 이러한 주장은 보다 폭넓게 적용되어질 수도 있다. 우리는 많은 예술가, 작가 그리고 음악가가 오직 오랫동안의 수정과 재수정 이후에야 자신들의 역작을 만들어 낸 경우들을 알고 있다(예를 들어, 베토벤을 모차

---

20 본인의 "Inspiration and the Heart," in Richard Bell (ed.), *The Grammar of the Heart* (San Francisco, 1988), 171-87을 참조하라.

21 이와 같은 주장에 대해서는 예를 들어 Paul Achtemeier, *Inspiration of Scripture: Problems and Proposals* (Philadelphia, 1980), 4-5장을 참조하라.

르트에 비교해보라). 또한 많은 예술가들은 남에게서 그 소재를 빌려와서 그것을 발전시켰다(헨델이 여기서 두드러진 예일 것이다). 따라서 우리는 영감의 개념을 창조의 후기 단계도 포함하도록 확장할 수 있을 것이다. 하나님은 초기의 착상에서와 마찬가지로 취사선택과 수정의 과정에서도 예술가를 인도하실 수 있기 때문이다. 마찬가지로 우리는 이와 유사한 견해를 두 번째 제안에도 적용할 수 있다. 전통적으로 성령은 성서의 독자나 청중으로 하여금 그 속에서 하나님의 계시를 인식하도록 돕는 역할을 한다고 여겨졌다. 따라서 유비적으로 우리는 예술의 경우에도 성령이 감상자, 청중 그리고 독자의 이해와 감상을 돕는다고 볼 수 있다. 여기서도 '영감'이라는 말을 사용하는 것이 그리 부자연스럽지는 않을 것이다. 사실 사람들은 이런 방식으로 예술작품이 영감을 받았고 또한 '영감을 주는' 것으로 이야기하기 때문이다.

하지만 개념의 확장에 대한 어떠한 제안도 본인이 앞에서 말하였듯이, 현대의 용법에 있어 영감은 '어떤 작품이 탁월하여 우리의 경이로움과 존경을 받을 만하다'는 함의를 가진다는 사실을 간과해서는 안 될 것이다. 예를 들어, 모든 기독교인은 세례를 받을 당시 성령을 부여받기 때문에 영감도 함께 받았다고 주장하는 데에는 무리가 있을 것이다. 그렇지 않은 경우가 더 많기 때문이다. 만약 이렇게 주장한다면, 영감이라는 개념은 텅 빈 공허한 것이 될 뿐이다.

## 상상력과 영감

영감과 밀접하게 연관이 있는 개념 중의 하나가 바로 상상력이다. 이 둘 사이의 긴밀한 관계는 이미 고대에 시와 예언을 비슷한 것으로 본 데에서도 찾아질 수 있다. 플라톤은 시인을 예언자나 선지자와 함께 묶어서 하나님의 사제들로 묘사하고 있다 (*Ion*, 534cd). 또한 자신의 『파이드로스』(*Phaedrus*)에서 플라톤은 뮤즈에 의해 영감을 받은 광기나 신들림을 무당 시빌의 예견이나 델피와 도도나의 여사제들에 비교하고 있다(244a-245a).[22] 하지만 본인은 이러한 것들을 동일시해서는 안 될 것이라고 생각한다. 상상력은 영감보다는 훨씬 구체적인 개념이며, 영감도 창조성과 독창성이라는 함의로 인해 성령의 활동보다는 훨씬 구체적인 개념이기 때문이다. 물론 영감은 다른 정신적 능력들에 연관되는 것과 마찬가지로 상상력에도 관계가 있다. 그러나 상상력은 크게 두 가지 이유에서 영감으로부터 구분되어야 하는 것이다. 첫째로 상상력(imagination)은 보통 우리의 인식능력에 관련되기 때문이다(그 뿌리인 "image"나 혹은 독일어에서 상상력을 뜻하는 Einbildung과 그 뿌리인 Bild가 가리키듯이, 상상력은 보통 이미지, 그림, 표상 등과 관계된다). 둘째로 그것은 마음의

---

22 A.-H. Chroust, "Inspiration in Ancient Greece," in Edward O'Connor (ed.), *Charismatic Renewal* (London, 1978), 37-54. G. Fedotov는 라틴어 *vates*가 시인과 선지자 둘 다를 의미한다는 것을 지적한다("De L'Esprit Saint"). 시적 영감과 종교적 영감의 비교에 대해서 그리고 그것들 속에서의 상상력의 역할에 대해서는 Austin Farrer, *The Glass of Vision* (Westminster, 1948) 그리고 id., "Inspiration: Poetical and Divine," in F. F. Bruce (ed.), *Promise and Fulfilment: Essays Presented to Professor S. H. Hooke* (Edinburgh, 1963), 91-105 등을 참조하라.

능동적 힘과 주로 관련되기 때문이다. 우리는 사람들에게 풍경이나 혹은 다른 나라에 살게 되는 경험 등등을 상상하도록 요청할 수는 있다. 하지만 우리가 어떤 이에게 영감을 받도록 요청할 수는 없다. 그래서 코울리지는 상상력을 "결속적 힘"(esemplastic power)이라고 부른다. 이것은 그가 그리스어의 *eis hen plattein*(하나로 형상화한다)이라는 표현에서 만든 것으로, 여러 관념들을 하나의 이미지로서 같이 결속시키는 능동적 힘을 가리키는 것이다.[23] 플라톤과는 달리 그는 시적인 천재가 어떤 외부적인 힘에 의해 신들린 것으로 보지는 않는다. 대신 그는 "시인의 마음속에서 이미지, 생각, 혹은 감정을 지속시키고 변형시키는" 어떤 것이 작용한다고 보며, 시인은 이를 통해서 자신의 각 능력을 복종시켜 영혼 전체가 활동하도록 만든다고 본다. 즉 "이러한 영혼의 종합적인 신비한 힘을 우리는 배타적으로 상상력이라고 부르는 것이다."[24] 이러한 입장이 상상력은 영감과 마찬가지로 하나님의 선물이라는 것을 부정하는 것은 아니다. 하지만 그것은 우리가 사용하도록 선택할 수 있고, 관찰과 성찰에 의해 어느 정도는 훈련할 수 있는 것이라는 사실을 의미한다.

만약 상상력이 일종의 능동적 힘이라면, 그것은 어떤 의미에서는 하나님 자체에게 돌려질 수도 있을 것이다. 그래서 코울리지는 자신이 원초적 상상력이라고 부르는 것을 "무한한 '나는 스스로 있는 자이다'(I AM)의 영원한 창조적 행동이 유한한 마음속에 반복되

---

23 *Biographia Literaria* (Everyman edn., London, 1956), 91. 또한 Mary Warnock, *Imagination* (London, 1976), 84.
24 *Biographia Literaria*, 173, 174.

는 것"이라고 묘사한다.[25] 다른 이들은 세계의 창조를 하나님의 상상력의 활동이라고 쓰기도 하였다. 자신의 저작 『신앙, 신학 그리고 상상력』(*Faith, Theology and Imagination*)에서 맥킨타이어(John McIntyre)는 하나님이 "피조된 사물들을 통해" 알려진다는 아퀴나스의 진술을 인용한다. 우리는 이것을 신존재 증명의 5가지 방식들에서처럼 하나님의 존재를 세계로부터 추론해 내는 것에 대한 보증서로 여기는 것이 아니라, 하나님의 창조의 손이 남긴 표시들을 찾아 추고하도록 격려하는 것으로 여겨야 한다고 그는 주장한다. 비록 불행하게도 우리는 주변의 아름다움 속에서 하나님의 특성을 인식하는 능력은 잃어버렸지만, 피조물의 영광을 하나님 상상력의 표현으로 여길 수는 있다는 것이다.[26] 그는 계속해서 이러한 주제를 성자와 성령의 사역에 대한 성찰에로 확장하고 있다. 하나님은 성육신에서 자신의 사랑과 용서가 오해 없이 분명하게 드러나도록, 예측할 수 없고 상상력이 풍부한 방식으로 활동하셨다. 오순절은 "영적 영역에서 하나님 상상력의 창조적 활동이 풍부하게 드러난 표현"이다. 그는 계속해서 말하길, "나는 하나님의 상상력이 세계 속으로 방출되어서, 그의 모든 자유로움 속에서 우리 시대 사람들의 삶, 말과 행동 속에서 활동하는 것이 곧 성령이라고 과감히 주장하고자 한다."[27] 맥킨타이어는 성령의 풍부한 상상력이 활동하고 있는 것에 대한 현대적 예로서 카리스마적 운동을 손꼽는다. 이것은

---

25 Ibid. 167.
26 (Edinburgh, 1987), 51.
27 Ibid. 64.

마치 우리가 석양의 만발한 색채, 장미의 장엄함, 혹은 바다 폭풍우의 웅대한 분노에서 하나님의 창조적 상상력을 만나는 것과도 유사하다.

맥킨타이어는 '창조 세계' 속에서 활동하는 하나님의 상상력과, '종교' 속에서 활동하는 성령의 상상력에 주로 관심하였다. 하지만 그는 '예술'에서 발견되는 인간의 상상력과 성령의 활동 등에 대해서는 논의하지 않는다. 우리는 여기서 상상력을 영감에 관계시킴으로써 그의 논의를 쉽게 확장할 수 있을 것이고, 예술이 지니는 해방적이고 계몽적인 능력을 강조할 수 있을 것이다. 성령은 예를 들어 판단력과 같은 다른 정신적 능력들을 통해서 활동할 수 있는 것처럼, 상상력을 통해서도 활동할 수 있다. 그러한 경우 우리는 '영감을 받은 상상력'이라고 말하는 것이다. 이러한 연관관계를 맥킨타이어가 자신의 책 전반부에서 언급하는 작가인 조지 맥도날드(George MacDonald)는 주목하였다. 그는 인간의 상상력이 하나님의 상상력을 담지하는 그릇이라고 보았고, "지혜로운 상상력"을 "하나님의 영의 현존"으로 묘사하고 있다.[28] 이러한 현존이 우리의 이해를 밝게 계몽하고("조물주는 우리의 빛이다"[29]), 예술작품이 그것을 만들어낸 자의 의도 이상의 것을 담을 수도 있다는 사실을 설명한다: "하나님의 작품과 인간의 작품 사이에 존재하는 차이는 하나님의 작품이 하나님이 의도한 것 이상을 의미하지는 않는 반면, 인간의 작품은 그가 의도한 것 이상을 의미해야만 한다는 데 있다.… 인간

---

28 MacDonald, *A Dish of Orts*, 28.
29 Ibid. 25.

은 자신이 쓰고 있는 것 속에서 진리를 발견할 수도 있는 것이다. 왜냐하면 그는 자신의 생각 너머의 생각에서 오는 것들을 항상 다루기 때문이다."[30] 맥도날드는 상상력이(특히 문학에 있어) 훈련을 필요로 한다는 사실에는 주목하였지만, 악한 상상력이 가지는 힘에 대해서는 간과하였던 것 같다. 모든 인간의 능력들과 마찬가지로 상상력도 타락할 수 있으며, 따라서 그 작품은 항상 비판적으로 평가되어야 한다. 우리는 어떤 것이나 어떤 사람이 진정한 영감을 부여받았는지 분간하고 판단할 필요가 있다. 왜냐하면 악마적 영감이 아니라고 하더라도 영감에 대한 거짓 주장자들도 있기 때문이다.

불행하게도 상상력은 최소한 최근까지는 신학자들에게 있어 그리 주목되지 못했다.[31] 아마 이것은 상상력이 비실제적인 것, 거짓된 것, 혹은 비합리적인 것 등에 관계된다는 선입견 때문일 것이다. ('상상적인'이라는 표현은 자기-기만을 조롱하는 것으로 종종 사용되기도 하고, 이와 유사하게 '시적'라는 말이 아주 형편없이 논쟁되었거나 혹은 거의 공상적인 어떤 것을 묘사하는 것으로 남용되기도 한다). 상상력에 대한 평가절하는 플라톤에게로 거슬러 올라갈 수 있다. 그는 자신의『국가론』에서 지식, 이성 그리고 신앙 밑의 가장 아래에 상상력을 위치시킨다(509d *ff.*). (하지만 그리스어 *eikasia*는 영어의 'imagination'으로 적절하게 번역될 수는 없는데, 그것은 또한 추측을 의미하는 'conjecture'로도 번역되기 때문이다). 또한 플라톤은 시 작품이 신들

---

30 Ibid. 320-1.
31 여기에 대한 예외로서 우리는 이미 인용되어진 맥도날드와 맥킨타이어의 작품들 이외에도 James P. Mackey (ed.), *Religious Imagination* (Edinburgh, 1986)과 John Coulson, *Religion and Imagination* (Oxford, 1981)을 들 수 있다.

에 대한 거짓된 믿음을 퍼뜨린다고 비난한다(*Rep.* ii. 377d *ff.*). 하지만 상상력과 시를 평가절하시키는 자들은 클라우델(Claudel)이 '굶주린 상상력의 비극'이라고 부른 것을 초래할 위험성을 가진다고 본인은 생각한다.[32] 이러한 위험성은 단지 개인들에게만 해당하는 것이 아니라 종교 전체에도 적용될 수 있다. 만약 한 종교가 상상력의 표현을 결여하고 있다면 그런 종교는 자신의 진부함으로 인해 사람들을 멀어지게 할 것이다.

신학자들과 다른 이들이 가지는 이런 의심들은 부분적으로는 상상력이 정의되기는 어렵다는 사실에서 기인한다. '영감'과 마찬가지로 이 용어는 오랜 역사를 가지고 있는데, 상상력의 현대적 의미는 고대나 중세의 그것보다는 훨씬 광범위하다.[33] 우리가 이미 플라톤의 예에서 본 것처럼, 이것을 어근으로 하여 파생한 여러 언어권의 말들이 다양한 함의들을 지니고 있어서 종종 오해를 일으키기도 한다. 영어권에서의 현대의 논의 대부분은 코울리지가 상상력(imagination)과 공상(fancy)을 구분한 데에서 지대한 영향을 받았다. 이를 구분하며 코울리지는 사람들이 상상력으로 간주하는 대부분이 사실은 공상에 해당한다고 주장한다. 그에 따르면, 공상은 사물들을 새로운 배합으로 재정렬하는 것이다. 공상은 "단지 시간과 공간의 질서에서 해방된 기억의 양식일 뿐이다. 이 기억의 양식은 우리가 '선택'이라는 말로 표현하는 의지의 경험적 현상과 섞여지고

---

32 Paul Claudel, *Positions et propositions*, i (Paris, 1926), 175.

33 그래서 Nicholas Wolterstorff는 자신의 *Art in Action*, pt. 3, ch. 3에서 상상력 대신에 '심상'(envisagement)이나 '세계-투사'(world-projection)에 대해 말하기를 선호한다.

변형되어진다."[34] 만약 진정 이러하다면, 우리는 비실제성과 거짓성을 상상력이 아닌 공상에 속하는 것으로 보아야 할 것이다. 실제로 상상력의 기능들 중 하나는 우리 경험 속에 있는 보다 깊은 진리를 추구하는 것이다. 그래서 조지 엘리어트(George Eliot)는 이렇게 쓰고 있다. "탁월한 상상력은 거짓된 외향적 봄이 아니라 강렬한 내향적 표상이다. 이것은 아주 미세하고 다양한 경험들에 의해 계속적으로 양분을 공급받는 감수성의 창조적 에너지이다. 다시 그것은 이러한 경험들을 보다 생생하고 완전한 전체로서 재생산하고 구성한다."[35] 코울리지와 마찬가지로 그녀는 상상력을 결속적 힘으로 본다. 그것은 단지 마음의 한 부분이라기보다는, 마음 전체가 어떤 방식으로 인식하고 느끼고 추론하는 활동에 관계된다.

만약 상상력이 진정 그러한 결속력이라면, 그것은 단지 예술에만 제한되지는 않을 것이다. 여기서 본인은 이미 앞에서 언급된 "마음의 영감" 혹은 "도덕적 영감" 즉 우리의 도덕적이고 사회적인 삶이 이러한 결속력에 관계된다는 것을 간략하게 고찰하고자 한다. 사람들은 종종 상상력이 풍부한 제스처를 사용한다. 우리는 이때 타인을 이해하기 위해서는 상상력을 채용하며 상호적 공감을 발전시켜야만 하는 것이다. 그러한 공감적 이해는 오직 자신들에게만 관심을 갖는 자들에게는 생길 수 없다. 타인의 삶이나 행동에 대한 외적인 기호를 상상력 있게 해석하고 또한 타인의 입장에 자신을 위치시킬 수 있어야 하기 때문이다.[36] 또한 상상력은 사람들에게

---

34 *Biographia Literaria*, 167.

35 George Eliot, *Impressions of Theophrastus Such*, ch. 13.

새로운 도덕적 비전을 제공하기도 한다. 이것은 그들로 하여금 친숙하지 않은 관점에서 사물들을 바라볼 수 있게 도우며, 그들로 하여금 보다 깊고 풍부한 삶을 영위하도록 인도하기 때문이다.37 예술 특히 문학은 여기서 사람들의 상상력과 도덕의 범위를 확장시키는데 있어 중요한 역할을 한다. 하지만 성자들, 종교적 지도자들 그리고 개혁자들도 이와 비슷한 유비적인 역할을 할 수 있을 것이다. 우리는 성자들이 대부분의 우리들보다는 더 완전하고 양심적으로 도덕적 요구를 충족시킨다고 생각하는 경향이 있다. 하지만 그들의 기능이 또한 그러한 요구가 무엇인지에 대한 신선한 인식을 제공하고, 나아가 선에 대한 새로운 패턴들을 제안하는 것일 수도 있다. 여기서 도덕적 상상력이 중요한 역할을 하게 된다. 우리가 자신의 적을 용서하고 사랑해야 한다는 것, 주위의 가난한 자를 돕는 것처럼 제 3세계의 가난한 자를 도와야 한다는 것, 세상적인 성공에 연연하지 말아야 한다는 것 등등을 알기 위해서는 상상력이 요구되기 때문이다. 자신의『두 가지 도덕』(The Two Moralities)에서 린제이 (A. D. Lindsay)는 성자들이 자신들의 행동에서 상상력, 자발성, 창조성을 보여준다고 말한다. 보통의 사람들이 무시하는 것을 그들이 한다고 보기보다는, 보통의 사람들에게는 생각나지도 않은 일들을 그들이 한다는 것이다. 따라서 그에 따르면, "'은혜'의 행동은 예술가의 작업과도 유사하다."38 아시시의 프란치스코와 같은 몇몇 성

---

36 Peter Jones, *Philosophy and the Novel* (Oxford, 1975), 48.

37 Sabina Lovibond, *Realism and Imagination in Ethics* (Oxford, 1983), §45 그리고 Hugo Meynell, *The Nature of Aesthetic Value* (Albany, NY, 1986), ch. 3을 참조하라.

38 A. D. Lindsay, *The Two Moralities: Our Duty to God and to Society* (London, 1940), 50.

자들은 이후의 세대들에게 자신의 거룩함의 스타일을 통해 전위적인 예술가의 영향력과도 같은 어떤 것을 가진다고 우리는 여기에 첨언할 수 있을 것이다.


## 영감과 설명

비록 상상력의 사용은 우리가 통제할 수 있는 것이지만, 그것을 통해 생산된 것의 좋고 나쁨은 그렇지 못하다. 이러한 통제의 부재는 영감의 경우 더욱 분명히 드러난다. 여기서 가장 눈에 띄는 특성은 바로, 영감은 갑자기 예측하지 못하는 방식으로 찾아온다는 비예측성이다. 물론 사람들은 영감을 생산해 내기 위해서 다양한 기술들을 추천하여 왔다. 쉴러는 자신의 책상 위에 섞은 사과를 놓아두었다. 그와 그레뜨리는 자신의 발을 찬 물 속에 담구기도 했다. 발자크는 수도사의 복장을 입고 작업한 반면, 드 뮈세와 구이도 르니는 화려한 옷을 선호하였다. 그리고 미학자 바움가르텐은 시인들에게 말을 타며, 와인을 적당히 마시며, 혹은 만약 순결한 마음이라면 아름다운 여인들을 보며 영감을 찾을 것을 권고하였다.[39] 하지만 보다 일반적으로 예술가들은 영감이 자신들의 작업에 찾아오도록 참을성 있게 기다리며, 세심하게 관찰하고 많이 읽으며, 개방적인 태도를 취하라는 등등의 충고를 받는다. 비록 차이콥스키는 영

---

39 H. B. Levey, "A Theory Concerning Free Creation in the Inventive Arts," *Psychiatry*, 3 (1940), 229-93.

감을 '초자연적이고 설명 불가능한 힘'이라고 부르지만, 그는 동시에 자신이 그것을 느끼든 그렇지 않든 매일 규칙적으로 작업하였다. 그래서 "우리는 인내해야 하며, 영감은 '싫증'을 정복한 자들에게 찾아온다는 것을 믿어야 한다"라고 그는 말한다.[40] 이와 유사하게 자신의『자나두에로의 길: 상상력의 방식에 대한 연구』(*The Road to Xanadu: A Study in the Ways of the Imagination*)에서 로우스(Livingston Lowes)는 자신의 다양한 자료와 생각을 위해서 1795~98년 사이에 쓰인 코울리지의 노트를 이용하였다. 여기에 기초하여 그는 나중에『고대 수부의 시가』(*The Rime of the Ancient Mariner*)와『쿠블라 칸』(*Kubla Khan*)을 저술하였다. 로우스는 수학자 뽀앙까레(Henri Poincaré)의 다음과 같은 말을 인용한다. "무의식적 작업은 만약 그 처음과 나중에 의식적 작업의 기간이 따르지 않는다면 불가능하거나 최소한 생산적이지 못하다."[41]

우리는 자연스럽게 영감에 대한 비옥한 토양을 제공하는 어떤 마음의 상태가 있는지 그리고 우리가 그런 상태를 위해 자신들을 준비하고 수양할 수 있는지 묻게 된다. 자신의 일기에서 키에르케고르는 "아무도 잔치를 해 질 무렵이 아닌 해 뜰 무렵에 시작할 수는 없는 것처럼, 영적 세계에 있어서도 우리는 태양이 떠올라 우리에게 영화롭게 비추기 이미 오래전에 그것을 향해 일을 시작해야만 한다"라고 쓰고 있다.[42] 물론 영감은 그 신학적 의미에 있어 성령의

---

40 R. Harding, *The Anatomy of Inspiration*, 12, 35.
41 Livingston Lowes, *The Road to Xanadu: A Study in the Ways of the Imagination* (London, 1933), 62.
42 Hong and Hong, *Kierkegaard's Journals and Papers*, v (Bloomington and London, 1978),

의사소통이기 때문에 예측될 수 없고 순전히 거저 주어지는 것이라고 대답할 수도 있을 것이다. 하지만 최소한 영감에 개방적이 될 수 있는 방식들이 존재하는 것 같다. 그리고 많은 경우에 있어, 영감(inspiration)은 열망(aspiration)을 필요로 하는 것이다.

이러한 질문은 영감에 대한 호소가 어떤 종류의 설명을 제공하는지 그리고 우리가 영감 자체를 설명할 수 있는지의 문제로 우리를 이끌어 간다. 영감에 대한 최근의 종교적 논의는 대체로 성서적 영감에 제한되고 있는 반면, 세속적 논의는 그것을 하나의 심리적인 개념으로 보며 어떤 좋은 생각이 우리의 통제를 벗어나 갑작스럽게 발생하는 것으로 묘사한다. 세속 작가들은 영감이 그 개념의 역사에 있어 원래 종교적인 함의를 지닌 메타포였다는 것을 인정하지만, 그것을 '비신화론화'시켜서 창조성에 대한 연구라고 여기거나 혹은 하나님이나 신들보다는 무의식의 개념에 호소한다.[43] 하지만 이들 중 많은 이들이 창조성을 단지 한 설명 패턴의 '단일한 법칙'(covering law)으로 설명하기는 어려운 것을 인식한다. 자비(Ian Jarvie)가 주장하듯, "창조적 업적은 독특한 사건인데 반해, 설명의 과정은 오직 반복적인 사건에게 적용될 수 있을 뿐이다. 따라서 창조성에는 어떤 설명 불가능한 것이 존재하는 것이다."[44] 창조성에 대한 의도적 설명은 의심될 수밖에 없는데, 만약 그러한 설명이 성공

---

§5100, p. 39.

43 예를 들어 Arthur Koestler, "The Three Domains of Creativity," in D. Dutton and M. Krausz (ed.), *The Concept of Creativity in Science and Art* (The Hague, 1981), 17; 그리고 그의 *Act of Creation* (Danube edn., London, 1969)을 참조하라.

44 Ian Jarvie, "The Rationality of Creativity," in Dutton and Krausz, *The Concept of Creativity*, 109-28. 인용문은 112를 보라.

적이라고 한다면 그것은 창조성을 설명해 '버리기'(explain away) 때문이라고 그는 말한다. 같은 책의 기고자 브리스크만(Larry Briskman)은 여기에 대해 보다 논의를 진행시킨다. 그에 따르면 만일 우리가 창조성을 하나의 '단일한 법칙'에 의해 설명할 수 있다고 한다면, 우리는 그러한 성취를 단지 어떤 몇몇 조건들이 만족됨에서 이끌어낼 수 있거나 혹은 창조적이 될 수 있는 어떤 방법들을 제공할 수도 있을 것이다. 하지만 우리가 기껏해야 설명할 수 있는 것은 창조성의 '가능성'이라고 그는 결론내린다.[45]

우리는 여기서 영감이나 창조성에 관한 두 주도적인 설명을 발견하게 된다. 하나는 종교적인 모델이고 다른 하나는 세속적인 모델인데, 둘 다 심리학적 편향성을 보여주고 있다. 우선 첫째로 아서 케슬러(Authur Koestler)로 대표되는 세속적인 모델을 살펴보면, 이것은 이전까지는 관련이 없는 것으로 여겨지던 인식체계들 사이에서 숨은 연관이나 유사성을 발견하는 것이 창조성이라고 한다. 따라서 케슬러는 자신이 "이중 연상적"(bisociative) 사고라고 부르는 것을 주창하며, "창조적 행위는 이전에는 관련되지 않던 구조들을 연결시킴으로써, 거기서 결과적으로 생성되는 전체에서 우리가 가지고 들어간 것보다 더 많은 것을 가져 나오는 방식이다"라고 말한다.[46] 둘째로 종교적인 모델은 영감을 하나님이 우리의 심리적 과정을 통해서 활동하시는 것으로 본다. 윌리엄 제임스(William James)

---

45 Larry Briskman, "Creative Product and Creative Process in Science and Art," in Dutton and Krausz, *The Concept of Creativity,* 129-55.

46 Larry Briskman, "Creative Product and Creative Process in Science and Art," in Dutton and Krausz, *The Concept of Creativity,* 129-55.

는 이러한 모델을 이용하여 종교적 경험을 설명하며, 구원의 경험은 "이쪽을 지향하는 측면"(hither side)에 있어서 잠재의식적 자아를 기원으로 가지지만 "저쪽을 지향하는 측면"(farther side)에 있어서 하나님을 기원으로 가진다고 주장한다.[47] 이러한 종교적 모델은 성서적 영감이라는 사상을 설명하는데 적용되었는데, 이것을 받아들이는 작가들은 영감을 하나님이 작가의 영적인 통찰이나 지적인 비전을 확장하는 것으로 해석하기보다는 어떤 하나님의 구술활동이나 계시의 초자연적 전달로서 보기를 선호한다.[48] 로마 가톨릭의 신학자들은 이런 측면에 있어 종종 '이차적 원인' 혹은 '도구적 원인'이라는 사상에 의지한다. 그들은 영감을 작가의 일상적인 심리적 기재를 통해 성령이 활동하는 것으로 묘사한다(그들은 종종 이러한 과정을 이교도적인 '신들림'이라는 관념에서 구분하는데, 여기서 작가들은 무아경에 들어감에 따라 자신의 의식이 중지된다는 것이다. 가톨릭에서는 이것이 차라리 은총의 개념에 가깝다고 본다).[49]

본인은 이러한 두 모델 모두 부적절한 부분을 지니고 있다고 본다. 케슬러의 모델은 본인이 앞에서 지적하였듯 어떤 사람이나 사

---

47 *The Varieties of Religious Experience* (London, 1960), Lecture 20 그리고 Postscript 참조. MacDonald도 상상력의 경우에 있어 하나님이 우리의 무의식을 통해 활동하신다고 본다(*A Dish of Orts,* 25).

48 예를 들어 M. R. Austin, "How Biblical is 'The Inspiration of Scripture'?," *Expository Times,* 93 (1981-2), 75-9. 코울리지는 유사하게 "하나님의 의지가 자연적 원인자를 통해서 활동하는 것과, 같은 하나님의 의지가 특별한 '명령'을 통해 그 자연적 원인자의 위치를 대신하는 것"을 구분하였다(*Confessions of an Enquiring Spirit,* 72-3).

49 Rahner, *Inspiration in the Bible,* 특히 60 이하를 참조하라. 또한 James T. Burtchaell, *Catholic Theories of Biblical Inspiration since 1810* (Cambridge, 1969), 특히 1장, 4장 그리고 6장을 보라.

물이 영감을 받은 것으로 보는 것은 종종 경이로움의 표현이거나 기교적 탁월함에 대한 존경이라는 점을 간과하는 약점을 가진다. 그의 "이중 연상적" 사고에 대한 권고는 새로움을 만들어내는 데 있어 한 방법을 제공할 수는 있을 것이나, 작품에 있어 바라던 질의 탁월함을 보장할 수는 없다(아편을 섭취하는 것이 『쿠블라 칸』과 같이 뛰어난 시를 쓰는 데 도움을 줄 수도, 그렇지 않을 수도 있는 것이다). 여기에 어떤 알려지지 않은 심리적 요인이 관련되었을 수도 있으나, 그것이 영감의 핵심은 아닐 것이다. 하지만 이보다 훨씬 구체적인 비판도 가능하다. 만약 영감의 개념을 윤리와 감정의 영역에까지 확장하고자 한 본인의 시도가 옳은 것이라면, 케슬러의 접근은 여기서 부적절하게 여겨질 수밖에 없다. 어떻게 십자가에서 했던 예수의 용서의 말이 이중 연상적 사고의 한 예가 될 수 있는가?

종교적 모델은 오늘날 많은 이들의 관심을 모으고 있다. 이것은 이차적 원인이라는 개념을 통해 어떻게 하나님이 기적적인 개입 없이도 일상적 사건들을 통해서 활동할 수 있는지 설명함으로써 신학적 조잡성을 피할 수 있기 때문이다. 이것은 또한 화해적인 입장인데, 영감이나 창조성에 대한 종교적이고 세속적인 설명의 모델들을 경쟁자로 보기보다는 상호 보충적인 것들로 여기기 때문이다. 심리적 설명들은 우리 정신을 통해서 하나님의 영이 의사소통하는 과정을 설명하는 것으로 보일 수 있기 때문이다. 보다 일반적으로 말해, 한 사건에 대한 인과론적 설명을 제공하는 것이 필연적으로 우리의 경이로움이나 존경을 위한 자리를 배제하는 것은 아닐 것이다(산호 벌레의 예를 기억하라).[50] 이러한 주장은 예술에 대한 맑스주의적 혹은 사회학적 접근들에 밀접하게 관련되는데, 이러한 이론들은 창조적 작업에 영향을 끼칠 수 있는 모든 물질적 요인이나 제약을 모두 밝히고자 한다. 하나님은 많은 종류들의 이차적 원인을 통해 활동하실 수도 있기 때문이다. 그러나 문제는 이 모델이 실제적으로는 너무 제한적이거나 혹은 너무 일반적인 것으로 여겨질 수 있다는 데 있다. 그것은 영감의 개념이 단지 성서적 영감을 가리킬 때에 너무 제한적이 될 수 있다. 예를 들어, 쉐켈(Luis Alonso Schökel)은 '영감'을 언어와 관련된 카리스마의 부여를 의미하는 기술적 용어로 여긴다.[51] 하지만 만약 그러한 구술적 영감이라는 개념이 가지는 한계가 영감의 다양한 의미들을 무시하는 것으로 지적되고 거부된다면, 반대로 이 모델은 이제 너무 일반적이 될 수 있다. 그것은 성령이 우리를 통해서 활동하는 다른 양식들로부터(예를 들어, 종교적 경험에 있어 '인도'와 '조력'으로부터) 영감을 구분하는데 어떠한 도움도 제공하지 않는다. 우리는 이러한 일반성을 넘어서서, 영감이 창조성과 가지는 연관을 지적하고 나아가 선, 진리 그리고 미학적 개념들과의 관계들에도 주목해야만 하기 때문이다.

이러한 두 모델의 부적절성은 우리가 이미 지적했듯 영감의 개념이 조각나고 축소된 사실에서 기인한다. 이 둘은 단지 몇몇 구체적인 영역들을 다룰 뿐이다. 전자는 과학적 창조성, 유머 그리고 예술만을 다루는 반면, 후자는 성서만을 다룬다. 나아가 이 두 모델은

---

50 Ronald Hepburn, "*Wonder*" *and other Essays* (Edinburgh, 1984), 7장 참조.

51 Luis Alonso Schökel, *The Inspired Word: Scripture in the Light of Language and Literature* (New York, 1965), 45.

영감을 단지 심리적 과정으로 다루는 경향성을 가지고 있다(특히 세속적 모델의 경우 이러한 심리화는 더욱 뚜렷하게 드러나는데, 아마 예측할 수 없고 갑작스러운 창조성이라는 생각에 지나치게 집착하기 때문일 것이다). 우리는 여기서 이해 혹은 의도 등을 우리가 "정신적 과정"으로 잘못 이름하고 있다고 비트겐슈타인이 지적한 사실을 기억해야만 할 것이다(Zettel 446). 코울리지의 영감의 사상에 대한 자신의 엄청나게 광범위하고 철저한 연구를 로우스는 다음과 같이 결론내리고 있다: 코울리지는 단지 창조적이고 천재적인 시인이 어떻게 모든 인류에게 공통적인 과정들을 통해서 자신들의 재료를 가지고 일하였는지를 밝히고 있다; 하지만 시인의 경우 이러한 과정들은 "최고도로 확장되었던 것이다."[52] 만일 우리가 오로지 심리적 과정들과 그 기원들에만 관심한다면, 우리는 코울리지만이 아니라 맥고나걸(William McGonagall)을 연구할 수도 있을 것이다![53]

본인은 여기서 이와는 다른 모델을 제안하고자 하지는 않을 것이다. 사실 자비, 브리스크만 그리고 로우스에 대한 인용문들이 보여주듯, 본인은 영감을 적절하게 설명할 수 있는 '이론'이란 도대체 존재하는지 확신하지 못한다. 우리가 과연 탁월함과 영감을 설명할 수 있는 것일까? 우리는 보다 완벽한 어떤 심리적 설명이 영감의 내용이 가지는 질을 영원히 설명할 수 있을지 그리고 영감에 대한 종교적 호소가 단지 일종의 인과론적 설명을 발견하려 시도하는 것

---

52 Livingston Lowes, *The Road to Xanadu*, 431.
53 역주 - 1825년 에든버러에서 태어난 시인으로, 영국 사람들은 보통 자신이 위대한 시인이지만 단지 이것을 증명할 기회가 필요할 뿐이라고 스스로 생각하는 재능과 영감이 없는 시인을 가리킬 때 그의 예를 농담처럼 언급한다.

인지 질문해야 할 것이다(만약 종교적 설명이 정말 단지 그러하다면, 이 입장은 영감의 추정상의 원천을 실체화시키는 것으로 비판될 것이다).

결론적으로, 본인은 영감에 대한 종교적 견해는 아리스토텔레스의 목적인(final cause)과 형상인(formal cause)의 개념들과 같은 어떤 것들에 호소하는, 보다 넓은 설명의 패턴을 가지는 것이라고 제안하고 싶다. 만약 우리의 논의를 하나님이 우리의 심리적 과정들 속에 직접적으로 개입하는지, 혹은 이차적 원인을 통해 활동하는지 (혹은 이 둘 다인지) 질문하는 것에만 제한시킨다면, 우리는 영감을 단지 작용인(efficient cause)에 대한 논의에 한정시키는 것이라고 생각한다. 하지만 영감에 대한 종교적 설명은 또한 그것의 목적과 컨텍스트를 고려해야 할 뿐 아니라, 그 내용과 하나님의 본질 사이의 관계에 대해서도 질문해야 하는 것이다. 비록 만일 우리가 영감을 학문적으로 '설명'할 수 있다고 하더라도(본인은 그렇게 설명하는 것이 어떠한 것일지 알지 못한다), 이것이 성령의 관점에서의 설명을 필연적으로 배제하는 것은 아닐 것이다. 그러한 설명은 개인적인 것이 될 것이기 때문이고, 또한 영감의 지속적 과정들에 있어 각 '단계들'을 보여주려는 노력이기 때문이다. 종교인들은 영감의 목적이 우리를 향한 하나님의 의사소통에 있다고 생각한다. 코울리지가 '영감 받은 계시'라고 부르는 것에 있어서, 그 목적은 우리의 구원을 위해서이다. 그리고 다른 경우들에 있어서 그 목적은 '도덕적 통찰', '과학의 연구' 그리고 '예술적 창조'를 통해 우리로 하여금 하나님의 창조성을 거울처럼 모방하게 만들기 위해서이다. 이와 유사하게, 영감의 내용은 하나님의 본질에 관련되어 있을 수 있다. 왜냐하면 위에서 말한 세 가지 활동들은 우리가 하나님의 완전성을 희미하게 나마 반영하는 방식들일 수 있기 때문이다. 따라서 아름다움은 하나님의 영광의 반영으로서, 우리의 선함은 하나님의 선함에 동참하는 것으로서 그리고 우리의 진리에 대한 인식은 하나님의 지혜와 지식에 참여하는 것으로서 여겨질 수 있을 것이다. 그렇다면 영감은 하나님의 계시의 양식인 동시에 하나님의 창조성의 표현일 수 있다. 우리는 단지 하나님이 피조물을 만드시고 유지하시는 것이 아니라, 또한 사랑으로 인해 하나님은 자신의 특질을 피조물에 의사소통하시며 그것들을 위한 목적을 가지신다는 것으로 이해해야 할 것이다. 우리가 만일 앞의 장에서 논의한 작가들에 동의한다면, 그것은 인간의 존재가 하나님의 신성 자체 속에 받아들여지는 것을 의미할 것이다.

만약 이러한 설명이 올바르다면, 예술적 영감이 가져오는 경이로움과 존경은 다름 아니라 창조 세계의 다채로움 그리고 세계 속에서의 성령의 지속적 활동에 대한 경이로움의 한 부분으로 보일 수 있을 것이다. 영감을 통한 성령의 사역에 호소하며 우리는 예술적 탁월함을 신학적 설명의 틀 속에 위치시키고 있는 것이다. 영감을 불러오기 위해 어떤 때는 다소 기괴해 보이는 방식들을 사용하였음에도 불구하고, 사람들은 자신들 너머의 힘이 찾아오기를 종종 기다려야 했다. 우리는 좋은 스튜디오와 실험실 그리고 많은 연구비가 필연적으로 예술이나 과학에서 창조성을 가져오지는 않는다는 것을 잘 알고 있다. 가장 단순하게 말해, 성령은 우리 속에 있는 새로운 잠재력들을 개방하고 우리에게 힘을 주는 '격려자'인 것이다.54 그러한 성령의 역할에 대한 제안은 경제적이고 사회적인 요인들의 작용을 배제하지 않으며, 또한 우리가 속하고 있는 예술적, 지적, 종교적 전통과의 내적 관계를 부정하지도 않는다. 또한 이것은 생각들의 연상작용과 같이 우리의 정상적이고 일상적인 정신의 과정들을 부정하는 것도 아니다. 하지만 신학적 설명은 이러한 것들을 넘어서 예술적 창조성이 하나님의 완벽성과 섭리 안에서의 목적과 가지는 관계를 보여주려고 시도하는 것이다. 이러한 큰 그림 속에 영감이라는 관념이 속해야 하는 것이다.

---

54 이러한 성령과 격려자의 유비는 von Balthasar가 자신의 *Theo-Drama: Theological Dramatic Theory*, iii, *Dramatis Personae: Persons in Christ*, trans. G. Harrison (San Francisco, 1992), 533-4에서 사용한다.

# 제 6 장
# 신성한 아름다움의 거울들

　앞장의 마지막에서 본인은 하나님의 영감의 목적 중 하나가 성령을 통해서 세계 속에 하나님 자신의 완벽성을 퍼뜨리는 것이라고 제안하였다. 하나님의 창조적 사랑의 표현으로서 영감은 하나님으로 하여금 단지 세계를 만드시게 하였을 뿐 아니라, 그 자신의 특질을 세계에 심어주게 하였다. 이러한 견해의 예로서 세계의 아름다움이 하나님의 아름다움을 닮고 있으며 반영하고 있다는 생각이 광범위하게 퍼져있다. 세계의 아름다움은 단지 하나님의 창조성과 관대함을 말해줄 뿐 아니라, 또한 세계 속에서 계시되고 공유되는 하나님 자신의 아름다움을 말해주는 것이다. 아름다움은 우리로 하여금 하나님에게로 이르게 하는 한 길인 것이다. 위와 같은 견해는 기독교 플라톤주의에 뿌리를 가지는 것으로, 세계의 완벽성은 하나님의 완벽성에 참여하는 것으로 본다. 하지만 이런 생각은 몇몇 시편들에서도 찾아볼 수 있는데, 그것들은 하나님의 영광이 땅과 하늘에 의해 공포되는 방식을 찬양하고 있다. 또한 창세기 1:26-27은

(인간의 완벽성과 관련되는 한에 있어서) 하나님이 자신의 형상과 이미지를 따라 우리를 창조하셨다고 쓰고 있다. 물론 하나님의 형상을 닮았다는 사실은 그 다름에 대한 강조로 균형이 잡혀야 할 것이다. 우리는 여기서 다양한 신학적 입장들을 접하게 된다. 어떤 이들은 하나님의 신비와 인식불가능성을 강조하며, 다른 이들은 세계 내 하나님의 임재를 강조한다(이 두 견해가 양립될 수 없는 것은 아닐 것이다. 왜냐하면 신비는 완전히 알려지지 않은 어떤 것이라기보다는 오직 부분적으로 알려진 어떤 것이기 때문이다.) 이와 유사하게 우리는 세계적 아름다움에 관한 견해들에서도 신학적 입장의 스펙트럼을 찾아볼 수 있다. 어떤 이들은 지상적 아름다움을 평가절하시키는데, 왜냐하면 그것은 훨씬 더 장엄한 어떤 것에 대한 '단지' 그림자에 불과하기 때문이라는 것이다. 어떤 이들은 세계의 아름다움 속에서 기뻐하며 그것의 다채로움을 탐구하기를 사랑하는데, 그 속에서 창조자가 남긴 표식을 보기 때문이다.

성령의 역할에 대한 신학적 언급은 창조나 영감에서의 그의 역할뿐 아니라, 또한 성령이 우리로 하여금 세계 속에 반영되고 있는 하나님의 영광을 식별하게 돕는다는 믿음에서도 발견된다. 이 장에서 본인은 하나님의 아름다움과 세계의 아름다움이 가지는 관계에 대한 몇몇 설명들을 개괄적으로 살펴본 후에, 그러한 입장들의 타당성을 평가하며 동시에 여기서 제기되어지는 문제점들을 지적하고, 마지막으로 본인 자신의 최소한도의 해답을 제공하고자 한다.

# 반영, 닮음 그리고 다른 관계들

세계 내에 존재하는 하나님의 아름다움은 종종 메타포를 통해서 표현되었다. 홉킨스(Hopkins)는 "세계는 하나님의 광대함으로 가득하다"라고 하였고, 바로 이어서 "그것은 마치 금속판에 비취는 것처럼 불타 나올 것이다"라는 구절을 통해 빛의 메타포를 사용하고 있다. 플라톤의 『향연』에 대한 자신의 주석에서 피치노(Ficino)는 아름다움을 "거룩한 선의 광채"라고 묘사하고 있으며,[1] 에드워즈(Jonathan Edwards)는 빛의 메타포를 반사의 메타포와 결합하기도 하였다. 그에 따르면 우리는 하나님을 사모할 수밖에 없는데, 왜냐하면 그는 "무한적으로 가장 아름답고 가장 빼어나기 때문이다. 전 창조 세계를 통해 발견되는 모든 아름다움은 밝음과 영광으로 무한히 충만한 하나님 존재 그 자체에서부터 펼쳐 나오는 빛들의 반사이고 반영일 뿐이다."[2] 거울의 메타포도 일반적으로 발견된다. 자신의 소네트에서 미켈란젤로(Michelangelo)는 인간의 아름다움이 하나님을 거울처럼 비추고 있기 때문에 사랑스럽다고 말한다.[3] 트라헌(Thomas Traherne)은 자신의 『세기들』(Centuries)에서 이것을 더욱 확장해서, "세계는

---

1 *De Amore*, Speech 2, ch. 3.

2 *The Nature of True Virtue*, ch. 2, in *The Works of Jonathan Edwards*, viii, *Ethical Writings*, ed. Paul Ramsey (New Haven, Conn., 1989), 550-1. 또한 에드워즈가 하나님의 아름다움에 참여하고 모방하는 피조물의 거룩함을 태양 빛을 반사하며 반짝이는 보석의 밝음에 비유한 것에 대해서는 그의 *A Dissertation concerning the End for which God created the World*, ch. 1, §iii, in *Works of Jonathan Edwards*, viii, 441을 보라.

3 *Rime*, ed. Enzo N. Girardi (Bari, 1967), n. 106; *Complete Poems and Selected Letters of Michelangelo*, ed. Robert N. Linscott (New York, 1963), no. 104.

무한한 아름다움의 거울이지만, 어느 누구도 그것을 아직 보지는 못했다"라고 말한다(I. 31). 나중에 그는 자신이 아이로서 세계를 어떻게 보았는지를 이렇게 묘사한다:

오, 늙은 자는 얼마나 고귀하고 숭상할 만한 피조물들을 보았는가! 불멸의 케루빔들이여! 빛나는 어린 소년들과 불타는 천사들과 삶과 아름다움의 청순한 조각들인 낯선 하녀들! 소년들과 소녀들은 거리에서 뒹굴고 장난치며 움직이는 보석과도 같았다. 난 그들이 태어나서 죽어야만 한다는 것을 알지 못했다. 오히려 모든 것들은 자신의 적합한 자리들에서 영원히 그대로 머물렀다. 영원은 대낮의 빛 속에서 드러났고, 모든 것 뒤에서 어떤 무한한 것이 나타났었다(III. 3).

우리는 하나님의 영광과 지상적 아름다움의 관계를 철학적 혹은 신학적 엄밀성을 가지고 표현하기보다는 시와 메타포로서 말하기가 더 쉬울 것이다. 따라서 우리는 아마 여기서 멈추는 것이 신중한 처사일지도 모르겠다. 하지만 철학자들과 신학자들은 더 나아가려 시도하였고, 그래서 우리는 그들을 따라가 보며 그러한 시도들을 평가해야 할 것이다.

지금 우리가 철학자들과 신학자들 가운데서 탐구하고 있는 견해의 가장 단순하고 일반적인 형태는 하나님이 자신의 아름다움의 닮은꼴을 의사소통하셨기 때문에 세계의 아름다움은 하나님의 아름다움과 유사한 어떤 것이라는 주장이다. 피조물들은 이 의사소통에 참여하는 정도에 따라 그 닮은 정도도 차이가 나는데, 결과적으로 아름다움의 위계질서가 생겨난다는 것이다. 우리는 이와 같은 견해가 위-디오니시우스의 『하나님의 이름들』에서 드러나고 있는 것을 볼 수 있다. 비록 피조물과 하나님 사이의 정확한 닮음은 불가능한 것으로 거부하지만, 그는 하나님을 초-본질적인 아름다움(Super-Essential Beautiful) 즉 모든 피조된 아름다움의 원천이라고 묘사한다. 3장에서 본인이 인용한 글에서 그는 초-본질적 아름다움이 모든 사물들에게 그 특성에 따라서 아름다움을 심어주기 때문에 "아름다움 자체"라고 부른다. 그것은 사물들의 광채와 하모니의 원인으로서, "그것들 위에 빛처럼 비추이며 아름다움을 전달하는 그 기원의 광선이다."[4] 모든 사물의 패턴은 보편적 원인(Universal Cause) 속에 함께 선재(先在)하기 때문에,[5] 그것은 모든 아름다운 것들의 기원적 아름다움을 초월적 방식으로 담고 있는 독특한 선재적 원인이다.[6] 따라서 위-디오니시우스에 있어서 현상적 아름다움들(phenomenal beauties)은 비가시적 아름다움(invisible beauty)의 이미지들인 것이다.

위-디오니시우스는 플라톤과 신플라톤주의에 영향을 받았고 (이들은 지상적 완벽성을 하나님의 유출물로서 본다), 다시 아퀴나스를 포함한 후대의 신학자들에게 많은 영향을 끼쳤다. 아퀴나스는 미학에 대하여 자신의 『하나님의 이름들』에 대한 주석서에서, 특히 "아름다움과 그것이 어떻게 하나님에게 돌려지는지에 관하여"(On the

---

4 Ch. iv, §7 (*PG* 3: 701c).
5 Ch. v. §8 (*PG* 3: 824c).
6 Ch. iv, §7 (*PG* 3: 701c).

Beautiful and How it is attributed to God)라고 제목이 붙은 장에서 가장 광범위하게 논의하고 있다.7 거기서 아퀴나스는 하나님이 자신의 탁월한 위대하심 때문에, 또한 모든 아름다움의 원천이기 때문에 가장 아름답고 나아가 아름다움 자체라고 말한다. 하나님이 모든 아름다움의 원천인 것은 모든 사물들이 그것들에 적합한 형상(form)에 따라 아름답고, 그렇게 사물들에게 존재를 부여하는 모든 형상은 하나님의 광채에 참여하기 때문이다. 이와 마찬가지로, 우정과 같은 모든 하모니는 하나님의 아름다움에서 나오는 것이다(§§347, 349). 따라서 피조물의 아름다움은 모든 것들을 아름답게 만드는 최초의 원인(First Cause)에 참여하는 것이고, 모든 사물에게 공유되는 하나님의 아름다움을 닮는 것이다(§337). 다른 곳에서 아퀴나스는 보다 신중하게 하나님과 피조물 사이의 닮음은 같은 종류의 것은 아니라고 주장한다. 왜냐하면 하나님은 어떤 '속'(genus)에도 해당되지 않으며(ST 1a. iv. 3; xiii. 5 ad 2), 피조물은 하나님을 닮은 동시에 닮지 않았기 때문이다(Summa contra Gentiles, i. 29). 마찬가지로, 조나단 에드워즈는 하나님을 아름다울 뿐 아니라 아름다움 자체이며 모든 아름다움의 원천으로 보지만, 동시에 하나님의 아름다움은 다른 모든 아름다움에서 구분된다고 주장한다.8

아퀴나스의 주석서가 플라톤의 사상을 반영하고 있다는 것은 놀랄 일이 아니다. 플라톤은 개별자들이 자신들의 형상(Form)을 닮았

---

7 Ch. iv, lectio 5. 이 부분은 위-디오니시우스의 작품 4장, §7을 주석하고 있다.
8 Jonathan Edwards, *A Treatise concerning Religious Affections,* ed. John E. Smith (New Haven, Conn., 1959), 298.

고 거기에 참여한다고 본다. 『파이돈』(*Phaedo*)에서 그는 아름다움 자체 이외에 어떤 아름다운 것들도 오직 아름다움 자체에 참여하기 때문에 그러하다고 주장한다(100c). 하지만 아퀴나스는 또한 자신의 스승인 아리스토텔레스에서 다른 종류의 원인들(작용인, 목적인 등등)과 같은 개념을 빌려온다.

물론 위-디오니시우스 이전에 이미 많은 초대의 교부들이 이와 유사한 사상과 언어들을 주장하였다. 예를 들어 아우구스티누스는 하나님의 아름다움을 모방하는 것에 대해 썼으며, 하나님 속에서 (in), 그에 의해서(by) 그리고 그를 통해서(through) 모든 아름답고 선한 것들이 그러한 특질들을 가지게 된다고 주장한다.[9] 마찬가지로, 니사의 그레고리는 "참여"(partaking)라는 플라톤적 용어를 사용하며, 하나님을 "원형"(Archetype)이라고 부른다.[10] 자신의 아가서에 대한 주석에서 그는 연인은 모든 아름다움의 원형인 하나님의 아름다움으로 가득 채워지기 때문에 아름답다고 주장하며,[11] 자신의 『교리문답적 연설』(*Catechetical Oration*)에서는 사람이 "원형적 아름다움의 표상(representation: *apeikonisma*)으로 창조되었기 때문에 그 형상에서 아름답다"라고 한다.[12] 알렉산드리아의 시릴도 하나님을 원형적 아름다움이라고 부르는데, 그것을 따라 성령이 사람을 만들었으며(여기서 그는 창세기 2:7을 인용한다.) 이것이 도장처럼 사람 속

---

9 I *De ordine*, 8 (*PL* 32: 989); II *De ord*. 19 (*PL* 32: 1019); *Soliloquia*, i. 1. 3 (*PL* 32: 870), cf. *De Fide et Symbolo* 2 (*PL* 40: 182).

10 *On the Making of Man*, xii. 9 (*PG* 44: 161c).

11 *On the Song of Songs*, 5 (*PG* 44: 868cd).

12 Ch. vi (*PG* 45: 29b).

에 찍혀져서 모든 덕에게 이끌게 된다고 주장한다.13

이보다는 약한 주장이 플라톤의 형상의 내면화(internalization of Plato's Form)라고 불릴 수 있는 것인데, 피조물은 하나님의 마음 속 생각들의 복사품이라는 것이다. 이러한 주장은 아우구스티누스에 게서 발견되며,14 또한 아퀴나스도 모든 피조물은 하나님의 마음속 에 있는 모형의 이미지라고 말한다(ST 1a. xciii. 2 ad 4). 따라서 하나님 과 피조물 사이의 닮음은 예술가의 마음속 생각과 예술작품 사이의 관계로 설명되는 것이다.15

'이미지'(image)나 '원형'(archetype)은 원천의 인과적 우선성을 강 조함에 있어서 '닮음'(like)과는 차이가 난다(거울과 그 반영을 생각해 보라). 이러한 용어들은 대칭적이지 않은 반면, '닮음'은 대체로 대 칭적이다: 만약 x가 y를 닮았다면, y도 x를 닮았다(본인은 '대체로' 라고 말했는데, 여기에 예외들도 있기 때문이다. 예를 들어 우리는 아들이 아버지를 닮았다고 하지만, 아버지가 아들을 닮았다고 하지는 않는다. 왜 냐하면 우리는 아버지를 원형으로 여기기 때문이다). 아퀴나스는 '이미 지'가 '닮음'에 어떤 것을 추가한다고 보는데, 이미지는 다른 것의 모방이나 혹은 도장을 찍은 듯한 자국을 또한 연상시키기 때문이 다. 따라서 계란은 다른 계란을 닮았으나, 그것의 이미지는 아니다

---

13 *PG* 74: 277b-d. 다른 교부들에 대해 참고하려면 H. Krug, *De Pulchritudine Divina* (Freiburg im Preisgau, 1902), bk. 2, pt. 2를 보라.

14 *On Eighty-three Questions*, no. 46 (*PL* 40: 30).

15 플라톤 자신은 『티마이오스』(*Timaeus*)에서 삼중적 패턴을 주장한다: 창조자(*dēmiourgos*) 는 세계를 영원한 패턴에 따라 창조하였으며, 따라서 자연 세계는 불가변성의 세계의 이미지 (*eikon*)라는 것이다(28a-30a). 그는 또한 창조자는 모든 사물이 그 능력에 따라서 자신을 닮기 를 원한다고 주장한다(29c).

(*ST* 1a. xciii. 1, 여기서 그는 사람 속에 있는 하나님의 이미지를 논의한다).
마찬가지로, 위-디오니시우스는 비록 하나님은 자신을 향하고 자신의 특질들을 모방하고자 노력하는 사람들에게 신성한 유사성을 허락하지만, 사람이 자신의 초상화를 닮은 것 정도로 하나님은 사람을 닮았을 뿐이라고 주장한다.16

물론 이러한 용어들을 사용하는 모든 사람이 이런 논리적 측면을 염두에 두지는 않았다. 그러한 사실은 하나님의 아름다움과 세계의 아름다움의 관계에 대해 적용된 흔적(vestige, trace),17 유형(type),18 성례(sacrament),19 계시(revelation)20 등의 다른 용어들에서도 마찬가지일 것이다. 종종 그것들은 다른 많은 메타포들과 마찬가지로 차별화되지 않은 채 사용되었다. 하지만 몇몇은 이러한 것들을 아주 세심하고 신중하게 구분하기도 하였다. 보나벤투라는 '흔적'과 '이미지'를 중요하게 구분한다. 모든 피조물은 하나님의 흔적을 지니는 반면, 이들 중 오직 인간만이 이성을 지닌 피조물로서 그 "뚜렷한 닮음" 때문에 하나님의 이미지를 지닌다고 그는 주장한다.21

---

16 *Div. Nom.* ix. 6 (*PG* 3: 913c).

17 Alexander of Hales, *Summa Theologica*, ii (Quaracchi edn.), p. 47, n. 37; p. 49, n. 40.

18 Jonathan Edwards, *Images or Shadows of Divine Things*, ed. Perry Anderson (repr. Westport, Conn., 1977), 134.

19 Simone Weil, *Waiting on God*, trans. Emma Craufurd (Fontana edn., London, 1959), 124.

20 Gerardus van der Leeuw, *Sacred and Profane Beauty*, trans. D. E. Green (London, 1963), 339.

21 *ii Sent.* xvi. 1. 1 (Quaracchi, edn., ii. 394). 그는 자신의 *Itinerarium*, ch. 1, §2에서 이와 유사한 구분을 한다. 여기 후반부에서 그는 피조물을 그림자, 메아리, 흔적, 그림, 표상, 장관, 모형, 표본 등으로 다양하게 묘사한다. 그는 마치 우리가 기호를 통해 그것이 의미하는 것을 알게 되듯, 감각적 사물들을 통해 볼 수 없는 지성적 사물들을 보게 된다고 주장한다(ii. 11). 그의 저작의 Classics of Western Spirituality 시리즈 판, 60, 76, 108을 참조하라(Ewert Cousins ed.,

이러한 구분을 하지 않는 실수는 신학적이고 철학적인 문제를 만들어 낼 수도 있을 것이다. 예를 들어, 예술이나 세계의 아름다움이 하나님의 계시라고 묘사된다면, 이러한 주장을 우리는 어떻게 이해해야 하는 것일까? 기독교인들 대부분은 그것을 보다 약한 의미에서 예술이 중요한 진리들을 담고 있으며, 그것과 자연의 아름다움은 하나님의 힘이나 임재를 드러낼 수도 있음을 의미하는 것으로 이해할 것이다. 하지만 그들은 동시에 '계시'를 보다 강하고 규범적인 의미에서 구원사와 이스라엘의 예언에서 하나님이 자기 자신을 드러내는 것이라고 차별적으로 적용하고자 원할 것이다. 이러한 구원사에서의 계시의 정점은 그리스도의 생애, 죽음 그리고 부활이며, 여기에 대한 기록이 성서라고 보기 때문이다.[22] 마찬가지로, 기독교인들 대부분은 예술이 성례전적 특질을 지니며, 그것이 하나님의 표식 그리고 어떤 의미에서는 은총의 한 통로일 수도 있음을 인정할 것이다. 하지만 그들은 동시에 이것을 교회의 성례들로부터 구분하고자 원할 것이다. 그래서 동방 정교회는 아이콘들을 '성례'(sacraments)라기보다는 '성례전적'(sacramental)이라고 묘사하기를 선호한다(본인은 그러나 성례들도 또한 폰 발타자가 '성례전적 원칙[sacramental principle]이라고 부르는 것, 즉 영적인 것은 물질적인 것을 통해 전달될 수 있으며 따라서 성례들의 의미는 사물들의 성례전적 특질이라는 보다

---

London, 1978). 또한 *ii Sent.* i. 1. 1. 2 (Quaracchi edn., ii. 22)도 보라. 마찬가지로 아퀴나스는 흔적과 이미지를 구분한다. 전자는 비이성적인 피조물과 또한 우리의 비이성적인 부분들에도 존재한다고 그는 주장한다(*ST* 1a. xciii. 6).

22 Harold Osborne, "Revelatory Theories of Art," *British Journal of Aesthetics*, 4 (1964), 332-47. 또한 Peter D. Ashton, "The Holy Spirit and the Gifts of Art," *Theological Renewal*, 21 (July 1982), 12-23을 참조하라.

광범위한 의미에 의존한다는 생각을 전제한다고 본다).[23]

성례의 개념이 좁은 의미에서 이해되든 혹은 광범위하게 이해되든 우리의 논의에 있어 중요한데, 그것은 하나님과 세계의 관계에 대해 자주 사용되는 또 다른 개념인 '표시'(sign)를 전제하기 때문이다. 성서는 특별한 사건들을 하나님의 표시들 혹은 표징들로 여기는데, 기드온이 천사의 메시지를 확증하기 위해 기도한 후 바위에 음식을 두었을 때 그것이 갑자기 불살라진 일(삿 6:17) 혹은 그리스도의 기적들(요 6:30, 행 2:22)과 같은 사건들을 하나님이 말씀하셨거나 어떤 이의 권위를 세워주시는 표시들이며 표징들이라고 본다. 하지만 기독교 신학자들은 그 용어를 보다 광범위한 의미에서 사용하게 되었다. 그러한 의미의 확대는 부분적으로는 인간의 어떤 제스처나 혹은 물과 같은 어떤 물질이 하나님의 행동을 표현하는 담지자가 될 수 있다고 보는 성례전적 신학 때문이고, 또 부분적으로는 창조의 교리에 대한 성찰 때문이다. 따라서 12세기의 신학자 빅토의 휴(Hugh of St Victor)는 위-디오니시우스의 『천상의 위계질서』(*Celestial Hierarchy*)에 대한 자신의 주석서에서 가시적인 아름다움은 비가시적인 아름다움의 이미지라고 말한 이후에, 보다 일반적으로 가시적인 사물들은 비가시적인 사물들의 '표시'라고 이해하였다.[24] 하지만 이러한 용어의 사용은 철학적 문제를 가져올 수도 있는데, 그것은 다양한 것들을 가리킬 수 있기 때문이다. 표시는 퍼스

23 *Prayer,* trans. A. V. Littledale (London, 1961), pt. 3, ch. 2. 또한 David Jones의 중요한 에세이 "Art and Sacrament," in Nathan A. Scott (ed.), *The New Orpheus: Essays toward a Christian Poetic* (New York, 1964)을 참조하라.
24 *PL* 175: 949b, 954b.

(C. S. Peirce)가 "아이콘적" 표시(iconic sign)라고 부른 것 즉 어떤 대상을 그 유사성 때문에 가리키는 것으로 보이는 표시를 가리킬 수 있을 것이다[25](예를 들어, 실제의 여인숙을 본 따 만든 여인숙 표시). 혹은 그것은 약속에 의해 대상을 지시하는 언어와 같은 것일 수 있다(예를 들어, 교통표시들). 혹은 그것은 대상과의 관계가 인과적이고 귀납적인 의학적 증상과도 같은 어떤 것일 수 있을 것이다(퍼스가 '지시체'[index]라고 부른 것). 예를 들어, 종기와 부스럼은 피가 불순한 상태에 대한 표시이다. 이러한 다양한 용법들 중에서 오직 첫째만이 닮음의 관계를 전제하는 것이다. 여인숙 표시에 그려진 빅토리아 여왕의 그림은 실제로 그녀를 닮을 수도 있을 것이나, "보행로"라는 단어가 실제로 사람들이 걸어 다니는 그러한 길을 '닮은' 것은 아니다. 여기서 언어와 실재 사이의 관계는 (의성어의 경우를 제외하면) 닮음의 그것은 아닐 것이다.[26] 신학자들이 지상적 아름다움은 하나님의 아름다움 혹은 비가시적 아름다움의 표시라고 말할 때, 그들은 보통 전자가 후자를 닮았거나 그 이미지라는 것을 의미한다. 하지만 때때로 그 관계가 언어적 약속 내지 표현과 같다고 제안되기도 하였다. 빅토의 휴는 "감각적 세계 전체는 하나님의 손가락

---

25 *The Collected Papers of Charles Sanders Peirce*, ii, ed. Charles Hartshorne and Paul Weiss (Cambridge, Mass. 1960), §276. 퍼스는 이러한 범주를 광범위하게 적용한다. 그는 그림, 사진, 다이어그램 뿐 아니라 수학적 공식도 여기에 포함되는 것으로 본다 (ibid., §279).

26 Nelson Goodman, *Languages of Art: An Approach to a Theory of Symbols* (2nd edn., Indianapolis, 1976), 1장을 참조하라. 본인은 굿맨에 의해 제기되어지는 몇몇 문제들을 본인의 "Modes of Representation and Likeness to God," in Kenneth Surin (ed.), *Christ, Ethics and Tragedy: Essays in Honour of Donald MacKinnon* (Cambridge, 1989), 34-48에서 논의하고 있다.

에 의해 쓰인 책이다"라고 말하였다.[27] 자연은 하나님이 우리와 의사소통하시기 위해 사용하시는 일종의 언어와 같다는 생각은 다른 신학자들에 의해서도 제안되었는데, 예를 들어 버클리(Berkeley)는 『알키프론』(*Alciphron*)에서 이를 논의하고 있으며 케블(John Keble)은 『교회 역년』(曆年, *The Christian Year*)에 실린 한 자신의 시에서 이렇게 표현한다:

우리 위에, 우리 밑에, 우리 속에, 우리 주변에 있는

하나님의 작품들은 책의 페이지들과 같아서,

어떻게 하나님 자신이 발견되는지를 보여준다.[28]

이러한 책의 유비는 닮음(likeness)보다는 언어적 약속 혹은 표시 (denotation)의 관계를 제안하는 것이다. 우리는 이러한 언어적 재현의 관계보다는 닮음과 거기에 관련된 다른 관계들에 주목하고자 한다.[29]

## 하나님의 닮음

'피조된 세계의 아름다움은 하나님의 아름다움을 반영하고 있다'는 주장은 창세기 1:26-7에서 '우리가 하나님의 형상을 닮아 창

---

27 *Eruditionis Didascalicae*. bk. 7 (*PL* 176: 814b).

28 i (Oxford, 1827), 83, poem for Septuagesima Sunday.

29 그리스도는 말씀인 동시에 형상이며 이미지인 것을 우리는 기억해야 한다.

조되었다'는 진술을 확장한 것이라고 볼 수 있다. 그것은 일종의 확장인데, 텍스트는 단지 인간의 존재만을 가리키고 있는 반면 우리의 주장은 모든 피조물을 포함하기 때문이다. 이러한 확장은 자연의 장엄함이 하나님의 능력과 영광을 드러낸다는 성서 본문들뿐 아니라(예를 들어 시편 19:1-6 그리고 시편 104), 창조자는 자신의 특질들을 그의 피조물과 공유한다는 신학자들의 주장에 의해서도 제안되고 있다. 물론 이것은 항상 적절하지는 않은 것처럼 보인다. 종종 자연은 적대적인 모습을 보여줄 뿐 아니라 공포와 경악을 가져옴으로써 그 창조자의 어두운 측면을 드러내는 듯하다. 클라크(Kenneth Clark)는 워즈워스(Wordsworth)와 콘스터블(Constable)의 자연에 대한 낙관적 태도를 그 파괴적 측면을 강조하는 터너(Turner)와 제리코(Géricault)의 비관주의에 대조시킨다.[30] 하지만 우리는 창세기에서 이미 제기되고 있는 보다 심각한 철학적 문제도 직면하게 된다: 어떻게 육체적인 존재가 몸이나 물질을 가지지 않는 하나님을 닮을 수 있는가?

이러한 어려움은 초대 기독교 교부들뿐만 아니라 필론(Philo) 같은 유대교 신학자들에 의해서도 인식되었다. 우리는 창세기의 본문이 두 가지 방식으로 이해되는 것을 발견하게 된다. 한편으로, 어떤 이들은 그것을 하나님의 형상은 오직 비물질적인 영혼이나 마음에서 발견될 수 있다는 것을 의미하는 것으로 이해하였다. 다른 한편으로, 다른 이들은 그것이 전체 인간에서 발견된다고 해석한다. 전자의 입장은 플라톤적 이원론에 영향을 받은 것으로, 여기에는 오리겐

---

30 Kenneth Clark, *The Romantic Rebellion* (London, 1973), 226, 265.

(Origen)이나 알렉산드리아의 시릴(Cyril of Alexandria)과 같은 신학자들이 포함된다. 오리겐은 이성적 영혼과 내적 인간에서 하나님의 형상을 발견하는데, 이것이 비가시적이고 비육체적이며 썩어지지 않고 불멸한다고 보았기 때문이다.[31] 영혼은 미덕에 대한 잠재력을 지니고 있고, 이것이 우리의 진정한 아름다움을 구성하고 있는 미덕들로 장식될 때에 하나님의 진정한 초상화가 된다는 것이다. 그는 육체적 인간이 하나님의 형상을 닮았고, 하나님 자신이 육체를 가지는 것으로 주장하는 자들을 비판한다.[32] 이와 유사하게, 시릴도 하나님의 형상을 영혼에서 발견한다.[33] 반면, 이레니우스(Irenaeus)는 인간 전체가 하나님의 형상으로 창조되었다고 주장한다.[34] 이러한 주장은 우리에게 있어 중요한데, 만약 우리가 육체적 인간에서 하나님의 형상을 발견할 수 있다면 하나님의 아름다움이 그의 전체 피조물에서 발견되고 반영되는 방식에 대해서도 실마리를 찾을 수 있을 것이기 때문이다. 아우구스티누스(Augustine)는 중용적인 입장을 택한다. 그는 우리의 몸이 아니라 마음이 하나님의 형상을 따라 만들어진 것이라고 주장하지만, 전자 속에도 어떤 닮은 측면이 존재한다는 것을 인정한다.[35] 마찬가지로, 아퀴나스(Aquinas)

---

31 *Against Celsus*, vii. 66 (*PG* 11: 1513b-1516a), viii. 17 (*PG* 11: 1544a-1545a); *Homilies on Ezekiel*, vii. 7 (*PG* 13: 724b-725a).

32 *Homilies on Genesis*, i. 13 (*PG* 12: 155c-156a).

33 예를 들어, *In Ps.* xxxii. 9 (*PG* 69: 876c). 그의 입장을 보다 자세히 살펴보려면 Walter J. Burghardt, *The Image of God in Man according to Cyril of Alexandria* (Woodstock, MD, 1957), 2장을 보라. 2장은 이 문제에 대한 교부들을 입장을 유용하게 요약하고 있다.

34 *Adv. Haer.* v. 6. 1; 16. 1. 여기서 이레니우스는 영지주의를 비판하고 있다.

35 *Tractatus in Evangelium Ioannis*, xxiii. 10 (PL 35: 1589); *On Eighty-three Questions*, no. 51 (*PL* 40: 33).

는 비록 전 우주가 하나님을 어느 정도로는 닮았으나, 그 농도와 밀집성에 있어서는 지성적 피조물들이 하나님의 완벽성을 보다 가깝게 닮았다고 주장한다(ST 1a. xcii. 2 ad 3). 그는 아우구스티누스를 따라서 특히 삼위일체적인 형상이 마음속에 존재한다고 주장한다(ibid., a. 7). 아우구스티누스도 우리의 육체적 아름다움보다는 우리의 내적 아름다움이 하나님의 형상을 닮은 것이라고 주장한 적이 있는데,36 이러한 입장은 우리가 앞의 장들에서 살펴본 아름다움이라는 개념의 '영성화'(spiritualization)에 해당할 것이다. 하지만 우리는 영적인 아름다움이 물리적인 아름다움보다는 더 중요하다는 입장을 취하면서도, 필연적으로 이원론자가 되어야 할 필요는 없다는 것을 다시 한번 지적하여야 할 것이다. 보다 일반적으로 말해, 우리는 지성적, 영적 그리고 도덕적 가치들을 물질적인 가치보다 더 값진 것으로 여길 수도 있으나, 그것이 반드시 형이상학적 이원론으로 귀결되는 것은 아니다.

이 문제에 대한 이원론적 입장은 유대교 전통보다는 플라톤주의에 기인하는 것이다. 유대교는 인간을 심리적-물질적 통합체로서 보며 오직 이것의 어느 부분만이 하나님의 형상을 닮은 것으로 보는 견해를 비판하기 때문이다(기독교는 여기에 추가적으로, '오직' 우리의 영혼만이 주님의 형상을 닮아 영광에서 다른 정도의 영광으로 변화되는 것은 아니며[고후 3:18], 오직 영혼만이 그리스도와 같이 변모하는 것은 아니라는 것[요일 3:2]을 지적하였다. 변화산상에서 그리스도 전체가 영화롭게 되었고, 부활에서 그는 육체적으로 나타났으며, 그를 그린 아

---

36 *Letter* 120 (*PL* 33: 462).

이콘들은 그리스도의 두 본성을 한 인격 속에서 표현하였던 것이다.)[37] 하지만 어떤 경우든 유대교는 우리가 하나님을 닮음을 창세기 1:26-27에 나오는 나머지 피조물에 대한 인간의 통치권처럼, 하나님에 의해 주어진 어떤 '능력들'의 측면에서 이해한다. 이 점은 이원론자들을 포함한 많은 초대 기독교 교부들의 경우에 있어서도 마찬가지였다. 예를 들어, 알렉산드리아의 시릴은 우리의 육체적 모습이 하나님의 형상을 닮은 것은 부정하였지만, 우리가 선이나 정의 등의 모든 미덕들에 대한 잠재력과 능력을 지니는 점에서 하나님을 닮았다고 주장한다.[38] 따라서 여기서 철학적으로 문제가 되는 것은 그러한 능력들이 영혼에만 놓여 있는 것인지(이런 경우 육체는 단지 도구로 사용될 것이다), 혹은 인간 전체에 존재하는 것인지 밝히는 것이다. 하지만 유대교 전통은 첫 번째 입장을 수용할 수도, 아니 이해할 수조차 없었을 것이다(최소한 그리스 철학이 침투하기 전까지는 그러했을 것이다).

여기서 우리에게 특히 관련이 되는 능력은 예술에서의 창조적 작업의 그것이다. 많은 기독교 신학자들은 하나님을 단지 창조자로서만이 아니라 예술가로서 묘사하여왔다. 예를 들어, 보나벤투라는 "백합화를 생각하여 보아라"(눅 12:27 이하)의 구절을 주석하며 하나님을 뛰어난 예술가로 그리고 자연을 그의 걸작으로 묘사하고

---

37 Evdokimov, *L'Art de L'cône: Théologie de la beauté* (Paris, 1970), 178-9, 또한 Aidan Nichols, *The Art of God Incarnate: Theology and Image in Christian Tradition* (London, 1980), 5장을 참조하라. 니콜스는 기독교 미학 이론의 발전에 있어 성육신 교리가 지니는 중요성을 지적한다.

38 Burghardt, *The Image of God*, 2장을 참조하라.

있다.39 따라서 이들 중 몇몇은 인간 예술가가 하나님의 아름다움 뿐 아니라 그의 창조성을 모방한다고 본 것은 놀랄 만한 일이 아닐 것이다. 세이어스(Dorothy Sayers)에 따르면, "예술이 '창조'라는 생각은 기독교가 미학에 기여한 중요한 공헌중의 하나이다. 진정한 예술작품은 무엇인가를 '새로' 창조하기 때문이다."40 또한 존스(David Jones)는 창조자 하나님의 조건 없이 거저 주는 활동이 피조물의 예술에 반영된다고 주장한다.41 따라서 우리는 두 가지 형식의 닮음을 직면하게 된다: 피조된 세계가 하나님의 아름다움을 닮음 그리고 예술가의 상상력과 창조성이 하나님의 창조활동을 닮음.

하지만 모든 신학자들이 예술가와 창조자 하나님 사이의 비교를 옹호하지는 않는다. 예술가나 시인조차도 무로부터 창조하지는 않는다는 사실이 지적될 수도 있을 것이다. 그들은 영감과 상상력에 의지하고 전통으로부터 물려받은 형식들에 의존한다. 하지만 몇몇은 보다 날카로운 비판을 제기하기도 한다. 볼터쉬토르프(Wolterstorff)는 이러한 견해에는 인간을 자신의 세계의 제작자로 보는 "프로메테우스적인 관점"(Promethean vision)의 냄새가 난다고 주장한다. 이

---

39 *Comment. in Lk.* xii. 39 (Quaracchi edn., vii. 321). 구약의 영광의 개념에 대한 논의에서 폰 발타자는 어떻게 창 2:7-8과 많은 후기의 텍스트들이 창조 세계와 하나님의 관계에 대해 *yoṣer*(modeller: 모형자, 제작자)와 *yaṣar*(to model: 모형을 본뜨다, 제작하다)등의 용어들을 사용하였는지 살펴보고 있다. *The Glory of the Lord*, vi, 88-9를 참조하라.

40 "Towards a Christian Aesthetic," in *Christian Letters to a Post-Christian World*, ed. R. Jellema (Grand Rapids, 1969), 77 참조.

41 David Jones, "Art and Sacrament," in Nathan A. Scott (ed.), *The New Orpheus: Essays toward a Christian Poetic* (New York, 1964), 27, 32 참조. 마리땡은 예술가의 창조성이 단지 하나님의 세계 창조를 반영할 뿐 아니라, 성부가 성자를 낳음을 또한 반영한다고 본다. Maritain, *Art and Scholasticism*, trans. J. W. Evans (New York, 1962), app. 1 참조.

런 관점은 예술의 자율성이나 예술에 대한 낭만주의적이고 '엘리트 적인' 견해에서 예시적으로 드러난다. 그것들은 예술가의 역할을 사적인 어떤 것으로 만듦으로써, 예술의 사회적 컨텍스트는 물론이고 타자에 대한 예술가의 봉사의 역할을 무시한다고 그는 본다.[42]

비록 볼터쉬토르프가 예술작품은 성령의 영감을 받은 것이고 하나님의 메시지를 전달할 수 있다고 인정하더라도(예를 들어 미래의 샬롬의 도래에 있어), 이러한 닮음의 측면을 비판하는 것은 하나님의 완벽성과 세계 내 미학적 특질들 사이의 관계에 대해 성찰하는 것을 삼가려는 입장에서 기인한다고 본인은 생각한다. 본인은 앞에서 이미 볼터쉬토르프의 견해는 이 책의 주요 관심사를 고려할 때 매우 제한적이라는 것을 지적하였다. 왜냐하면 그의 입장은 예술과 자연의 아름다움을 하나님의 선물로서 인정하면서도, 거기에 어떠한 성례전적인 역할도 부여하기를 거부하기 때문이다. 이것은 칼빈의 결혼관에 비교될 수 있을 것이다. 칼빈은 결혼이 하나님이 정하신 선하고 신성한 제도라는 것을 인정하면서도, 그것이 농업, 건축, 신발 제조, 미용 등과 마찬가지로 성례는 아니라고 본다. 따라서 그는 가톨릭 교회의 성례에 대한 견해를 부정하며, 남편과 아내의 관계는 그리스도와 그의 사랑하는 교회의 그것에 대한 일종의 표시라는 가톨릭 교회의 에베소서 5:22-33에 대한 해석을 거부한다. 대신 칼빈은 여기서 바울이 단지 유사성에 대해 말하고 있는 것이라

---

42 Nicholas Wolterstorff, *Art in Action: Toward a Christian Aesthetic* (Grand Rapids, 1980), pt. 2, §§13-14. 또한 이와 유사한 견해로는 C. Seerveld, *Rainbows for the Fallen World* (Toronto, 1980), 26을 참조하라. 하지만 그는 예술가가 창조의 풍부성과 관련하여 일종의 사제적 역할을 할 수도 있다고 인정한다.

고 본다(*Inst.* iv. 19. 34-7). 또한 본인은 이미 볼터쉬토르프의 입장이 기독교 전통의 많은 부분들 특히 아름다움을 하나님에게 돌리는 전통을 무시하고 있다는 것을 지적하였다. 이러한 하나님의 아름다움에 대한 주장은 성서에 기초한 것으로서, 단지 플라톤주의가 기독교에 침범한 것으로 여길 수는 없는 것이다. 따라서 자연과 예술 속에서 하나님의 아름다움과 세계의 아름다움이 가지는 관계에 대해 질문하는 것은 매우 자연스러운 것이다. 하지만 이것은 필자가 이미 제기하였듯이, 어떻게 비가시적이고 비물질적인 하나님의 아름다움과 가시적인 세계가 지니는 미학적 특질들이 닮을 수 있는지에 대해 단지 질문하는 것이지 거기에 대한 대답은 아닐 것이다. 여기에는 훨씬 광범위하고 깊은 문제가 놓여 있는데, 우리는 이제 여기에 대해 살펴보고자 한다.

미학적 닮음의 문제는 인간의 도덕적이고 지성적인 특질들이 어떻게 하나님의 본성을 반영할 수 있는지 세계와 하나님 사이의 닮음에 대한 보다 광범위한 전통적 질문의 한 부분이다. 본인은 여기서 다시 우리가 하나님의 형상을 닮아 창조되었다는 사실을 고려하고자 한다. 하지만 기독교 신학은 타락에 대한 교리를 발전시키며 이러한 형상과 닮음이 죄에 의해 최소한 훼손이 되었다고 보기 때문에(하지만 바울은 죄로 인해 형상과 닮음이 아니라 하나님의 '영광'이 상실되었다고 본다; 롬 3:23), 우리는 이러한 형상이 성령을 통해 거듭난 자들 속에서 하나님의 완벽한 형상이며 표현인 그리스도를 닮음으로 다시 회복된다는 기독교의 가르침도 고려하여야 할 것이다(롬 8:29, 고후 3:18). 기독교 전통의 어떤 부분은 성자들을 특히 그러한

닮음이 회복된 사람이라고 보며, 그들을 예술작품에 비하기도 한
다.[43] 이러한 경우들에 있어 하나님과 인간 사이의 닮음의 문제는
미학의 경우보다는 훨씬 수월하게 논의될 수 있는데, 왜냐하면 도
덕적이고 지성적인 특질들은 또한 하나님에게도 돌려질 수 있는 능
력이나 행동을 통해서 분석될 수 있기 때문이다. 만약 우리가 인간
의 지혜는 하나님의 지혜를 닮았다고 주장하고자 한다면, 우리는
하나님의 지혜와 섭리를 드러내는 하나님의 행동을 가리킴으로써
그렇게 주장할 수 있을 것이다. 마찬가지로, 하나님은 고아와 과부
를 위해 신원하시며 나그네를 사랑하신다(신 10:18)는 사실을 지적
함으로써, 우리는 그의 사랑과 의로우심에 대한 이해를 조금은 할
수 있을 것이다. 게다가 우리는 하나님처럼 용서하고 자비를 베풀
라고 가르침을 받았다(마 6:12, 14 이하; 눅 6:36). 특히 기독교는 하나
님의 완전성이 비가시적인 하나님의 형상이며 그의 영광의 반영인
그리스도에게서 계시되었으며(골 1:15, 히 1:3, 요 1:14), 그를 따르고
모방하도록 우리를 가르친다(살전 1:6, 고전 11:1). 기독교는 어떻게
가시적인 것이 비가시적이고 신성한 것을 표상할 수 있는지의 질문
에 대해 성육신의 교리를 통해 엄청난 대답을 제공하고 있다. 하지
만 하나님의 아름다움의 경우, 우리는 그리스도의 도덕적이고 영적
인 아름다움을 제외하고는 어떤 특별히 구분될 만한 하나님의 행동
을 알고 있지는 못하다. 따라서 우리는 하나님의 비육체성으로 인

---

43 Maritain, *Art and Scholasticism*, 155; G. Florovsky, *Creation and Redemption* (Belmont,
　　Mass., 1976), 204-5; L. Ouspensky, *Theology of the Icon* (Crestwood, NY, 1978), 195-6);
　　그리고 H. Huvelin, *Some Spiritual Guides of the Seventeenth Century* (New York, 1927),
　　p. lxxvi. 이것들 중 마지막 책은 특히 성자들을 그리스도의 초상화에 비유한다.

해 사랑이나 정의의 경우보다는 하나님의 아름다움을 논의하는데 있어 보다 어려움을 가지게 되는 것이다. 사실 하나님의 아름다움이 무엇인지 그리고 그러한 아름다움과 피조된 아름다움 사이의 닮음이 무엇인지 이해하기는 쉽지가 않다. 이러한 요인이 우리가 앞에서 본 아름다움의 '영성화'를 가져오는데 공헌한 것이다.

몇몇 초기의 기독교 신학자들은 이 문제를 단지 신비로 남겨두는 데 만족하였다. 9세기의 아일랜드 신학자인 에리우지나(John Scotus Eriugena)는 하나님은 창조세계에 놀랍고 표현될 수 없는 방식으로 자신을 계시하시기 때문에, "비록 형상과 종(種)을 가지시지 않지만" 하나님은 "자신을 아름답게 만드신다(formosum et speciosum)"고 말한다.[44] 하지만 많은 다른 신학자들은 플라톤 철학을 받아들이며, 피조된 사물들과 하나님의 아름다움 사이에는 원형인 하나님에 참여하는 정도에 따라서 닮음의 다른 정도들이 존재한다고 주장한다.[45] 하지만 이러한 해결책은 아리스토텔레스가 플라톤의 형상의 이론에 대해 제기하였던 비판과 또한 플라톤 자신이『파르메니데스』(Parmenides)에서 어떻게 사물들이 유형들에 '참여'하며 어떻게 개별자들이 형상을 닮게 되는지 물었던 것과 유사한 질문들을 제기하게 만든다. 이것은 개별자들이 서로를 닮는 것과는 다른 종류의 닮음이어야 할 것이다. 만일 그렇지 않다면 우리는 개별자들이 형상을 닮는 데 있어서 또 다른 실체를 가정해야 할 것이고 이것은 무한하게 소급될 것이기 때문이다(소위 제 삼자의 논쟁).[46] 자

---

44 *Periphyseon*, iii. 17 (*PL* 122: 678c), trans. I. P. Sheldon-Williams.
45 예를 들어 Gregory of Nyssa, *On the Making of Man*, xii. 9 (*PG* 44: 161c).

신의 『니코마코스 윤리학』(*Nicomachean Ethics*)에서 아리스토텔레스는 특히 선의 형상이 다른 종류의 선들을 설명할 수 있다는 견해에 반대하고 있다. 그는 어떻게 지성, 시각, 명예, 또는 즐거움과 같이 그 자체로 선한 것으로 여겨지는 사물들이 단일한 형상 아래에 포함될 수 있는지 반문한다. 따라서 아리스토텔레스는 선이란 것은 일종의 유비적 개념이라고 결론내리며, "마치 시각이 몸에 대해서 가지는 위치와 같이, 이성은 마음에 대해서 그런 위치를 가진다"는 예를 통해서 이를 설명한다.[47] 이러한 논의는 아름다움의 경우에도 적용될 수 있을 것이다. 왜냐하면 아름다움의 단일한 형상이라는 생각은 선의 형상에 대해 아리스토텔레스가 제기한 비판들과 유사한 것들을 가져오기 때문이다. 일몰, 그림, 심포니, 인간의 성격, 과학이론, 수학적 증명이 하나의 단일한 아름다움의 형상에 참여한다고 설명하는 것은 도대체 어떠한 가치를 지닐 수 있는가? 우리가 만일 관점을 확장하여 심오함, 미묘함, 신랄함, 삶을 확장시킴 등과 같은 비판적인 미학의 개념들은 말할 것도 없이 우아함, 섬세함, 독특함, 복잡함 등의 보다 구체적으로 미학적인 개념들을 염두에 둔다면 어려움은 더욱 가중되어질 것이다. 이렇게 다른 모든 특질과 하나님의 본성 사이에 존재하는 것으로 추정되는 관계는 무엇이란 말인가?

초기의 기독교 신학자들 중 몇몇은 플라톤과 아리스토텔레스의

---

46 Aristotle, *Metaphysics* i. 9. 990b 17*ff*., 991a 20*ff*., xiii. 5. 1079a 4-13, 1079b 24-6 등을 참조하라. 또한 Plato, *Parmenides*, 132d-133a를 보라.

47 *Nic. Eth.* i. 6. 1096b 29-30.

사상 둘 다에 의존하기도 하였다. 플라톤의 경우 그의 유비에 대한 가르침보다는 다른 종류의 인과성에 대한 가르침이 보다 영향력을 끼쳤다. 그래서 위-디오니시우스는 선과 마찬가지로 초-본질적인 아름다움 혹은 아름다움 자체는 사물들이 유래하는 기원이고, 모든 아름다운 것들의 선재하는 원인이라고 주장한다. 또한 그러한 아름다움은 그 속으로 그리고 그것을 위해서 사물들이 존재하게 되는 목표이고, 목적이며 그것들의 연인이라는 것이다. 마지막으로 그것은 사물들이 그 속에 존재하게 되는 모범적 혹은 형상적 원인이라고 그는 주장한다.48 미학에 가장 관계가 깊고 또한 후대의 신학자들이 하나님의 아름다움을 논의하며 사용하였던 것은 이러한 여러 인과성 중에서 마지막인 형상적(formal) 혹은 모범적(exemplar) 원인이다. 위-디오니시우스는 그의 『천상의 위계질서』(Celestial Hierarchy)에서 하나님의 아름다움을 완전성의 원천으로서 "모든 사물들에게 그 장점에 따라서 빛을 수여하고, 또한 하모니와 평화 속에서 거룩한 성례를 통해서 이 모든 것들을 자신의 형상 속에서 완전하게 만든다"라고 묘사한다.49 결론적으로, 모든 사물은 하나님의 아름다움을 따라서 형성되었다는 것이다.

아퀴나스는 다른 종류의 인과성을 논의하는 데 있어서 위-디오니시우스를 따른다. 『하나님의 이름들』에 대한 그의 주석에서 아

---

48 *Div. Nom.* iv. 7, 10 (*PG* 3: 704b, 705d). "모범적"(exemplar)이라는 용어는 아리스토텔레스가 *Metaphysics*, v. 2. 1013a 7에서 형상적 인과성(formal causality)을 묘사하기 위해 *paradeigma*라는 말을 사용한 데에서 유래한 것이다. (플라톤은 이러한 용어를 *Timaeus*에서 창조자가 사용하는 패턴에 대해서도 적용하였다; 또한 그는 *Republic*, 500e에서 정의를 모범적으로 따르려는 국가에 대해서도 이것을 사용한다).
49 iii. 1 (*PG* 3: 164d), trans. C. Luibheid.

퀴나스는 하나님이 아름다움의 '작용적 원인'(effective cause)이라고 말하는데, 하나님은 자신의 닮은꼴을 의사소통함으로써 아름다움을 증가시키기를 원하시기 때문이라는 것이다. 또한 그는 하나님이 '목적적 원인'(final cause)으로서, 사물들은 하나님의 아름다움을 모방하고 지향하도록 만들어졌다고 한다. 마지막으로 그는 하나님을 '모범적 원인'(exemplary cause)으로 보는데, 아무도 아름다움을 제외하고는 거기에 대한 그림이나 표상을 만들고자 원하지 않는다는 사실에서 드러나듯이 모든 사물들은 하나님의 아름다움을 따라서 구분되어지기 때문이라는 것이다(§§352-4). 다른 곳에서 아퀴나스는 선을 '목적적 원인'(final cause)에 연관시키고 아름다움을 '형상적 원인'(formal cause)에 연관시키기를 선호하는데, 전자가 욕구(appetite)에 대해 대답해주는 반면 후자는 지식(knowledge)에 대해 대답해주기 때문이라는 것이다(ST 1a. v. 4 ad 1). 우리는 또한 미학에 대한 다른 중세 신학자들의 논의에서 여러 가지 인과성과 원인에 대한 유사한 견해들을 발견할 수 있다.[50]

현대 철학은 형상적 그리고 목적적 원인을 고려에서 제외시키는

---

50 Alexander of Hales는 자신의 *Summa*에서 아름다움이 형상적 인과성에 기초한다고 주장한다(Quaracchi edn., i, n. 103, *contra* 1). 마찬가지로 Ulric of Strasburg는 하나님이 아름다움의 작용적, 모범적 그리고 목적적 원인이라고 하며, 이것을 물질 속에 침투하게 되는 신성한 빛에 의해 생겨난 형상이라고 정의한다. 또한 St. Albert는 아름다움을 "형상의 광채"로 정의하며, 세 가지 원인들 중에서 아름다운 형상들의 모범들을 하나님의 본성과 동일시한다. 이러한 신학자들의 아름다움에 대한 관념에 있어 '형상'이 중요한 역할을 하고 있다는 것을 우리는 주목해야 할 것이다. 이에 대한 추가적 토론으로는 von Balthasar, *The Glory of the Lord: A Theological Aesthetics*, iv. trans. B. McNeil *et al.* (Edinburgh, 1989), 381-92; E. de Bruyne, *Études d'esthétique médiévale*, iii, 125-7, 175-80; W. Tatarkiewicz, *History of Aesthetics*, ii (The Hague 1970), 223ff. 등을 참조하라.

경향이 있다. 하지만 우리는 아직도 어떤 것을 그것의 목적이나 형상에 의해 묘사할 수 있을 것이다. 어떤 돌은 그것이 맷돌이기 때문에 그 가운데 구멍이 있을 수 있고, 어떤 동상은 그것이 넬슨 제독을 표현한 것이기 때문에 팔 하나가 없을 수 있는 것이다. 마찬가지로 몸이나 기계의 어떤 부분들은 그것들이 목적으로 하는 기능에 의해 묘사될 수 있는 것이다(예를 들어, 시계추).[51] 신학에서도 역시 이러한 두 원인들에 대한 논의는 중세 때보다는 관심을 끌지 못하고 있다. 하지만 최근 칼 라너(Karl Rahner)는 자신의 은총의 신학에서 형상적 인과성의 개념을 사용한다. 그에 따르면, 하나님은 은총 속에서 우리에게 유사-형상적 인과성(quasi-formal causality)을 통해서 자기 자신을 의사소통한다는 것이다.[52] 코페이(David Coffey)는 자신의 저작 『은총: 성령의 선물』(Grace: The Gift of the Holy Spirit)에서 라너의 사상에 기초하여 은총은 성령 자신을 구성하고 있는 선물이라고 해석하며, 그것을 하나님의 형상적 인과성의 한 예로 여긴다. 그러한 인과성으로 인해 세계적 실재는 삼위일체 속으로 포함되어지며, 성자 혹은 성령과 교통함으로써 성부의 자기-의사소통에 수용적이 된다는 것이다. 코페이는 비록 성령이 다른 두 인격들을 함께 관련시키게 하지만, 은총을 성령에 의한 신성한 형상적 인과성의 활동이라고 여긴다.[53] 물리적 우아함(gracefulness)과 신학적 은총

---

51 Max Hocutt, "Aristotle's Four Becauses," *Philosophy*, 49 (1974), 385-99; 또한 Peter Geach, *Providence and Evil* (Cambridge, 1977), 35-6, 72-4를 참조하라.

52 Karl Rahner, "Some Implications of the Scholastic Concept of Uncreated Grace," *Theological Investigations*, I, ch. 9, 330; "Nature and Grace," ibid. iv, ch. 7, 175, 177. 라너는 순전히 세계 내에서 발생하는 형상적 인과성(formal causality)과 구분하기 위해서 '유사-형상적 인과성'이라는 표현을 사용한다.

(grace) 둘 다를 의미하는 "*charis*"의 의미를 고려하면서, 우리는 코페이의 미학적 입장을 확장시킬 수 있을 것이다. 은총과 마찬가지로 아름다움도 값없이 주어지고, 변혁적인 역할을 하는 것이다. 사실 이 둘은 같은 것의 두 형태인지 모른다. 우리는 이미 많은 기독교 신학자들이 성령의 성화의 사역을 영적인 아름다움의 회복으로 해석하였다는 것을 앞에서 보았다. 따라서 성화와 미학적 아름다움 둘 다는 보다 광범위한 아름다움의 개념 아래에 포함될 수도 있을 것이다.

이러한 '형상적 원인'이라는 개념을 신학적으로 사용하는 것과 그것을 미학의 영역으로 확장시키는 것은 아리스토텔레스로부터 아주 멀리 떠나온 것이다(라너의 '유사-형상적 인과성'이라는 표현에 대한 선호가 이를 예시적으로 보여주고 있다). 아리스토텔레스는 이것이 사물들로 하여금 구체적으로 그 사물이게 만드는 어떤 것, 즉 사람, 집, 일식, 혹은 음악적 옥타브 등으로 하여금 그것들이게 만드는 것이라고 보았다.[54] 우리는 이런 점에 있어서 플라톤주의에 훨씬 가까운 것 같다. 플라톤은 지상적 실재들이 형상들의 세계에 참여하고 그것을 닮은 것으로 본다. 아퀴나스는 이러한 "참여"라는 용어를 자주 사용하였는데, 다른 신학자들도 마찬가지일 것이다.[55]

---

53 D. M. Coffey, *Grace: The Gift of the Holy Spirit* (Sydney, 1979), pt. 2, ch. 5. 이와 같은 견해는 이미 St. Basil에서 예견되어지고 있는데, 그는 합리적 존재 속의 성령의 임재를 성자의 이미지에 일치되어지는 형상의 임재에 비하고 있다. *On the Holy Spirit*, xxvi. 61 (*PG* 32: 180bc) 참조. 또한 Aquinas는 자신의 *I Sent*. xviii. 1. 5에서 하나님은 자신의 지혜를 통해서 우리의 지혜의 "모범적인 형상적 원인"(exemplary formal cause)이 된다고 주장한다(Mandonnet edn., i. 445). 또한 그는 계속해서 '사랑' 그 자체인 성령을 본받는 '자비'를 통해서, 우리는 형상에 의한 것처럼 거룩하게 된다고 본다(ibid., 447).

54 *Metaphysics*, v. 2. 1013a 26-9; vii. 9. 1034a 7, 24; viii. 4. 1044b 13-15.

55 하지만 아퀴나스는 "참여"의 개념을 모든 행동들의 최초의 행동이고 완전성인 "*esse*"의 개념에

우리는 "플라톤주의"라는 말이 단지 비방을 위해 사용되어진다고 여길 필요는 없다. 최근 들어 클라크(Stephen Clark)는 현상적 우주는 이상적인 형상이 시간 속에서 현실화되고 투사된 것이라고 주장하며, 일종의 기독교 신플라톤주의를 제창한다.56 또한 우리는 형상적 원인이라는 개념을 아리스토텔레스의 용법을 넘어서 확장시키지 못할 이유도 없는 것이다. 하지만 문제는 우리가 그렇게 개념을 신학적 미학의 영역에로 확장시킴에 있어서, 아리스토텔레스 자신은 직면할 필요가 없었던 문제들을 직면하게 된다는 사실이다. 보다 구체적으로 말해, 우리는 아름다움의 형상에 대해 제기되어지는 것과 유사한 문제를 만나게 된다: 어떻게 엄청나게 다양한 사물들이 그것들의 '형상적 원인'으로서 성령의 거룩한 아름다움을 가질 수 있는가? 아리스토텔레스를 보다 자연스럽게 수용하려 했다면, 우리는 여기서 형상적 원인 대신에 그의 유비에 대한 가르침을 발전시키는 것이 보다 쉬울 수도 있을 것이다. 그리고 다른 여러 종류의 세계적 아름다움을 후기 토마스주의자들이 하나님의 아름다움의 '원초적 유비물'(prime analogate)이라 부른 것에 관련시켰을 수도 있었을 것이다.

---

관련시킴으로써 플라톤을 넘어선다. Cornelius Fabro, "Participation," *The New Catholic Encyclopedia*, x (New York, 1967), 1042-6; 그리고 von Balthasar, *The Glory of the Lord,* iv, 401-4를 참조하라.

56 Stephen Clark, *The Mysteries of Religion* (Oxford, 1986), ch. 14. 또한 그의 기포드(Gifford) 강연인 *From Athens to Jerusalem* (Oxford, 1984)을 참조하라.

## 최소한의 해결책

이러한 난제들에 직면하여 우리는 원래의 문제로 돌아가서 이것들을 피할 수 있는 해결책이 있는지 알아보도록 하자. 우리의 문제는 다음과 같은 것이었다. 어떻게 몸이나 물질을 가지지 않는 하나님의 아름다움이 사람들의 '영적인' 아름다움뿐만 아니라 그들의 물질적 아름다움에도 반영될 수 있으며, 또한 자연과 예술의 아름다움과 다른 미학적 특질들 속에 반영될 수 있는가?(우리는 자연이나 예술 둘 다에서 단지 시각적인 것에 논의를 제한시키지는 말아야 한다는 것을 다시금 기억해야 할 것이다. 음악에서 하나님의 임재를 느끼는 사람들은 하나님의 모습을 닮음에 대해서보다는 하나님의 목소리에 대해서 이야기하고자 할 것이기 때문이다). 우리는 이 문제에 대한 해답에서 최소한으로 다음과 같은 신학적 주장들을 유지하고자 한다. 하나님은 세계를 창조하셨고 그 속에 임재하신다는 것, 따라서 세계의 아름다움은 하나님의 창조물인 동시에 하나님의 아름다움을 닮았다는 것. "닮음"이라는 말을 사용함에 있어 본인은 가장 단순하고 광범위하게 사용되는 용어를 채택한 것이다. 그렇다고 "이미지" 혹은 "원형"과 같은 개념들이나 "거울" 혹은 "반영"과 같은 메타포들에서 보다 구체적으로 포착되고 있는 하나님과 피조물 사이의 '인과적 우선성'(causal priority)을 망각한 것은 아니다. 이러한 닮음의 관계는 피조물 속에 현존하시는 하나님의 임재에 의해 창조된 것이기 때문이다. 그래서 아퀴나스는 아름다움이 하나님의 내적 거주하심으로 인해 초래된다고 주장하였고(*In Ps.* xxv. 5), 보다 최근의 사상가들인 홉킨스와 베이유는 아름다움을 하나님의 현존을 계시하는 것으로 보았다.

본인은 앞의 장들에서 이미 하나님에게 아름다움을 돌리는 이유들에 대해 살펴보았다. 그것은 세계적 아름다움이 하나님의 아름다움을 반영한다는 믿음에 기초한 것으로, 우리는 단지 물질적인 실체들뿐만 아니라 또한 과학이론, 수학의 증명들, 소설의 구성 등등에도 아름다움을 적용시킨다는 사실을 지적하였다. 따라서 하나님의 비가시성, 비물질성 그리고 비육체성이 하나님에게 아름다움을 돌리는 데 있어서 필연적으로 장애가 되는 것은 아닐 것이다. 하지만 우리는 어떻게 하나님을 피조물에 그리고 비가시적인 것을 가시적인 것에 '비교'할 수 있는가? 여기서 우리는 다시 우리가 이미 일상적으로 하고 있는 것에서 해답의 실마리를 찾고자 한다. 우리는 종종 '범주-교차적인 비교'(cross-categorial comparisons)라고 불리는 것을 한다. 예를 들어 성격이나 추상적 개념과 같은 것들이 종종 물리적 사물에 비교된다. 강인한 마음은 크로이소스 왕의 황금 모두보다도 더 값진 것이라고 말하기도 하고, 수학이 우표수집보다는 훨씬 흥미롭다고 말하기도 한다. 많은 직유들이나 메타포들이 이러한 성격의 것이다. 따라서 셰익스피어는 『맥베스』에서 동정을 "발가벗은 신생아"에 비교하며, 『베니스의 상인』에서는 우리에게 "자비로움은 강제되어지는 것이 아니라, 하늘의 비처럼 부드럽게 떨어진다"고 말한다. 이러한 식의 비교는 예술작품의 평가에서도 종종 발견된다. 예를 들어, 디킨스의 소설 『우리 모두의 친구』(*Our Mutual Friend*)의 줄거리 구성이 중국의 수수께끼보다도 훨씬 복잡하게 꼬

여있다고 말해지기도 하고, 어떤 음악작품에서의 악상의 전개가 마치 무거운 발걸음이나 납과도 같다고 비교된다. 사람들은 다양한 '범주-교차적인 비교'를 일상적으로 사용하는 것이다. 그들은 색깔 있는 음악이나 공명하는 디자인에 대해 말하고, 균형이나 달콤함을 여러 예술의 장르들과 사람의 성격에도 적용하고, 음악에서의 악상의 발전을 소설의 등장인물의 성격에 비교하기도 한다. 또한 우리는 베토벤을 렘브란트나 미켈란젤로에, 라파엘을 모차르트에, 혹은 베를리오즈를 들라크로와에 비교하는 등등 다른 장르의 예술가들을 서로 대응시킨다. 또한 우리는 다른 종류의 아름다움들에 대해서도 '범주-교차적인 비교'를 하기도 한다. 예를 들어, 조나단 에드워즈에 따르면 "세계의 가장 달콤하고 가장 매력적인 아름다움은 그것이 영적인 아름다움을 닮았다는 데 있다.… 거룩하고 덕스러운 영혼은 얼마나 청아하고 고요한 오후를 닮았는가!"[57] 물론 이러한 것들 중에서 어느 하나가 다른 하나보다 더 아름답다고 말하는 것은 이상할 것이다. '에로이카' 심포니가 렘브란트의 『야경꾼』이나 혹은 미스 유니버스보다 더 아름답다고 말하는 것은 이상하게 들릴 것이다. 하지만 우리는 어떤 한 범주 속에서는 사물들을 서로 비교할 수 있으며, 그 범주에 속한 어떤 한 사물이 다른 것들에 비해 보다 아름답다고 할 수는 있을 것이다. 따라서 베토벤의 음악이 다른 음악들 가운데에서 미학적 탁월함을 지닐 수도 있는 것이며, 페루지노(Perugino)는 화가들 가운데에서 오직 중간 정도의 위치를 차지할지도 모른다. 이것은 마치 동일한 정원사가 키운 장미는 전람

---

57 "The Beauty of The World," 305-6.

회에서 상을 수상할 만큼 가치가 있는 반면, 그의 토마토는 그렇지 않을 수도 있는 것과도 마찬가지일 것이다. 이런 경우조차도 우리는 하나가 다른 하나에 비해서 낫다고 단순하게 말하기를 꺼린다.

또 다른 종류의 범주-교차적 비교는 한 범주 속의 사물이 다른 범주 속의 사물을 '표상'하는 경우이다. 우리는 지도가 어떤 특정한 지형을 표상적으로 나타내는 경우에 익숙하며, 그러한 표상은 풍경화의 표상과는 매우 다를 것이다. 여기서 우리는 한 물질적 실체에 대한 다른 두 가지 방식의 표상들을 만날 수 있다. 하지만 때때로 그러한 물질적 실체가 비물질적이거나 추상적인 어떤 것을 표상하는 것으로 받아들여지는 경우도 있다. 그러한 표상의 가장 유명한 예는 아마 아이콘일 것이다. 또한 우리는 르네상스 회화들에서 성스러운 사랑과 세속적 사랑에 대한 표현들이나, 혹은 성령을 표현하기 위해 비둘기의 상징을 사용하는 것을 생각할 수 있을 것이다. 하지만 우리는 다시 한번 표상이 기호나 표시와 마찬가지로 닮음의 관계를 전제하지 않을 수도 있다는 것을 기억해야 할 것이다. 표상은 상징들의 체계에 의존하는 것으로, 언어적 약속에 보다 가깝기 때문이다.[58] 이제부터 우리는 단지 닮음을 전제로 하는 표상에 주목하고자 한다.

하나님의 경우 어떤 요인들은 즉각적으로 비교가 불가능한 것으로 배제되어진다. 그는 무한하다고 믿어지며, 아름다움을 포함한 모든 완전성의 원천이다. 창조자로서 그는 그러한 아름다움을 세계 속에 퍼뜨리기 때문에, 어떤 피조물적인 범주에도 해당되지가 않는

---

58 Goodman, *Languages of Art*를 참조하라.

다. 몇몇 신학자들은 하나님이 물질이나 형상으로 구성되어있지 않기 때문에 그리고 그의 본질과 실존은 동일하기 때문에, 그의 본성은 단순하다고 주장한다. 예를 들어 아퀴나스는 유비적 서술에 대해 논의할 때, 피조물이 어떤 완전성을 가지는 한에 있어서 하나님을 표상하고 닮을 수도 있지만 그 피조물이 같은 종이나 속의 어떤 다른 피조물을 표상하는 것처럼 하나님을 표상할 수는 없다고 우리에게 경고한다. 대신 그것은 하나님을 '초월적 원칙'으로 표상하게 되는데, 이것은 마치 물리적 물체들의 형태가 태양의 힘을 표상하는 것과도 마찬가지라고 그는 주장한다. 나아가, 하나님 속에서는 단순하고 통일된 방식으로 선재하는 완전성들이 피조물들 속에서는 다양하고 복합적인 방식으로 표상된다고 그는 말한다(ST 1a. xiii. 2, 4). 이러한 입장은 아퀴나스의 '창조 신학'뿐 아니라, '원인은 결과가 보여주는 완벽성들을 반드시 가져야 하며, 원인자는 자신을 닮은 작품을 만든다'는 철학적 원칙을 수용하는 것을 고려한다면 놀랄 일도 아니다. 이러한 원칙에 기초하여서 그는 모든 피조된 사물들이 하나님의 형상들이라고 주장하게 되는 것이다.[59] 따라서 아퀴나스는 하나님을 다른 존재들 가운데의 한 존재로 취급하지 않고도, 혹은 그를 아놀드(Matthew Arnold)가 "쉐프츠버리(Shaftesbury)경을 무한하게 확대하고 크게 한 모습"이라고 부르는 것에 환원시키지 않고도,[60] 혹은 경배의 대상은 다른 어떤 실재도 훨씬 초월한다는 종교적 입장을 간과하지 않고도, 피조물과 하나님의 닮음에 대해 이

---

59 *ST* 1a. iv. 2; *Summa contra Gentiles*, iii. 19. 4, iii. 41. 1.

60 Matthew Arnold, *Literature and Dogma* (London, 1873), 306-7.

야기할 수 있다고 생각한 것이다.

만약 우리가 하나님의 본성과 다른 사물들 사이에 존재하는 차이점만을 단지 강조한다면, 우리는 아마 하나님에 대한 불가지론에 빠지거나 혹은 플류(Antony Flew)가 "천 가지 조건들로 죽이기"(death by a thousand qualifications)라고 부른 것 즉 하나님에 대한 언어에 너무도 많은 조건들을 부가함으로써 그것이 아무 것도 의미할 수 없도록 공허하게 만들 수도 있을 것이다.61 플류의 표현에 짝을 맞추어 람시(Ian Ramsey)는 "천 가지 풍부함으로 살리기"(life by a thousand enrichments)를 제안한다. 피조물들과의 비교 속에서 하나님의 본성이 지닌 무한한 풍부함을 이끌어내어서 표현하자는 것이다.62 만약 실제로 '하나님의 존재'가 가장 탁월한 광채를 지닌다면, 그것은 그의 피조물들 속에서 셀 수 없이 다양한 방식으로 반영되고 굴절될 것이다. 또한 '하나님의 지혜'도 인간의 지성과 지혜 속에 반영되는 것으로 믿어진다 (비록 잠언 6:6에 쓰여 있는 것처럼 우리는 개미에게로 가서 개미가 하는 것을 보고 지혜를 배우거나, 혹은 여우와 벌에게도 가야 할지 모르지만). '하나님의 아름다움'의 경우에 있어, 우리는 하나님과 인간의 상상력이 지닌 다면성으로 인해서 엄청나게 광범위하고 다양한 성찰의 대상들을 가지게 된다. 따라서 세계 속에서 하나님의 닮은꼴을 찾는 것은 마치 '영국이 어떤지' 묻는 것과도 같은 질문일 것이다. 그러한 질문은 우리로 하여금 여러 종류

---

61 Antony Flew, "Theology and Falsification," in Antony Flew and Alasdair MacIntyre (eds.), *New Essays in Philosophical Theology* (London, 1955), 96-9, 106-8 참조. 인용문은 97을 보라.

62 Ian Ramsey, *Models and Mystery* (London, 1964), 60.

의 관계들을 고려하도록 만든다. 우리는 지도, 사진 혹은 그림을 보며 영국이 네덜란드, 프랑스, 혹은 다른 나라들과 모양이 닮았는지 살펴볼 수도 있을 것이다. 하지만 우리가 여기에 대해 보다 깊은 대답을 하기 위해서는 영국의 국민성이 어떻게 그 제도들, 역사, 사람들의 성격과 기질, 음악과 문학 등등에 반영되는지 성찰하며, 또한 나아가 다른 나라들의 상응하는 측면들도 고찰해야 할 것이다. 만약 한 국가가 이렇게 많은 측면들을 통해 표현될 수 있다면, 하나님의 본질이 가지는 풍부함과 광채는 거의 무한한 방식으로 반영될 수 있을 것이다. 더군다나, 하나님에 대한 삼위일체론적 견해는 추가적으로 여기에 풍부함을 더하게 되는데, 그것은 하나님의 신성 자체 내에서 관계성을 제시할 뿐 아니라 하나님과 피조물 사이의 관계를 각 위체들의 사역들을 통해 설명하기 때문이다.

본인이 이제까지 제시한 것은 전통적인 신학적 주장들에 충실하면서도 어떻게 하나님과 피조물 사이의 닮음을 설명할 수 있는가에 대한 최소한의 해답이다. 본인은 이것을 '보편자 이론'(theory of universals)을 신학적으로 채용하는 대신에, '범주-교차적인 비교'(cross-categorial comparison)라는 견해를 통해 제공하고자 시도하였다. 물론 우리는 여기서 더 나아가 그러한 보편자 이론까지 포함시킬 수 있을지도 모른다. 실제로 초대 교부들은 플라톤의 형상 이론을 채용하여 형이상학적으로 야심에 찬 견해를 제시하였다. 하지만 그러한 야심에 찬 설명들도 본인이 제공한 종류의 성찰에서 시작하여야 할 것이다. 또한 그것들이 본인의 최소한의 해결책을 훨씬 더 나아갈 수도 있지만, 동시에 많은 난제들도 함께 가져올 수도 있을 것이다. 결론적으로, 이러한 최소한의 설명 없이는 '세계적 아름다움은 하나님의 영광을 반영하고 있기 때문에 성례전적 특질을 가진다'는 뿌리 깊은 종교적 신념을 우리는 정당화할 수도, 아니 그것이 무엇을 의미하는지 밝힐 수도 없는 것이다.

# 제 7 장
# 사물들의 궁극적 변모를 예견하며

　　이 연구의 처음에서 본인은 모차르트에 대한 바르트의 찬사를 인용하였다. 그는 이 작곡가가 신학에서, 특히 창조론과 종말론에서 자리를 가진다고 주장하였다. 왜냐하면 모차르트는 창조 세계의 선함을 찬송하였고, 그의 청중들을 "밤과 낮으로, 햇빛과 폭풍우 속에서도 선하고 질서 있는 세계의 문지방으로 데려가기 때문이다."[1] 바르트에 따르면, 모차르트는 "우리가 오직 시간의 끝에 가서야 볼 수 있는 것을 보았고, 지금도 들을 귀 있는 자들에게는 이것을 듣도록 도왔다: '하나님의 섭리의 총체적 일관성.'"[2] 여기서 바르트는 기독교 신학과 미학에서 계속적으로 반복되었던 생각, 즉 아름다움은 종말론적 중요성을 지니며 우리는 그 속에서 요한계시록에서 예언되었던 새 예루살렘과 새 하늘과 새 땅을 예견하게 된다는 견해를 대변하고 있는 것이다(이러한 생각은 이미 이사야65:17에도 나오고 있

1 Karl Barth, *Wolfgang Amadeus Mozart*, trans. Clarence K. Pott (Grand Rapids, 1986), 22.
2 Karl Barth, *Church Dogmatics*, iii, pt. 3, p. 298.

다). 바르트는 예술에 대해 쓰고 있지만, 또한 여기서 우리는 탁월한 자연의 아름다움이 장차 올 세계에 대한 표식이라는 견해도 발견하게 된다.

우리는 이 장의 주제에 있어 특히 성령의 역할에 주목하고자 한다. 우리는 초기의 기독교 교부들이 성령을 "완성자"라고 봄으로써 그의 종말론적 역할을 강조하였던 것을 이미 살펴보았다. 이제 우리는 보다 현대의 신학자들이 "주의 영을 보내어 저희를 창조하사 지면을 새롭게 하시나이다"(시 104:30)라는 구절에 종말론적 의미를 부여함으로써, 전 우주의 궁극적 변화의 역할을 성령에게 돌리는 것에 대해 살펴보고자 한다. 즉 이러한 궁극적 변혁과 변화는 성령의 갱신의 사역의 완성이다. 몇몇 신학자들은 보다 구체적으로 아름다움과 성령을 여기서 다시 관계시킨다. 오우스펜스키(Leonid Ou-spensky)는 "진정한 아름다움은 성령의 광채이며, 동시에 장차 올 세계의 거룩함이고 거기에 대한 참여이다"라고 말한다. 3

사물들의 궁극적 변모가 지금 이미 예견된다는 생각은 '구속의 교리'를 '전 우주'에로 연장시키고 확장시킨 것이다. 이것은 어떤 면에서는 앞의 장에서 우리가 논의하였던 '인간은 하나님의 형상을 닮게 창조되었다'는 생각을 '세계가 하나님의 영광을 반영한다'는 생각으로 확장시킨 경우와 유사하다. 이 두 경우 모두에 있어 우리는 인간으로부터 우주에게로 나아가고 있는 것이다. 현재의 경우에

---

3 Leonid Ouspensky, *Theology of Icon* (Crestwood NY, 1978), 190. 그는 성자들의 아이콘이 우리로 하여금 그들의 거룩함을 기억하게 하고, 따라서 "장차 올 세계의 거룩함에 대한 게시이며 동시에 우주적 변화에 대한 계획을 드러내는 것이다"고 주장한다(p. 228).

있어, 우리는 새로운 피조물이라는 생각을 단지 인간에게만 적용시키는 것이 아니라, 타락으로 훼손되었거나 혹은 진화가 불완전하게 된 전체 우주에게도 적용시키고 있는 것이다. 여기에 대한 최근의 논의들은 미학적 관점에서보다는 과학이론의 측면에서 연구되어졌으며, 대체로 진화이론에 의해 많은 영향을 받았다. 우리는 특히 샤르댕(Teilhard de Chardin)의 사상을 예로 들 수 있다. 그들은 또한 그리스도를 우주의 영광의 정점으로 보는 등등 성령론적 강조보다는 기독론적 강조를 훨씬 선호한다(여기서도 샤르댕이 대표적인 위치를 차지하고 있다).

이렇게 구속을 전체 우주에로 확장시키는데 있어 요한계시록 이외에도 바울의 사상을 성서적 근거로 들 수 있다. 로마서 8:20-22에서 바울은 장차 올 영광의 계시에 대해 해산하는 여인의 고통이라는 성서적 이미지를 사용하여 묘사하고 있다. 그에 따르면 전 우주는 이제까지 탄식하고 고통을 당하였는데, 그것은 허무에 굴복하였기 때문이다. 하지만 그는 우주가 '하나님의 자녀들의 영광의 자유'를 획득하기 위해 썩어짐의 종노릇에서 해방될 것이라고 예언한다. 또한 골로새서 1:20에서 바울은 그리스도가 십자가 위에서 평화를 만드셨기 때문에, 땅과 하늘에 있는 모든 것들이 화평하게 될 것이라고 선언한다. 이러한 바울의 사상에 대해 평가하며, 리요네(Stanislas Lyonnet)는 그것이 창세기를 포함한 구약의 텍스트들에 관계되어야 한다고 주장한다. 마치 노아와의 첫 번째 언약이 우주적 함의를 지녔던 것처럼, 종말론적 언약(메시아의 오심)은 필연적으로 모든 피조물에 영향을 끼치게 된다는 것이다. 또한 세상이 아담과

하와의 죄로 저주를 받은 것과 마찬가지로(창 3:17), 그것은 우리의 몸의 구속을 포함한 우리의 구속의 결과로서 회복될 것이다. 바울은 이를 로마서 5:12 이하에서 언급하며, 하나님이 그리스도의 영의 내재함을 통해서 세상에게 새로운 생명을 부여할 것이라고 말한다. 바울은 모든 사물들이 궁극적으로 불타 없어질 것이라는 스토아적 사상을 거부하였고, 우주는 인간의 몸과 마찬가지로 거기에 적합한 방식으로 변모되고 영화롭게 될 것이라고 설교하였다(하지만 이러한 변모가 '어떻게' 이루어질 것인가에 대해서는 그는 언급하지 않는다).4 리요네는 주로 종말론에 관심하였으나, 다른 이들은 타락 이전 낙원의 아름다움의 회복이라는 요인을 추가시킴으로써 이런 생각을 보다 확장시키고 있다. 예를 들어, 이레니우스는 의로운 자들은 하나님을 보기 위해 새롭게 된 창조 세계 속에서 다시 일으킴을 받을 것이며 그 자신들의 원래적 상태로 회복되어질 것이라고 주장한다(Adv. Haer. v. 32. 1; 그도 또한 여기서 롬 8:19-21을 인용한다). 그리고 쿠이퍼(Abraham Kuyper)는 이런 견해를 예술에 확장시키며, 칼빈주의가 로마 가톨릭보다 타락을 강조하는 것은 사실이지만 동시에 예술이 성령의 선물이며 우리의 현재적 생의 위안이라는 것을 강조한다고 주장한다. "예술은 그 작품 속에서 우리로 하여금 상실되어진 아름다움을 기억하게 하고, 또한 도래하는 아름다움의 완전한 광채를 예견하는 신비한 역할을 한다."5

---

4 Lyonnet, "The Redemption of the Universe," in G. Weigel et al. (ed.), *The Church: Readings in Theology* (New York, 1963), 136-56 참조.

5 Abraham Kuyper, "Calvinism and Art," in his *Lectures on Calvinism* (Grand Rapids, 1953), 5장, 155. 또한 John W. Dixon, *Nature and Grace in Art* (Chapel Hill, 1964), 73;

이 장에서 본인은 이와 같은 생각을 개괄적으로 고찰하며 성령이 그리스도의 변화와 부활에 가지는 역할을 살펴본 후에, 이것과 죽은 자의 부활 사이의 병행관계를 보다 발전시키고자 한다.

## 성령, 변모 그리고 영광

많은 러시아 신학자들이 가장 선호하는 주제들 중의 하나가 우주의 변모에 대한 예견이고 여기서의 성령의 역할이다. 지난 세기에 솔로비요프(Vladimir Solovyov)는 아름다움과 성(性)을 매우 높이 평가하는 견해를 제안하였다. 그는 아름다움을 "물질 속에 다른 물질이 성육화됨을 통해서 그 물질을 변모시키는 한 초자연적 원칙"이라고 정의한다.6 비록 역사는 계속될 것이지만, 거기에는 완전한 아름다움에 대한 오직 부분적이고 단편적인 예견만이 있을 수 있다고 그는 주장한다. 예술은 그 가장 높은 성취에 있어서 영원한 아름다움을 잠시 동안 보여주며, 실재 너머의 장차 올 것에 대해 미리 보여주고 맛보게 해준다. 따라서 예술은 예언자적 기능을 가지는 것이며, 완전한 예술의 궁극적 과제는 "단지 상상력 속에서만이 아니라 우리의 행동들 속에서 '절대 이상'을 실현시키며, 우리의 실제적 삶을 영성화시키고 변모시키는 것이다."7

---

그리고 Paul Tillich, "Nature, also, mourns for the Lost Good," in *The Shaking of the Foundations* (London, 1949), 76-86을 참조하라.

6 Vladimir Solovyov, "Beauty, Sexuality and Love," in Alexander Schmemann (ed.), *Ultimate Questions* (New York, 1965), 75.

우리 세기에 들어 이 주제를 다룬 러시아 신학자들 중에서 가장 유명한 이는 아마 버디예프(Nicholas Berdyaev)일 것이다. 그도 예술에서의 인간의 창조성이 세계의 궁극적 변모를 예견하며 새로운 하늘과 땅을 예시한다고 본다. 자신의 『창조적 행위의 의미』에서 그는 예술가의 기능을 '지금-그대로의-세계'(the world-as-it is)를 '앞으로-다가올-세계'(the world-as-it-shall-be)로 실제로 변화시키는 데 공헌하며 하나님의 왕국을 실현시키는 것이라고 묘사한다.[8] 이러한 예술의 종말론적 중요성에 대한 강조는 버디예프로 하여금 '고전주의'보다는 '낭만주의'를 선호하게 만들었다. 그는 고전주의가 타락하고 제한적인 이 세계 속에서 그릇되게 완성을 추구한다고 보았던 반면, 낭만주의는 "유한한 것 속에서의 모든 업적이 지니는 불충분성에 대한 뼈아픈 인식"과 초-유한적인(trans-finite) 것에 대한 갈망과 염원을 잘 드러낸다고 여겼다.[9]

하지만 우리는 보다 포괄적으로 성령의 역할을 강조하는 입장을 불가코프(Sergius Bulgakov)의 저작들에서 발견하게 된다. 자신의 설교 "오순절과 성령의 강림"에서 그는 사도행전 2장에 묘사되고 있는 오순절의 사건은 이미 창조의 처음 순간에 하나님의 신이 수면을 운행하였던 일에 의해 예견되고 있다고 보며, 이것을 "예견에 의한 최초의 우주적 오순절"(the first cosmic Pentecost by anticipation)이라고 부른다.[10] 그는 또한 하나님이 코에 생명의 호흡을 불어넣어 인

---

8 Nicholas Berdyaev, *The Meaning of Creative Act* (London, 1955) 참조.

9 Id., *Dream and Reality* (London, 1950), 215.

10 *A Bulgakov Anthology*, ed. J. Pain and N. Zernov (London, 1976), 183.

272 | 성령과 아름다움

간을 창조하신 일을 또 다른 오순절의 사건이라고 묘사한다. 불가 코프는 추가적인 우주적 오순절이 도래할 것이라고 희망하는데, 피조물 '전체'가 구속되어야 한다고 생각하기 때문이다. 이러한 우주적 오순절은 보편적 부활 이후에 찾아오게 될 것이다. 이때 "하나님의 형상이 모든 피조물 속에 반영될 것이고, 하나님은 모두 속에 모두(all in all)가 되실 것이다."[11]

불가코프는 자신의 성령에 관한 저작에서 여기에 대해 보다 포괄적인 논의를 제공하고 있다. 그는 자연이 사람을 따라서 타락하였으나 선한 천사들 때문에 유기되지는 않은 것으로 묘사한다. 왜냐하면 자연은 아직도 하나님의 지워질 수 없는 형상을 지니고 있으며, "아직 거듭 태어나지는 않았지만, 태어나고 있기 때문이다."[12] 리요네와 마찬가지로 그는 이 점에 있어서 로마서 8장을 인용하며(p. 202), 모든 피조물들이 인간의 구원을 통해서 회복되어질 것이라고 주장한다(p. 292). 창세기 1:2에 묘사되고 있는 성령의 창조의 사역은 세계의 궁극적 변모 즉 새 하늘과 새 땅에서 완성될 것인데, 세계의 시작에서 생명을 부여한 성령의 사역은 그것을 새로운 존재에로 이끌어 가는 그의 사역에 병행되기 때문이라는 것이다(pp. 202, 327). 그러한 변모는 성령 혼자만의 사역은 아닐 것이다. 왜냐하면 성령은 항상 그리스도와 함께 사역하기 때문이다. 만약 성령이 그

---

11 Ibid., 186. 오순절의 이러한 우주적 측면은 동방교회의 오순절에 대한 성례와 아이콘 등에서 표현되어지고 있다. 이에 대해서는 Evdokimov, *L'Art de l'icône: Théologie de la beauté* (Paris, 1970), 287ff.; id., "Nature," *Scottish Journal of Theology* 18 (1965), 1-22; 그리고 José Comblin, *The Holy Spirit and Liberation* (New York, 1989), 2장 등을 참조하라.

12 Sergius Bulgakov, *Le Paraclet* (Paris, 1946), 199. 여기서 그는 *natura*(자연)라는 말이 *nasci*(태어나다)라는 말에서 유래한다는 사실에 주목한다.

리스도의 부활에 관여한 것으로 계시되어졌다면, 그것은 세계의 종말과 그 궁극적 변모에 있어서도 마찬가지일 것이다. 성령의 사역은 그리스도의 재림과 관계되며, 성령은 역사 속에서 이를 위해 준비하고 있다(p. 337f.). (어떤 경우든 우리는 4장에서 불가코프가 성육신과 오순절의 사건 이전에도 하나님의 지혜의 '2분자'[dyad]로서 성자의 사역을 성령의 그것에 밀접하게 연관시키고 있는 것을 보았다.) 불가코프는 성령이 무덤 너머에서도, 아니 역사 너머에서도 활동하신다고 결론내린다(여기서 그는 요 14:16에 호소한다). 그에 따르면, "오순절은 그 깊이나 범위에 있어 제한될 수 없는 것이다. 그것은 그리스도의 성육화의 사건과 마찬가지로 일종의 보편적인 사건이다"(p. 338).

다른 글에서 불가코프는 아름다움이 예술에 대해 지니는 종말론적 중요성에 대한 자신의 견해를 확장시키고 있다. 그는 '객관적인 아름다움'의 신성한 원천은 동시에 인간의 '예술 속에서의 아름다움'의 창조의 원천이라고 주장한다. 왜냐하면 하나님이 자신의 형상대로 우리를 창조하셨을 때, 그는 우리에게 세 가지 선물을 주셨기 때문이다. 선을 향한 의지, 이성 혹은 지혜 그리고 미학적 감각. 따라서 우리는 아름다움을 감상할 뿐 아니라 창조하는 소명을 받은 것이다. 예술적 창조성은 "세계의 궁극적 변모에 공헌할 뿐 아니라 세계를 자신의 진정한 형상에 적합하게 변화시킨다."[13] 하지만 불가코프는 성육화나 오순절의 사건이 예술에 어떤 변화를 가져왔는지 논의하지는 않는다. 이것은 흥미로운 질문으로 불가코프는 고대

---

13 "Religion and Art," in E. L. Mascall (ed.), *The Church of God: An Anglo-Russian Symposium* (London, 1934), 177 참조.

세계에 있어서 성령의 파송 사건들이 일어났으며 이때 성령은 지혜를 통해서 임재하였다고 인정하지만, 동시에 그는 성령의 '위체적' 임재가 오직 오순절 이후에만 가능한 것으로 제한하기 때문이다.[14]

우리는 이러한 견해들이 보다 간략하게 서방교회 신학자들에 의해서도 제기되는 것을 볼 수 있다. 아퀴나스는 인간이 영광의 옷을 입을 것이기 때문에 육체를 지닌 피조물도 독특한 방식으로 그러한 광채를 가지게 될 것이라고 한다(*Summa contra Gentile*, iv. 97; 그는 여기서 계21:1과 사65:17 이하를 인용한다). 또한 다른 곳에서 그는 세계가 다시 태어날 때에 천체들도 더욱 밝게 빛날 것이라고 한다.[15] 그의 추종자들 중에서 질송(Gilson)은 특히 여기서 예술의 역할을 강조한다. "물질은 철저하게 영성화 되어질 시간의 종말에 가서야 약속되는 영광의 상태를, 순수예술로 인해서 미리 예견하게 되는 것이다."[16] 폰 발타자도 아름다움이 그 자신 너머를 지시한다는 것을 강조하며, 아름다움을 "종말론적 변모의 숨겨진 형태"라고 묘사한다.[17] 볼터쉬토르프는 쿠이퍼와 마찬가지로 예술이 우리 존재의 타락성을 극복하기 위한 노력에 있어 한 도구로서 사용될 수 있다고 제안하며, 예술이 주는 즐거움 속에서 우리는 장차 올 샬롬을 예견하게 된다고 주장한다. 나아가 그는 기독교 예술가들이 하나님의 갱신의 사역에 동참하고, 하나님의 보다 위대한 영광을 위해 일할

---

14 Bulgakov, *Le Paraclet*, 220-4, 234-7.

15 iv *Sent*. xlviii. 2. 3.

16 Étienne Gilson, *The Arts of the Beautiful* (New York, 1965), 33.

17 Hans Urs von Balthasar, *The Glory of the Lord*, iii, *Studies in Theological Studies: Lay Styles*, trans. Andrew Louth *et al.* (Edinburgh, 1986), 277 (여기서 그는 Hamann에 대해 논의하고 있다); 341 페이지도 참조하라.

것을 권고한다. "낙원은 영원히 우리 뒤에 있을 것이다. 하지만 하나님의 도시는 노래와 이미지로 가득하게 건축되도록 우리 앞에 남아있다."18 하지만 이들과 서방의 다른 신학자들은 종말론을 논의할 때 대체로 성령의 역할에 대해서는 크게 주목하지 않았다. 반대로, 성령의 사역에 대한 그들의 최근 저작들은 아름다움 속에서의 세계의 변모에 대해서 다루지 않는다. 예외적으로, 패러시(Robert Faricy)의 한 논문이 예술을 교회 속의 카리스마의 선물과 연관된다고 논의하며 동방 신학자들의 견해를 반영하고 있다:

> 예술에 영감을 주는 영은 종말론적인 영이며, 약속된 하나님의 미래로부터 현재 속으로 침투해 다가오는 성령이다. 하나님의 왕국은 오고 있지만, 또한 그것은 이미 여기 우리 속에서 미래적 영광의 약속인 성령을 통해서 현존하게 되며 지금도 모든 것들을 새롭게 하고 있다. 성령은 미래를 향하여 우리를 거듭나게 한다. 그리고 성령은 때때로 영감 받은 예술을 통해서 그렇게 하는 것이다.19

이러한 신학적 설명들이 단지 종교적인 이유 때문에 생겨나는 것은 아니라고 본인은 생각한다. 왜냐하면 이런 설명들은 동시에 우리 인간의 공통적인 경험에 뿌리를 내리고 있기 때문이다. 사람들은 종종 아름다움과 강렬한 미학적 경험이 가지는 '저-세상적'

---

18 Nicholas Wolterstorff, *Art in Action: Toward a Christian Aesthetic* (Grand Rapids, 1980), 199 참조. 또한 84, 169도 보라.

19 Robert Faricy, "Art as a Charism in the Church," *Thought*, 57 (1982), 98 참조. 또한 Walter Kasper, *The God of Jesus Christ*, trans. M. J. O'Connell (London, 1984), 200을 보라.

(other-worldly) 특질에 대해 이야기한다. 그러한 특질들은 다른 세계로부터 침투되어 들어온 것들이라고 믿어지기도 하는데, 우리는 영감이 여기서 가지는 역할에 대해 이미 살펴보았었다. 하지만 종종 이러한 믿음에는 사실 우리가 이미 변모된 '이' 세상(*this* world)을 미리 예견한다는 것을 의미한다. 이러한 예견은 구속에 대한 갈망을 가져오며, 우리로 하여금 악과 추함으로부터 자유롭게 되고자 소원하도록 만든다. 강렬한 미학적 경험은 사람들에게 큰 평화와 기쁨을 가져오기도 하며, 이때 사람들은 마치 시간을 망각한 것처럼 느끼기도 한다. 이러한 평화와 기쁨은 보다 위대하고 무시간적인 기쁨, 즉 미래적인 축복의 예견일 수 있는 것이다. 반면 어떤 이들은 그러한 미학적 경험이 발생시키는 불만족과 성취되지 않은 갈망에 집중하기도 한다. 그러한 경험이 지닌 순간성과 양면성은 절망을 가져오기도 하며, 이미 주어진 것 이상으로 그것을 완성시킬 수 있는 어떤 것을 소원하게 만든다. 이러한 경험도 마찬가지로 종교적인 관점에서 해석될 수 있을 것이다. 호트(John F. Haught)에 따르면, "계속 갈망하지만 끊임없이 우리를 피해 가는 궁극적 만족의 아름다움이 바로 '하나님'이라는 말이 의미하는 것이다."[20] 따라서 그는 하나님은 우리가 거기를 향해 이끌릴 수밖에 없는 궁극적인 아름다움의 지평으로 여겨질 수도 있을 것이라고 제안한다. 물론 이러한 절망과 갈망의 경험들 자체가 그것들을 만족시킬 변모된 세계, 하

---

20 John F. Haught, *What is God?* (New York, 1986), 70. 또한 von Balthasar, *The Glory of the Lord*, i, 320-1, iii, 50을 참조하라. Bonaventure는 오직 하나님만이 선 자체이고 아름다움 자체이기 때문에, 오직 그 속에만이 완전한 기쁨이 있다고 말한다(i *Sent.* i. 3. 2; Quaracchi edn., i. 41).

나님의 아름다움의 강렬한 경험, 혹은 무시간적인 축복 등이 앞으로 미래에 있을 것이라는 사실을 보여주지는 않는다. 하지만 그러한 경험들은 인간으로서의 완성이 영원한 생명을 요구하게 되며, 그러한 완성은 여기 그리고 지금 예견된다고 하는 우리 삶의 통찰을 보여주는 것이다.

우리는 여기에서 두 가지 기독론적 주제들을 언급하여야만 할 것이다. 그리스도의 변모(Transfiguration)와 부활(Resurrection). 이 둘은 모두 그리스도의 '육체적' 계시로서, 전자의 경우에 있어 그것은 특히 가시적인 영화로운 모습으로 드러났다. 몇몇 신학자들은 이 둘을 우주적 중요성을 지닌 것으로 여기는데, 이것들이 바로 모든 만물들의 궁극적인 회복을 예견한다고 그들은 보았기 때문이다. 그리스도의 변모는 과거와 미래에 동시적으로 관계된다. 공관복음에 나오는 이야기를 자세히 고찰해보면, 여기서 성서 기자들이 변화산 상에서의 그리스도의 영광과 모세의 시내산에서의 신현의 경험 둘 사이의 병행관계를 제안하고 있다는 것을 발견할 수 있다. 하지만 특히 누가의 설명은 또한 미래적인 요소도 가진다. 누가복음은 베드로와 다른 제자들이 그리스도의 용모가 변화되고 그 옷이 광채가 나게 될 때 그리스도의 "영광"을 보았다고 보고하고 있다.[21] 이 영광은 그리스도의 재림의 영광을 예견하는 것으로 보일 수도 있는

---

21 누가복음 9:32를 보라. 여기에 대해 베드로후서 1:16은 "위엄"(*megalaiotēs*: majesty)이라는 용어를 사용한다. 또한 이것에 근거하여 몇몇 동방 교회의 신학자들은(예를 들어 Evdokimov, *L'Art de l'icône*, 30-1) 자신의 제자 Motovilov 앞에서의 St Seraphim of Sarov의 변모를 옹호하기도 하였다. 여기에 대해서는 G. P. Fedotov (ed.), *A Treasury of Russian Spirituality* (Gloucester, Mass., 1969), 266-79를 보라.

데, 누가는 같은 용어를 몇 절 앞에서(5:26) 인자의 영광 속에서 오심에 대해서 사용하기 때문이다. 하지만 재림은 부활을 전제하는 것이기 때문에, 그리스도의 변모도 부활을 예견하는 것으로 보일 수 있다. 그리스도의 부활은 다시 우리의 부활을 예견하는 것으로, 바울은 그리스도의 부활을 "첫 열매"라고 부르며(고후 15:20, 23) 부활한 그리스도를 "많은 형제 중에서 맏아들"이라고 부른다(롬 8:29). 따라서 '그리스도의 변모'는 부활이라는 매개체를 거쳐서 장차 온 세계에서의 '우리의 변모'를, 나아가 로마서 8장에서 말해지는 것처럼 '우주적 변모'를 예견하는 것이다. 하지만 어떤 경우든 로마서 8장은 그리스도의 부활(11절), 성령의 우리를 다시 살리심(11절, 13-16절), 그리스도와 우리의 영화롭게 됨(17-18절), 모든 피조물의 구속(19-22절)의 순서를 제시한다. 분명 바울은 그리스도의 부활을 모든 것의 중심점으로 보고 있으며, 다른 글들에서 부활한 그리스도에게 우주적 역할을 돌리며 그가 모든 만물을 유지하며(골 1:17) 모든 만물이 그에게 복종한다고 말한다(빌 2:9 이하, 3:21; 엡 1:10, 20-3). 그래서 암브로스(St Ambrose)는 그리스도의 부활을 단지 인간의 부활뿐 아니라 전 우주의 부활로서 여긴다.[22] 샤르댕은 부활한 그리스도가 우주의 진화에 있어서 물질의 영성화와 의식의 발전이라는 새로운 단계를 시작하는 것으로 본다.[23]

우리의 미래적 영광이라는 주제는 바울에 의해서 다른 곳에서도

---

22 *De Fide Resurrectionis*, §102 (*PL* 16: 1403a). 많은 동방교회의 아이콘들도 그리스도의 부활이 가지는 우주적 성격을 표현하였다.

23 Teilhard de Chardin, "The Christic," in *The Heart of Matter*, trans. R. Hague (London, 1978), 80-102를 참조하라.

논의되는데, 그는 그리스도가 우리의 "낮은 몸"을 자신의 "영광의 몸의 형체"로 변화시킬 것이며(빌 3:21), 그리스도와 함께 살리심을 받은 자들이 그와 함께 영광 속에서 나타날 것이라고 한다(골 3:4).[24] 하지만 바울은 우주의 변모에 대해서는 말하고 있지 않다. 이에 대해서는 주로 요한계시록의 입장이 종종 인용된다. 여기에 따르면, 새롭고 영화로운 예루살렘이 도래하게 되고 새 하늘과 새 땅이 올 것이며 모든 만물이 새롭게 될 것이다(21:1-5; 마 19:28 참조). 새 예루살렘은 광채가 나고, 빛으로 가득하며, 황금과 보석 그리고 값진 돌들로 장식된다고 묘사됨으로써(21:11, 18-21, 23) 장차 올 세계의 장엄함을 드러내고 있다.


## 첫 열매로서의 아름다움과 거룩함

본인은 이 장의 처음에서 만물의 궁극적 변모가 지금 예견된다는 생각은 구속의 교리를 전 우주에 확장시킨 것이라고 언급하였다. 우리는 이것을 좀 더 성찰할 필요가 있는데, 이러한 확장이 우리가 '완성자'로서의 성령의 역할을 이해하는 데 도움을 줄 수 있기

---

24 마태복음 13:43의 "그 때에 의인들은 자기 아버지 나라에서 해와 같이 빛나리라"는 구절을 주석하며, Bonaventure는 그리스도의 가장 영화로운 부활의 몸이 "부활하게 될 인간의 몸의 모범적인 아름다움"을 드러낸다고 주장한다(*Lignum Vitae*, 35; Quaracchi edn., viii. 81b). Aquinas는 (Augustine, *The City of God*, xxii. 19를 따라서) 부활한 그리스도가 상처를 가졌기 때문에 또한 부활한 순교자들도 그것을 가질지도 모른다고 말한다. 왜냐하면 몸의 아름다움이 아닌 미덕의 아름다움이 그들로부터 비추어 나올 것이기 때문이다(*ST* 3a. liv. 4). 이러한 입장은 다음과 같은 흥미로운 질문을 제기하게 된다: 우리는 영화롭게 된 우주가 한결같이 균등하게 아름다울 것으로 예상해야 할 것인가?

때문이다. 우주의 변모가 지금 아름다움을 창조하는 성령의 사역에서 예견된다는 주장은 미래 우리의 영화로움과 거룩한 삶이 현재 성령의 성화의 사역에서 예견된다는 주장과 유사할 것이다. 여기서 우리는 다시 '아름다움'과 '거룩함' 사이의 병행관계를 보게 된다. 우리는 이미 앞에서 이것을 고찰하였으며 지금은 그것이 가지는 종말론적 특성에 주목하고자 한다. 마찬가지로 죽은 자의 영광 속에서의 부활과 전 우주의 변모 사이에도 병행관계가 존재한다. 이 둘은 모두 피조물의 완성을 가리키며, 나아가 아마 타락의 극복을 나타낼 수도 있기 때문이다(여기서 '아마'라고 조건을 달았는데 본인은 창세기 3장이 오직 땅의 저주만을 가리킨다고 생각하며, 로마서 8장이 전 우주가 '타락하였다'고 말하는 것을 뒷받침하는지 확실하지는 않기 때문이다). 이렇게 거룩함과 아름다움 두 경우 모두에 있어 성령은 중심적인 역할을 한다. 기독교 전통은 성령을 성화자인 동시에 땅을 새롭게 하는 이로 보기 때문이다. 하지만 전자의 역할에 보다 많은 관심이 주어졌기 때문에, 우리는 먼저 거룩함과 장차 올 세계 사이의 관계에 대해 고찰하도록 하자.

신약성서의 몇몇 부분들은 성령과 '성화'를 연관시킨다(롬 15:16, 벧전 1:2). 다른 부분들은 성령을 기독교인의 '소망'에 관련시킨다(롬 15:13 등). 하지만 보다 많은 본문이 이 둘 모두와 성령을 관련시키고 있다. 바울은 성령을 위하여 심은 자가 영생을 거두는 것에 대해 쓰고 있으며(갈 6:8), 또한 거룩함이 마지막에는 영생을 열매로 가지게 된다고도 한다(롬 6:22 이하). 그리고 로마서 8장에서(본 장의 논의에 있어 핵심적인 본문일 것이다!) 그는 "예수를 죽은 자 가운데서 살리신 이의 영이 너희 안에 거하시면, 그리스도 예수를 죽은 자 가운데서 살리신 이가 너희 안에 거하시는 그의 영으로 말미암아 너희 죽을 몸도 살리시리라"고 말한다.[25] 바울은 또한 "처음 익은 열매"와 "보증"의 메타포를 사용하기도 한다. 성령은 우리가 양자로 된 것과 우리 몸의 구속이 가져온 첫 열매이며(롬 8:23), 우리의 하늘에서의 거주와 죽을 것이 생명에 의해 삼키게 될 것에 대한 보증이다(고후 5:5; 1:22 참조). 그리고 성령의 인(印)은 우리의 받을 것에 대한 보증인 것이다(엡 1:13 이하; 4:30 참조). 이와 유사하게, 히브리서는 미리 맛봄의 메타포를 사용하며 "성령에 참예한바 되고 하나님의 선한 말씀과 내세의 능력을" 미리 맛본 자들에 대해 언급한다(6:4 이하).

이 주제가 변형된 것이 성령은 죽은 자를 다시 일으키는 역할을 한다는 믿음일 것이다. 이러한 믿음은 자주 표현되지는 않았는데, 아마도 요 5:21과 6:40 이하가 오직 여기에 관련하여 성부와 성자만을 언급하고 있기 때문인지도 모른다. 하지만 만약 죽은 자를 다시 일으키는 것이 삼위일체의 외적 사역이라고 한다면, 우리는 그러한 사역이 나눠질 수 없다는 원칙을 여기에도 적용할 수 있을 것이다. 사실 바울은 이미 인용된 롬 8:11에서 하나님이 성령을 통해서 생명을 주신다고 쓰고 있다. 그래서 초대 교회와 보다 후기의 신학자들 몇몇은 죽은 자를 다시 일으키는 데 있어서 성령이 중심적

---

25 롬 8:11. 본인은 아우구스티누스와 크리소스톰의 견해를 따라서, 여기서 바울이 가리키는 것은 지금 우리 속에서 계속적으로 활동하시는 성령이라기보다는 마지막 날의 궁극적 부활이라고 생각한다. C. E. B. Cranfield, *A Critical and Exegetical Commentary on the Epistle to the Romans*, i (Edinburgh, 1975), 391을 보라. 또한 Geerhardus Vos, *The Pauline Eschatology* (Grand Rapids, 1961), 163-4를 참조하라.

역할을 한다고 주장하였다. 예를 들어 바실은 성령이 우리의 이생에서의 갱신과 죽음으로부터의 부활 둘 다를 일으킨다고 주장한다.[26] 또한 그는 산상수훈에 대한 주석에서 부활 때 성자들은 지금도 그들 속에 있는 성령의 활동을 통해서 외적인 영광의 옷을 입게 될 것이라고 그는 말한다(Homily 5, §9). 한 유대교 랍비 전통은 기독교 신학자들이 미학적 문제를 다룰 때 종종 인용하는 구약의 어떤 본문에 대해 기독교적 입장과 병행되는 해석을 제공하는 동시에 자신의 독특한 견해를 제공하기도 한다. 여기서 구약의 본문은 출애굽기 35:31로서, 브살렐이 하나님의 영으로 채워짐으로 인해 기교와 지식과 이해력을 가지게 되는 것으로 묘사되고 있다. 이에 대해 유대교 전통은 다음과 같이 주석한다. "이 세상에서 내 영이 너에게 지혜를 주었으나, 장차 올 세상에서 그것은 너에게 새 생명을 줄 것이다." 그리고 여기에 "내가 또 내 신을 너희 속에 두어 너희로 살게 하고"라는 에스겔 37:14의 구절이 인용된다.[27] 이 입장은 '예술에서의 성령의 영감'에서 '성령의 만물의 궁극적 변모'로 나아가게 되는 것이 아니라, '성령의 죽은 자를 부활시킴'에로 나아가게 되는 것이다.

몇몇 기독교 신학자들은 여기에서 더 나아가, 지금 이생에서 우리에게 계시되는 성령의 성화 능력은 장차 올 세계에서의 성령의

---

26 St. Basil, *On the Holy Spirit*, xix. 49 (*PG* 32: 157ac). 다른 문헌들에 대해서는 본인의 *Spirit, Saints and Immortality* (London, 1984), 52 이하를 참조하라. 또한 이 책의 4장과 본인의 논문 "A Neglected Argument for Immortality," *Religious Studies*, 19 (1983), 13-24는 여기서 본인이 제시하는 논의를 보다 자세히 다루고 있다.

27 *Midrash Rabbah*, iii *Exodus*, ed. H. Freedman and M. Simon, trans. S. M. Lehrman (London, 1939), 551.

능력에 대한 '증거'라고 보기도 하였다. 그래서 이레니우스는 사람의 심비(心碑: 마음판)에 편지를 쓰는 성령에 대해 언급하는 바울의 고후 3:3을 인용한 후에 다음과 같이 말한다. "만약 지금도 육의 마음이 성령의 참여자가 된다면, 부활의 때 그것이 성령에 의해 주어지는 생명을 받는다는 것이 무엇이 놀라울 것인가?"[28] 같은 저작의 보다 앞쪽에서 이레니우스는 영생에 대한 자신의 믿음의 근거로서 하나님의 능력뿐 아니라 그의 약속과 신실하심에 호소한다. 그는 엘리야의 승천과 노아의 보존 그리고 느부갓네살 왕에 의해 풀무에 던져진 이들을 예로 든다. 이레니우스는 이러한 사건들이 하나님의 능력과 약속 그리고 신실하심을 나타낸다고 보며, 동시에 하나님이 그들의 육체를 일으켜 영생을 주실 수 있고 또한 그렇게 주실 것이라는 사실을 믿지 못하는 자들을 반박한다고 주장한다(*Adv. Haer.* v. 5. 2).

정말 하나님이 자신의 성화의 영을 수여하고, 이 영을 통해 죽은 자를 일으킬 것이라고 약속하였다면, 그의 첫 번째 약속의 성취는 하나님의 능력과 신실하심에 대한 증거를 제시하는 것일 것이다. 그리고 이러한 성취는 우리에게 그가 두 번째 약속도 성취할 수 있고 또한 그렇게 할 것이라고 믿는 근거를 제공한다. 따라서 이레니우스는 우리에게 타당한 증거에 기초한 논의를 제공하는 것이다. 물론 이러한 논의는 몇몇 신학적 전제들과 우리가 하나님의 관련된 약속들을 분간할 수 있다는 가정하에서 받아들여질 수 있다. 나아가, 바울의 "처음 익은 열매"와 "보증"의 메타포는 하나님의 자신의

---

28 *Adv. Haer*, v. 13. 4, trans. Roberts and Rambaut.

약속에 대한 신실하심만이 아니라, 지금 성령에 의해 이루어지고 있는 성화가 부활 이후의 삶에 대한 예견이며 준비라는 것을 제시한다. 이 둘 사이에는 연속성의 관계뿐 아니라 성취의 관계가 존재하는 것이다. 보증은 맹세나 서약과는 구별된다. 여기서 사용되어진 그리스어 *arrabōn*(보증)은 *enechuron*(서약)과는 다른 것으로, 약속된 전체의 실제적인 한 부분을 함의한다. 예를 들어 우리는 계약을 하기 위해서 일정 부분의 보증금을 지불하는 것을 생각할 수 있을 것이다.[29] 현대의 번역에서 종종 제시되어지는 '맹세'나 '서약'보다는 아마 '계약금' 혹은 '첫 불입금'이라는 표현이 그 원래의 의미에 보다 가까울 것이다(비록 어떤 이들은 마치 세탁기 등을 사는 것 같은 함의 때문에 싫어할 지도 모르지만). 물론, 우리는 이러한 메타포들에서 너무 많은 것을 추정하지 않도록 신중해야 할 것이다. 그리고 어떤 경우든 우리는 미래의 삶이 현재의 그것과 '별로 차이 없는 것'이라고 제안하고자 의도하지는 않는다. 왜냐하면 바울이 고전 15:36 이하에서 사용하는 씨앗의 메타포나 혹은 고후 5:1의 장막과 집의 예 등은 현재와 미래 사이에는 연속성뿐 아니라 엄청난 변화가 존재한다는 사실을 드러내기 때문이다. 씨앗이나 장막이 그 식물이나 건물의 첫 번째 부분은 아니다.

본인이 이제까지 살펴본 논의는 도덕적 아름다움과 거룩함에 기초하여 부활의 삶을 향해 나아갔다. 이와 유사하게 우리는 지금 세계 내에 존재하는 자연과 예술의 물리적 아름다움에 기초하여 우주의 종말론적 변모를 향해 논의를 진행시킬 수 있다. 성화와 미화의

---

29 J. B. Lightfoot, *Notes on the Epistles of St Paul* (London, 1895), 323 이하.

사역들이 성령이 피조물을 완성시키는 두 방법이라고 주장할 수 있을까? 이러한 두 경우에 있어 사실 차이점들이 존재한다. 예를 들어, 우주의 경우 묵시론적 저작들(막 13, 벧후 3:10 그리고 아우구스티누스의『신국론』, xx. 16 등등)이 묘사하는 큰 자연적 재앙이나 우주적 참사를 제외한다면 우리는 죽음에 해당하는 것을 자연에서 발견하기 힘들다. 그리고 거룩함이 오직 이성적 존재에만 적용될 수 있는데 반해, 아름다움은 생명을 지니지 않은 자연이나 예술품에도 적용될 수 있다. 그럼에도 불구하고, 우리는 그러한 논의를 어떻게 진행시킬 수 있는지 생각해 볼 수는 있을 것이다: 하나님은 성령을 통해서 세계를 아름답게 미화시킬 것을 약속하셨다; 하나님은 또한 종말의 시간에 우주를 영화롭게 변모시킬 것도 약속하셨다; 하나님은 그의 첫 번째 약속을 이미 자연적 아름다움과 예술 속에서 성취하고 계신다; 따라서 하나님은 그의 약속들을 성취하는데 필요한 능력을 지니며 또한 항상 그것들에 신실하시기 때문에, 그는 두 번째 약속도 성취하실 것으로 신뢰될 수 있다. 하지만 여기서 문제는 이러한 논의의 전제들을 뒷받침할 만한 성서적 근거가 부족하다는 것이다. 우리는 이레니우스가 개괄적으로 제시한 논증은 몇몇 신학적 전제들에 의지하고 있다는 것을 인정한다. 하지만 그의 경우, 그러한 전제들은 성령과 장차 올 세상 그리고 이 둘 사이의 관계에 대한 성서 본문들로 뒷받침이 되고 있다. 하지만 우리의 우주적 변모에 대한 논의의 경우, 여기에 대한 하나님의 약속을 뒷받침하는 성서적 근거가 부족하다. 비록 로마서 8장과 요한계시록이 이것을 예언한다고 볼 수 있더라도, 바울이 죽은 자의 부활을 성화에 연결시켰던 것처럼 이러한 글들이 우주적 변모를 성령에 관련시키고 있지는 않다. 반대로, 우리가 1장에서 살펴보았듯 자연적 아름다움과 예술적 기교를 성령에 연관시키는 성서적 근거가 존재하지만, 이러한 것들이 성화나 죽은 자의 부활과 같은 방식으로 '약속'되어진 것은 아니며 장차 올 세상의 첫 열매들이라고 묘사되지도 않았다. 결론적으로, 우리는 바울의 메타포들에 기초한 이레니우스의 논증을 단순하게 전 우주에 확대시킬 수는 없는 것이다.

그럼에도 불구하고, 우리는 이미 이 장과 앞의 장들에서 논의되었던 것들에 기초하여 우주적 변모에 관한 다음과 같은 부분적인 결론들을 내릴 수는 있을 것이다. 본인은 세 가지 명제들을 제안하고자 한다:

1. 만약 하나님의 능력이 모든 만물의 궁극적 변모와 영화로움을 가져온다고 한다면, 이러한 삼위일체의 사역 속에 성령도 동참할 것이다.
2. 나아가 성령은 이러한 사역에 특별히 밀접한 관계를 가지게 될 것인데, 왜냐하면 성령은 아름다움과 구체적으로 연관되어지기 때문이다.
3. 따라서 우리는 지상적 아름다움의 창조와 영감이라는 성령의 사역이 장차 올 것에 대한 예견이라고 말할 수 있을 것이다.

나아가 우리는 이러한 논의를 부활에 대한 추가적 성찰을 통해 더욱 공고하게 할 수 있을 것이다. 인간의 부활은 우주적 중요성을 가지며, 하나님의 궁극적인 재창조의 시기에 하나님이 모든 자연을 변모시킬 것이라는 사실을 예견하고 상징하는 것으로 이해될 수 있다. 그리고 부활에 있어 성령은 핵심적 역할을 하는 것이다.


## 장차 올 세상

이제 본인이 다루고자 하는 몇몇 문제들이 남았다. '코스모스'라
는 말이 단지 지구만이 아니라 전체 우주를 가리키며, 우리는 그것
이 고대인들이 믿었던 것보다는 훨씬 크다는 것을 알고 있다. 그러
한 우주의 변모라는 생각은 우리를 거의 어지럽게 만든다. 우리는
아마도 손상된 생태계의 회복을 통한 '지구'의 구속을 상상할 수 있
을지는 몰라도, 우주적 변모가 어떠한 것일지 이해하기는 힘들 것
이다. 그러한 생각이 과연 현대의 우주론에 적합한 것일까? 최근의
한 과학적 연구는 우리가 제시한 것과는 전혀 다른 미래에 대해 예
측하고 있다:

> 이 모든 것(지구)이 단지 엄청나게 적대적인 우주의 아주 작은 한 조각이
> 라는 것을 인식하기는 아주 힘들다. 그리고 이 현재의 우주가 초기의 조
> 건에서 진화되어졌으며, 미래에는 끝없이 계속되어지는 추위나 혹은 참
> 을 수 없는 온도로 소멸하게 될 운명에 처해있다는 것을 인식하는 것은
> 더더군다나 힘들다. 우주가 더욱 이해할 수 없는 것으로 보일수록, 동시
> 에 그것은 더욱 의미 없는 것으로 보인다.[30]

---

30 Steven Weinberg, *The First Three Minutes* (London, 1983), 148-9.

하지만 우리는 이러한 예측에 지나치게 비관적이 될 필요는 없다. 우리가 제안한 비전과 마찬가지로 이것도 하나의 투사된 전망일 뿐이기 때문이다. 우주의 크기가 신학적 문제 중의 하나는 아니라고 본인은 생각한다. 전체 우주가 아무리 크더라도 그것이 하나님의 피조물이라면, 비록 상상하기 어렵겠지만 그것은 하나님의 섭리 속에 놓여 있다. 전 우주는 이미 완벽하게 '형성'되었고 따라서 하나님에 의해 더이상 영화롭게 될 수 없다고 말할 수 있는 자는 도대체 누구란 말인가? 오늘날 사람들이 받아들이기 더 힘든 것은 이 조그마한 구석의 한 행성일 뿐인 지구가 전체 우주에 있어 엄청난 중요성을 지닌다는 기독교인들의 신념일 것이다. 하지만 물론 여기서 중요성을 지니는 것은 지구 자체가 아니라 여기서 일어난 어떤 사건들이라는 것을 기억해야 한다. 그리고 우리는 하나님이 사역하는 방식을 선택하시는 데 있어 우리가 미리 조건들을 제시하는 것에 대해 조심해야 할 것이다. 어떤 경우든 지금 우리의 관심은 전 우주와 그것의 진화에 있어 지구가 가지는 역할에 대한 것은 아니다. 오히려 우리에게 중요한 것은 하나님이 우주에 대해 어떤 목적을 가지신다는 것, 그러한 우주의 역사는 보편적 파괴로 종결되지도 혹은 순환적 반복으로 계속되지도 않을 것이라는 것 그리고 그러한 목적의 한 부분이 우주의 영화롭게 됨에 있다는 믿음이다.

변모된 우주나 혹은 부활 이후의 삶에 대해 사변적으로 성찰하는 것은 흥미로울 수 있을지는 몰라도 유익한 것은 아닐 수도 있다. 물론 우리는 단순하게 여기에 대해 우스꽝스러운 질문을 할 수도 있다: 꺼진 휴화산이 다시 살아나게 될 것인가? 죽은 자에 대해서

도 마찬가지다: 부활한 자도 발톱을 깎아야 할까? 하지만 우리는 여기서 오스카 쿨만(Oscar Cullmann)의 충고를 들어야 할 것이다: 예술은 다가올 삶에 대한 진부한 추정들을 피하면서 동시에 종말론적 생각들을 제안할 수 있는 가장 적절한 매개체이다. 그는 그뤼네발트(Grünewald)의 이젠하임 제단에 있는 부활에 대한 그림, 바하의 B Minor Mass의 한 부분인 Credo 그리고 헨델의 메시아의 나중 부분들을 예로 든다.31 또한 여기에 고통이나 부조화 너머의 왕국과 영원한 평화를 갈망하는 글룩(Gluck)의 오페라 『오르페우스와 에우리디케』(Orpheus and Eurydice)의 "축복 받은 영의 춤" 부분, 혹은 고귀함과 희망 그리고 거룩한 광채를 표현하는 모차르트의 Masonic Funeral Music을 추가할 수 있을 것이다. 우리는 사변적인 추측(혹은, 천국과 지옥에 대한 사실적 그림들)보다는 이러한 작품들을 통해서 세계의 구속과 변모가 무엇을 의미하는지 전달할 수 있는 것이다. 물론 기독교의 소망의 태도 이외에도 죽음과 장차 올 세상에 대한 많은 다른 입장들이 존재한다. 그것이 체념, 두려움, 항거, 혹은 절망일 수도 있으며, 여기에 상응하는 예술적 표현들도 있을 것이다.32 우리는 브람스의 A German Requiem, 슈트라우스의 Four Last Songs 그리고 딜란 토마스(Dylan Thomas)의 시 "Do not go gentle into that good night" 등이 이러한 태도들에 속한다고 볼 수도 있다. 우리는 프란시스 베이컨(Francis Bacon)의 몇몇 그림들에

---

31 Oscar Cullmann, "Immortality of the Soul or Resurrection of the Dead," in K. Stendahl (ed.), *Immortality and Resurrection* (New York, 1965), 53.

32 Geoffrey Turner, "The Music of Death and Resurrection," *The Month* (1988), 589-96 참조.

서처럼, 예술 속에서 지옥의 예견들이 존재할 수 있는지 물을 수 있을 것이다(그것의 예견은 지옥을 그리려는 시도와는 다르다).

혹은 본인처럼 우리는 여기에 대해 몇몇 논리적인 조건들과 한계들을 지적하며 최소한의 대답들에 만족할 수도 있을 것이다. 아마 변모된 세계는 최소한 사물들 간의 관계가 인식된다는 의미에서 공간적일 것이다. 하지만 우리는 신학적으로 그것이 어떤 물질적 속성을 지닐지는 말할 수 없다. 여기서도 현재의 물리적이고 화학적인 법칙들이 계속 유효할 것이고, 따라서 열역학의 제 2법칙에 근거하여 계속 우주가 시들어갈 것이라고 예측하는 자들은 보증되지 않은 추측들을 하는 것에 불과하다. 우리는 여기서 몸의 부활의 교리를 기억하는 것이 유익할지도 모른다. 바울에 따르면 부활 이후의 삶은 몸을 계속적으로 가질 것이지만, 그러한 몸은 '영적' 몸이라고 한다. 바울은 고전 15:42-44에서 이러한 영적 몸의 구성요소보다는 성령과의 관계에 주목하고 있다.[33] 변모된 우주는 또한 시간 속에 존재할 것인가? 아퀴나스는 그것이 썩어질 수 없고(따라서 동물, 식물 그리고 '혼합적 몸'이 여기서 제외된다), 운동을 가지지 않고, 시간 속에 있지 않다고 주장한다(Summa Contra Gentiles, iv. 97). 많은 다른 이들도 부활의 삶은 영원하기 때문에 무시간적일 것이라고 한다. 몇몇은 신비적 경험이나 강렬한 미학적 경험이 그러한 삶을 예견한다고 보기도 하였다.[34] 하지만 장차 다가올 세계가 시간

---

33 R. J. Sider, "The Pauline Conception of the Resurrection Body in I Cor. xv. 35-54," *New Testament Studies*, 21 (1975), 428-39; 그리고 C. F. D. Moule, "St Paul and Dualism: The Pauline Conception of Resurrection," *New Testament Studies*, 12 (1965-6), 106-23을 참조하라.

속에 있을 것으로 보는 대안적 전통도 있다. 이러한 전통은 전체 우주의 진화보다는 인격의 발달에 보다 관심하는 경향이 있다. 그래서 마르부르크의 신칸트주의자 코헨(Hermann Cohen)은 거룩함의 습득을 무한한 진보로 본 칸트를 따라서, 거룩함은 "끝을 가질 수 없고 따라서 영속적일 수 없으며 오직 무한한 투쟁과 과정만을 가지는 자기-성화"의 "무한한 과제"라고 한다.35 보다 일반적으로 우나무노(Miguel de Unamuno)는 우리의 지고한 열망은 정적인 것이 아니라 동적인 것이며, 영원한 무시간적 현재로서의 영원성은 창조나 진보를 위한 공간을 허락하지 않는다고 본다.36 그들의 이러한 견해는 니사의 그레고리에 의해 이미 예견되었는데, 그는 *epektasis* (앞으로 잡아당김)라는 용어를 완전성을 향한 영혼의 계속적인 확장에 사용하며 이러한 과정은 무덤 너머에서도 계속된다고 보았다. 그는 자신의 한 설교문에서 이렇게 말한다. "우리가 매 순간 받는 은총은 커다란 것이지만, 우리가 볼 수 있는 것 너머의 길은 진정 무한하다. … 하나님의 선함에 동참하는 자들은… 보다 큰 정도로 그리고 보다 더 큰 정도로 계속적으로 모든 영원을 통해서 은총에 참여함을 즐길 것이다."37

---

34 헵번은 미학적 "시간-초월성"(time-transcendence)이 완전히 비-연속적인 영원한 삶에 대한 "보증"이 아닐지 질문한다. 왜냐하면 비록 음악이나 시에도 시간적 연속성이 있지만, 바로 이러한 흩어진 시간으로부터 비-시간적 구조가 생겨나기 때문이다. Ronald Hepburn, "Time-Transcendence and Some Related Phenomena in the Arts," in *"Wonder" and Other Essays* (Edinburgh, 1984), 113이하를 참조하라.

35 Hermann Cohen, *Religion of Reason out of the Sources of Judaism*, trans. S. Kaplan (New York, 1972), 111.

36 Miguel de Unamuno, *The Tragic of Life* (London, 1967), 10장을 참조하라.

37 *Sermon* 8 (*PG* 44: 940f.), trans. H. Musurillo.

그레고리는 우리의 거룩함의 성장에만 관심한 것이 아니라, 하나님의 무한한 광채에도 주목하고자 하였다. 그는 *epektasis*라는 개념을 하나님의 아름다움에 대한 성찰에도 적용하고 있다. 본인이 이미 3장에서 인용한 바가 있는 『모세의 생애』에서 그레고리는 아름다움을 사랑하는 이는 감각되는 아름다움을 넘어 끝없이 나아가서 "원형의 인(印)으로 채워지고… 거울과 반영을 통해서가 아니라 얼굴과 얼굴을 맞대고 아름다움을 향유하기를 원한다"고 쓰고 있다.38 이러한 본문은 플라톤의 『향연』을 연상시키지만, 또한 고후 13:2를 기억나게도 한다. 아마 그레고리는 '축복 받은 비전 혹은 봄' (Beatific Vision)에 관하여 생각하였던 것 같다. 이러한 비전은 종종 육체나 공동체와 분리된 고독한 영이 하나님의 즉각적 현존을 경험하게 되는 것과 관련되었다. 하지만 몸의 부활과 성도들의 교제에 관한 기독교 교리는 장차 올 우리들의 삶이 육체적인 동시에 공동체적일 것이라고 제안한다(우리는 고전 13:12가 영원히 지속되는 사랑에 대한 바울의 찬사라는 것을 주목해야 할 것이다). 이러한 비전은 종종 무시간성의 의미에서 영원한 것으로 이해되기도 하였다. 하지만 만약 하나님의 본성이 라너가 제안하듯 측량할 수 없는 깊이를 지닌 실재라는 의미에서의 신비라고 한다면,39 이러한 축복 받은 비전에도 발전이 있을 수 있을 것이며 그것을 향유하는 자는 보다

---

38 ii, §§231-2 (*PG* 44: 401d-404a), trans. A. Malherbe and E. Ferguson. 마찬가지로 Cyril of Alexandria는 요일 3:2를 인용하며("그의 계신 그대로 볼 것"), 우리가 하나님으로부터 비추이는 영광을 성찰할 때 우리는 하나님의 아름다움을 이해하게 될 것이라고 주장한다(*In Jn.* xi; PG 74: 464b; 이 부분은 요 16:25에 대해 주석하고 있다).

39 Karl Rahner, "The Concept of Mystery in Catholic Theology," *Theological Investigations*, iv, ch. 2, 36-73.

더 깊이 하나님의 무한한 광채 속으로 침투해 들어갈 수도 있을지 모른다. 마지막으로, 이러한 비전은 종종 삼위일체에 관계되기보다는 하나님의 단일한 본질에 관계되기도 한다. 하지만 우리는 이 책에서 삼위일체와 또한 그 속에서의 성령이 가지는 사역에 대해 이미 논의된 것들에 기초하여 이러한 해석을 의문시할 수 있을 것이다. 성령에 대한 자신의 저작에서 에브도키모프는 동방 정교회가 미래의 축복 받은 비전을 하나님의 단순한 본질에 대한 비전으로 이해하기보다는, 신성화(deification) 즉 하나님의 삶에 참여하고 그리스도의 영화롭게 된 인성을 통해서 삼위일체의 영광을 보는 것을 의미하는 것으로 이해한다고 지적한다.[40] 마찬가지로 코페이는 삼위일체적 관점에서 이루어진 자신의 은총에 대한 연구를 축복 받은 비전에 대한 이와 유사한 주장들로 결론을 내리고 있다. 그에 따르면 성자와 성령의 사역들은 하늘에서 중지되는 것이 아니라, 거기서 그 완성에 도달하게 된다는 것이다. 왜냐하면 신약성서에서 말하고 있는 하나님의 비전은 바로 '성부'의 비전 즉 성부를 봄을 의미하기 때문이다(코페이는 마 18:10과 요일 3:2를 인용한다). 따라서 코페이는 축복받은 비전이 의로운 자들에게는 하늘에서 성육화된 성자를 통해서 허락되고, 또한 거기서 우리는 성령으로 가득 채워지게 될 것이라고 주장한다. 그는 다음과 같이 결론내린다. "이런 의미에서 하나님은 단지 그 자신 속에서만이 아니라 인간을 돌보심에 있어서도 영구히 삼위일체적이시다.… 따라서 만약 은총이 진정 삼위일체적이라고 한다면… 영광도 또한 동일하게 그럴 것임에 틀림

---

40 Paul Evdokimov, *L'Esprit Saint dans la tradition Orthodoxe* (Paris, 1969), pt. 1, ch. 5.

없다."[41]

　코페이는 여기서 세계에 대한 성찰로 나아가는데, 그는 세계가 지구만을 의미하는 것이 아니라는 것을 올바르게 지적한다. 우리는 세계에 우리의 몸을 통해서 연결되어 있다. 비록 그는 롬 8:21-3을 인용하며 전 세계가 구속에 참여하게 될 것을 인정하지만, 동시에 그는 단지 우리가 세계와 이웃을 사랑하여야 하며 따라서 후자와 더불어 기술들을 선용하며 세계를 완성시키고 폭력에 저항해야만 한다는 사실을 지적하는데 자신의 논의를 제한시킨다(p. 259). (여기서 그는 환경오염의 문제를 취급하며 이 주제를 생태계 신학에 관련시킨다). 코페이는 앞으로 올 세계에서의 축복 받은 비전에 대해 자신이 논의한 것을 우리의 주제인 전 우주의 변모에 관련시키지는 않고 있는 것이다. 아마 그는 신중하고자 하였는지 모르며, 사실 신학자가 이 문제를 논의하기에는 그런 신중함이 요구될 것이다. 혹은 우리는 생태학적 미학이라고 불릴 수도 있을 새로운 신학의 한 분야를 제안하며, 그러한 논의를 코페이가 했던 것보다는 더 진행시킬 수도 있을 것이다. 하지만 여기에는 우리의 논의를 공상이나 단순한 희망사항으로 전락시킬 위험이 분명 존재하는 것이다. 그러나 만약 미래에 우리의 축복 받은 비전의 삶이 삼위일체적이라는 코페이의 입장이 옳다면, 우리는 이에 유비적으로 우주의 변모도 또한 그러하리라고 주장할 수 있을 것이다. 본인은 이러한 주장을 성령

---

41 D. M. Coffey, *Grace: The Gift of the Holy Spirit* (Sydney, 1979), 257. Rahner는 그리스도의 인성을 축복 받은 비전의 즉각성에 관련시킨다. 그의 "The Theology of Symbol," *Theological Investigations*, iv, trans. K. Smyth (London, 1974), ch. 9, 221-52, 특히 244를 참조하라.

의 역할에 집중함으로써 제기하고자 시도하였다. 만약 그러하다면, 본인이 앞에서 제시한 명제들을 받아들이는 것이 신학적으로 단지 신중하지 못한 태도는 아닐 것이다: 1) 만약 하나님의 능력이 모든 만물의 궁극적 변모를 가져온다고 한다면, 여기에 성령도 동참할 것이다. 2) 나아가 성령은 이러한 사역에 특별히 밀접한 관계를 가지게 될 것이다. 3) 지상적 아름다움의 창조와 영감이라는 성령의 사역은 장차 올 세상에 대한 예견이다.

# 제 8 장
# 결론

16세기 중엽 트렌트 공의회의 한 신학자인 카노(Melchior Cano)는 『신학의 원천들에 대하여』(*On the Sources of Theology*)라는 책을 쓴 바 있다. 여기서 그는 신학자들이 사용할 수 있는 자원들 혹은 재료들에 대해 설명하고자 하였다. 그는 열 가지를 나열하는데, 이 중에서 특히 중요한 것들로 성서, 교회 전통 그리고 공의회의 성명 등을 포함시킨다. 카노는 세계의 아름다움이나 예술은 어디에서도 언급하지 않는다(이 문제에 있어 그는 기도, 성례, 개인적 경험 등도 빠뜨리고 있다). 하지만 단지 3세기가 지난 후에 도스토예프스키는 "아름다움이 세계를 구원할 것이다"라고 말할 수 있었다. 다른 많은 이들도 위대한 예술이 지닌 계시적 성격과 아름다움의 '저-세상적' 특성에 대해 이야기하며, 그것들이 지금 우리에게 주어진 보다 높은 세계에 대한 표시이며 미래적 변모에 대한 예견이라고 주장하였다. 우리는 이 두 입장 사이에 지적으로 또한 영적으로 엄청난 균열이 존재하는 것을 보게 된다. 본인은 이 책에서 이러한 균열에 다리를 놓기 위해 성령의 교리에 기초하여 자연의 아름다움과 예술이 지니는 종교적 중요성을 고찰하고자 시도하였다. 이러한 연관관계는 신학자로서는 이레니우스에 의해 처음으로 주목되어졌고, 구약성서에서 이미 예견되기도 하였다. 이제까지의 본인의 주장들을 요약해 보면 다음과 같다. 1) 하나님의 아름다움은 '삼위일체적'으로 설명되어야만 하는데, 성부의 영광이 자신의 완전한 이미지인 성자 속에서 반영되고 성령을 통해서 확산되기 때문이다. 2) 성령은 하나님의 아름다움을 세계에 전달하는 사명을 가지는데, 그는 이것을 자연의 아름다움의 경우는 '창조'를 통해서 그리고 예술적 아름다움의 경우는 '영감'의 부여를 통해서 이룬다. 3) '지상적 아름다움'은 하나님의 영광의 반영이며, 성령이 창조를 완성하는 방식에 대한 표시이다. 4) 따라서 아름다움은 '종말론적 중요성'을 가지며, 온전한 하나님의 왕국으로서의 변모되고 회복된 우주를 예견한다.

이제 본인은 논의의 도중 우리가 직면하였던 몇몇 구체적인 난제들에 대해 좀 더 이야기하고, 여기서 무엇을 배울 것인지 성찰하는 것으로 글을 맺고자 한다.


## 성찰

본인은 분명 자연의 아름다움과 예술에 대한 관심이 중요한 것이라는 것을 전제하였다. 그것들은 단지 사치품은 아닐 것이다. 나아가 그것들은 '미학주의'라는 조롱의 말로써 간단히 잊힐 수 있는 것도 아니다(종교와 예술 둘 다가 우리들의 삶의 심층에서 움직이는 어떤 것과 관련된다는 것을 생각할 때, '신학적' 그리고 '미학적'이라는 수식어들이 조롱의 표현이 되어버린 것은 불행한 일이다). 신학적으로 볼때, 그러한 관심은 우리 자신들의 경험과 창조의 교리에 대한 수용에서 기인하는 것이다. 딕슨(John W. Dixon)은 예술가가 자신의 재료를 미워할 수는 없으며, 기독교 예술가는 물리적 재료가 창조와 또한 성육화를 통해 일어나는 재창조를 통해서 영화롭게 된다고 여긴다는 사실을 지적한다.[1] 만약 세계가 하나님에 의해 창조되었다면, 우리를 즐겁게 하는 그것의 특질은(혹은 가끔씩은 우리를 괴롭히는 특질도) 하나님에 의해 주어진 것이고 바로 그러한 목적을 위해서 주어진 것이다.[2] 하지만 이것이 곧 그러한 아름다움의 특질이 모든 사람에게 동시에 같은 방식으로 드러난다는 것을 의미하지는 않는다. 이와 유사하게, 우리의 창조적 능력과 감상력도 하나님의 선물일 것이다. 비록 그것들은 남용될 수도 있지만(인간의 다른 능력들과 마찬가지로 그것들은 은총의 부재로 인해 감염될 수 있기 때문이다), 또한 성령으로 채워지고 그 인도하심을 받을 수도 있다. 따라서 세계의 아름다움과 인간의 창조력은 진정 "은총"으로 묘사될 수 있다. 나아가, 만약 인간의 창조력은 하나님의 형상을 닮은 것이고 또한 하나님의 영광이 그의 창조물을 통해서 비추고 있다는 것을 인정한다

---

1 John W. Dixon, *Nature and Grace in Art* (Chapel Hill, 1964), 197.
2 Thomas Reid는 하나님이 수여한 아름다움이 단지 우리들의 공상이 아니라 자신의 완전성을 드러내는 그의 작품의 실질적인 탁월함이라고 주장하며, 또한 이러한 주장을 하나님이 수여한 우리의 능력들은 허위적인 것이 아니라는 주장에 연결시킨다. 그의 "Of Taste," ch. 4, in *Essays on the Intellectual Powers of Man* (Edinburgh, 1785), 특히 741을 참조하라.

면, 우리는 여기서 더 논의를 진행시킬 수 있을 것이다. 가치 있는 사물들의 생산을 통해 자신들의 창조력을 발휘하며 인간은 하나님의 창조성의 도구가 될 수 있다. 그리고 그들이 창조하는 아름다움은 자연의 아름다움과 마찬가지로 '성례전적 중요성'을 지니는 것이다. 이러한 활동을 통해서 물질적인 것이 영적인 것을 드러낼 수 있으며, 나아가 그것은 하나님의 현존과 활동에 대한 표시로 봉사할 수 있다.

여기서 우리는 이 책이 다룬 가장 어려운 주제들 중의 하나인 하나님의 아름다움과 그것이 세계에 반영되어지는 방식에 대한 논의에 도달하게 된다. 비록 이 문제에 대한 많은 기독교 사유가 플라톤과 특히 그의 계승자인 위-디오니시우스의 영향을 받은 것은 사실이지만, 우리가 하나님에게 아름다움을 돌리고 세계의 아름다움은 하나님의 영광을 반영한다고 생각하는 데에는 여러 성서적 근거들 또한 존재한다. 어떤 경우든 우리는 하나님이 자신의 영광을 감추도록 선택하셨다고 생각하기는 어려울 것이다. 하지만 많은 신학자들은 이 주제에 대해 논의하기를 거부함으로써 이러한 인상을 주고 있는 것도 사실이다. 만약 본인의 여기에 대한 논의가 의심스럽다고 한다면, 독자는 이 책의 3장과 6장을 단지 무시하여도 좋을 것이다. 왜냐하면 우리의 주제는 이 두 장에 기초해 보다 포괄적으로 논의될 수도, 아니면 그것들 없이 보다 제한적이고 희석된 형태들로 제기되어질 수도 있기 때문이다. 많은 개신교 신학자들은 하나님의 아름다움에 대한 사변적 성찰을 피하고자 하며, 자연의 아름다움이나 예술적 재능을 단지 하나님의 선물 특히 성령에 관계되는 것으로 주장하는데 만족하는 경향이 있다(여기서 조나단 에드워즈는 예외일 것이다). 하지만 본인은 이러한 입장을 받아들이지 않는데, 그것이 기독교 전통의 많은 부분에 충실하지 못하며 아름다움이나 다른 미학적 특질들이 지니고 있는 종교적 함의를 간과하고 있기 때문이다(본인이 칼빈의 결혼관이 부적절하다고 지적했던 것을 기억하라). 이와 유사하게 본인은 또한 성령이나 하나님의 영에 대한 '삼위일체적' 접근을 거부하고, 이것을 단지 하나님이 세계에 특히 인간의 마음에 찾아오시는 방식이라고 묘사하는 입장을 수용하지 않는다. 이러한 입장은 하나님에 대한 유니테리언(unitarian)적 접근을 선호하고 전통적인 삼위일체 교리를 거부하는 램프(Lampe)와 같은 몇몇 자유주의 신학자들에서 찾아진다. 또한 유대교 신학자들도 하나님의 아름다움이나 그것의 계시들을 아무 어려움 없이 받아들이고 예술적 재능을 성령에 특히 관련시키기도 하지만, 말씀과 영을 삼위일체 내에서의 위체들이라고 보는 기독교 교리는 거부한다. 이러한 자들은 이 책의 4장을 특히 받아들이기 힘들 것이다. 아마 이들은 아름다움과 성령을 관계시킬 때, 성령을 하나님의 능력과 임재의 어떤 양식들을 묘사하는 것이라고 이해하는 보다 제한된 입장에 만족할 것이다.

본인은 성령의 아름다움에 대한 관계를 성령의 거룩함에 대한 관계에 병행적으로 제시하였다. 초대 교부들 몇몇은 거룩함을 아름다움의 한 형태, 혹은 그것의 가장 중요한 형태로 간주하였다. 그리고 현대의 신학자들은 성령에 대한 논의를 아름다움보다는 거룩함과 성화의 활동에 보다 자주 연관시켰다(물론 우리는 이러한 경우 성자와 성령의 관계가 훨씬 수월하게 설명되어질 수 있다는 것을 인정해야 할 것이다. 우리가 성부의 가시적 이미지인 그리스도의 거룩함을 닮아가 도록 보이지 않는 성령이 우리를 갱신시키신다). 우리는 또한 7장에서 아름다움과 거룩함 둘 다 종종 종말론적 중요성을 가지는 것으로 여겨졌다는 사실을 살펴보았다. 이것들은 하나님의 형상을 닮는 방식들로 간주되어졌는데, 특히 성령의 사역에 관계되어졌다. 성령은 타락한 인류를 하나님의 형상으로 회복시키고, 또한 하나님의 영광을 반영하고 닮도록 사물들을 아름답게 장식하신다. 하지만 이 둘 사이에는 보다 일반적인 유사성 혹은 병행관계가 존재한다. 그것들은 모두 우리가 '인지'(perceive)하는 것과 관계되고, 하나님이 세계를 통해 비추시는 것을 나타낸다. 그래서 스타이너(George Steiner)는 다음과 같이 이야기한다. "그것이 유대교적-기독교적 의미에서 보다 구체적으로 종교적이든, 혹은 보다 일반적으로 플라톤적-신화론적 의미이든, 미학적인 것은 신현(epiphany)을 나타낸다. 그것은 '비추어 나옴'(shining through)이다."[3] 마찬가지로, 우리는 성자들의 거룩함이 사람들을 종교로 이끈다는 것을 목격한다. 이러한 현상은 성자들이 말하는 것들 때문에 일어나기보다는 그들의 '존재' 자체 때문에 그러하다. (아마 성자들도 신학의 원천들 혹은 자원들에 대한 카노의 목록에 해당되어야 할 것이다.) 따라서 그들에 대한 고려도 폰 발타자가 사용하는 보다 광의적인 의미에서의 신학적 미학에 포함되어야 할 것이다. 그는 하나님의 영광에 대한 모든 계시를 신학적 미학의 관심사로 여긴다.

---

3 George Steiner, *Real Presences* (London, 1989), 226 참조.

철학적으로 볼 때 이 책의 가장 중요한 난제들은 '아름다움은 감상자의 눈 속에만 존재한다'는 격언이나, 아름다움이 더 이상 미학의 중심 개념은 아니라는 주장에 놓여 있다. 사실 우리가 논의한 많은 생각들이 오늘날의 지적 분위기와는 상당히 다른 컨텍스트 속에서 유래하였다. 모든 세계적 아름다움은 하나님의 영광의 신현이라는 고대의 믿음에 대해 폰 발타자는 이렇게 쓰고 있다:

> 르네상스와 종교개혁은 이러한 성찰되지 않은 입장을 서로 반대되는 방향에서 파괴하여버렸다. 전자는 고대에 대한 열정으로 인해 기독교적 영광을 모든 것을 포괄하는 우주적 계시로 분해시켜 버렸고(이러한 과정은 계몽주의에 의해 완성된다), 후자는 성서적 영광의 독특성을 지나치게 강조함으로써 이에 비해 다른 모든 우주적 아름다움을 퇴색시키고 종속시켰다.[4]

이러한 지적 난제들은 특히 그림과 음악에 관련된 몇몇 현대적 예술운동에 의해 더욱 혼란스럽게 되었다. 하지만 이러한 어려움이 생각처럼 그리 심각하지는 않을지도 모른다. 아름다움은 사물들의 인지된 특질들에 대한 우리의 반응에 관련된다는 의미에서 사실 '주관적'이고, 우리는 이것을 다른 것들과 마찬가지 방식으로 취급할 수 있을 것이다. 하지만 이것이 필연적으로 그러한 특질들이 비

---

4 Hans Urs von Balthasar, *The Glory of the Lord: A Theological Aesthetics*, iv. *The Realm of Metaphysics in Antiquity*, trans. B. McNeil et al. (Einburgh, 1989), 323 참조. 물론 폰 발타자 자신도 이러한 변화들이 그가 이해하듯 미학의 빈곤화가 아닐 지도 모른다고 질문하며, 이 책의 나머지 부분을 이 질문에 대한 논의로 채우고 있다.

실제적이거나 우리의 인지가 잘못되었다는 것을 의미하지는 않는다.5 마찬가지로, 비록 아름다움이 고대나 중세의 미학 이론에서처럼 현대의 미학 이론에서도 '중심적인' 개념으로서 역할을 하는 것은 아닐 수도 있으며, 나아가 보다 일반적으로 말해서 비평은 오늘날 미학의 오직 한 부분으로 인정되지만, 아름다움은 아직도 한 중요한 개념이며 많은 이들의 관심을 모으고 있는 것도 사실이다. 현대 미학 이론은 아름다움을 그것과 다른 미학적 개념들 사이의 관계를 논리적으로 설명함으로써 그 개념을 이러한 관계 속에 위치시키고자 하며, 그것이 여러 개념들의 네트워크 속의 한 부분이라는 것을 보여주고자 한다. 하지만 이러한 발전은 오히려 유익한 것으로, 우리의 논의를 어떤 한 개념에만 한정시켜야 할 어떠한 이유도 없다. 아름다움 이외에 자연과 예술작품이 지닌 다른 측면들과 특질들도 성령론적 함의를 지닐 수 있을 것이다. 현대 미학 이론은 여기에 있어 우리에게 단지 미학적 평가만이 아니라 다른 다양한 가능성들을 제공한다. 예술에서 상징적 체계의 성격이 고려되어질 수도 있고, 언어와의 유비관계가 주목되어질 수도 있다. 혹은 우리는 예술가들에게 영향을 주는 사회적이고 경제적인 요인들을 논의하고자 원할지도 모른다. 종교인들은 이것이 지니는 맑스주의와의 연관 때문에 이러한 논의를 물질주의적인 것이라고 기피하는 경향이 있다. 하지만 본인이 영감의 논의에서 주장했던 것처럼 만일 하나님이 '이차적 원인'을 통해 사역하실 수 있다면, 이러한 요인들을 신

---

5 Guy Sircello, *A New Theory of Beauty* (Princeton, NJ, 1975), §33. 또한 취향에 영향을 끼치는 시간과 유행의 역할에 대한 고찰로는 Zemach, *Real Beauty* ch. 4를 참조하라.

학적 미학의 주제에서 제외시킬 정당한 이유는 없을 것이다. 결론적으로 현대의 미학 이론은 우리의 신학적 성찰에 있어 그것을 방해하기보다는 오히려 보다 긍정적인 공헌을 할 수 있는 것이다.

## 성령에의 개방성

본인이 이제까지 제안하였던 논의들은 우리에게 다소 이상하게 여겨질 수도 있는 문제를 제기하게 된다: 하나님의 창조 세계의 아름다움을 파괴하거나 또는 추한 것들을 만들어내는 자들은 성령에 거스르는 죄를 짓고 있는지도 모른다. 그러한 결론은 대부분의 사람들에게 환영받지 못하거나 이상하게 받아들여질 것이다. 왜냐하면 우리는 아름다움이 단지 사치이고, 그러한 것에 대한 관심은 종교와는 아무 관련이 없다고 생각하는 데 익숙하기 때문이다. 하지만 종종 이러한 선입견은 하인리히 뵐(Heinrich Böll)의 감동적인 중편 소설 『그리고 너는 어디에 있었느냐, 아담아』(*And where were you, Adam?*)와 같은 작품들에 의해 깨어지기도 한다. 여기서 강제수용소의 소장은 한 기독교 신자인 유대인 여성 일로나를 총살시킨다. 그 소장은 자신이 자랑스럽게 여기는 합창단을 위해 오디션을 하는 과정에서, 그녀가 부르는 한 라틴 성가의 아름다움을 참지 못하고 그것을 파괴하도록 명령한 것이다. 뵐은 이러한 소장의 행동을 성령에 거스르는 죄와 같은 어떤 것으로 묘사하고 있다.[6] 하지만

---

6 어떤 이가 진리에 저항할 수 있는 것처럼, 아름다움을 '미워하는' 것이 가능할까?

이러한 전제들 자체가 어쩌면 우리 시대에 있어서의 종교와 아름다움 사이의 비극적인 분리를 드러내는 표시인지도 모른다. 이러한 분리는 현대 예술이 가지는 이방적 성격보다 훨씬 심각한 것으로, 이것은 여러 방식들로 나타난다. 우리는 매춘에 대한 관용, 임시 변통적인 예배들 그리고 산업도시들의 속물성(이것은 종종 음울함으로 대체되기도 한다) 등을 예로 들 수 있다. 우리는 러스킨의 이러한 속물성에 대한 비판을 따르는 데 실패한다. 하지만 만약 이 책이 제안하는 것들이 정말 올바르다면, 우리가 아름다움을 창조하고 그 가치를 평가하는 데 실패하는 것은 성령의 부재를 드러내는 표시일 것이다. 이것은 영이 주어지지 않았기 때문이거나, 혹은 바울이 살전 5:19에서 말하는 것처럼 "성령을 소멸"한 때문일 지도 모른다. 만약 영이 주어지지 않았다면, 우리는 이것이 예술가에 있어 영감이 메마른 시기의 경우처럼 단지 하나님의 자유의 문제인지('하나님의 영 혹은 바람은 자신이 원하는 데로 분다'), 혹은 우리가 성령에 대한 개방성을 가지지 못하고 그의 조력을 위해 기도하고 기다리지 못했기 때문인지 질문해야 할 것이다.

이러한 모든 것은 다소 음울하고 저주하는 것처럼 들린다(물론 이런 면도 이야기되어져야 하겠지만). 보다 긍정적으로 우리의 논의에 돌아가도록 하자. 우리가 살펴보았듯 아퀴나스는 모든 진리가 성령으로부터 온다고 말했고, 칼빈은 그를 따라서 하나님의 영이 이방인들의 진리를 포함한 진리의 유일한 샘이라고 말한다. 이 책의 논의가 만약 올바르다면, 성령은 또한 모든 실제적인 아름다움과 미학적 장점들의 원천이고 샘일 것이다. 왜냐하면 성령은 창조 속에서 일하시기 때문이고, 자신이 원하는 자에게 그러한 수용자의 도덕적 장점이나 종교적 정통성을 고려함이 없이 영감을 불어넣어 주시는 자유를 가지시기 때문이다. 따라서 우리의 논의는 또한 보다 관용적이고 포괄적인 특성도 가지는 것이다.

하지만 이러한 보다 긍정적인 고려조차도 책을 마치는 데 있어 너무 도덕주의적이고 엄숙하게 들릴 수도 있을 것이다. 잠언의 책은 지혜가 창조자 하나님 앞에서 기뻐하고 그의 임재 앞에서 즐거워하며, 사람의 땅에서 즐거워하고 사람의 자녀들을 기뻐하였다고 쓰고 있다(8:30 이하). 또한 욥기는 창조의 때에 새벽 별들이 기쁘게 노래한 것으로 묘사한다(38:7). 본인이 이 책의 처음에서 인용한 바르트의 모차르트에 대한 찬사도 이러한 기쁨을 담고 있다. "천사들이 하나님을 찬양하는 사역을 할 때에, 그들은 오직 바하만을 연주할 것이다. 하지만 그들이 가족처럼 모였을 때에는 분명 그들은 모차르트를 연주할 것이고, 우리 주님도 그것을 특히 즐겁게 들으실 것이라고 본인은 확신한다."7 아마 이 인용이 글을 맺는데 훨씬 나을 것 같다. 중요한 것은 우리가 보고(혹은 듣고), 기뻐하고, 또한 감사를 돌리는 것이다.

---

7 Karl Barth, *Wolfgang Amadeus Mozart*, trans. Clarence K. Pott (Grand Rapids, 1986), 23.

# 제 9 장
# 개정판 후기

이 책이 처음 출판된 지 어느덧 십 년의 세월이 흘렀다. 그동안 신학적 미학에 대한 관심은 지속적으로 증가하여, 어쩌면 가까운 미래에 "과학과 종교"라는 주제에 버금갈 만한 중요한 신학적 주제가 될 수도 있을 것이다. 이러한 관심은 단지 여기에 대한 저작들이 많이 출판되는 데서만 발견되는 것이 아니라, 2000년 런던 National Gallery에서의 "구원을 바라보며"(Seeing Salvation)라는 전시가 예상외로 성공리에 마친 것에서도 잘 드러난다. 최근의 저작들로는 보다 대중적인 리차드 헤리스(Richard Harries)의 『예술과 하나님의 아름다움』(*Art and the Beauty of God*) 그리고 보다 학술적인 리차드 빌라데서(Richard Vi-ladesau)의 『신학적 미학: 상상력, 아름다움 그리고 예술 속의 하나님』(*Theological Aesthetics: God in Imagination, Beauty, and Art*)을 들 수 있을 것이다(빌라데서의 책은 많은 다른 저작들과 마찬가지로 폰 발타자의 『주님의 영광』에 부분적으로 영감을 받은 것으로, 그는 발타자를 칼 라너와 버나드 로너간의 초월론적 토마스주의와 대화시키고자 시도한다).

성령의 신학에 대한 관심도 전문적 신학자들 사이에서 뿐만 아니라 또한 보다 대중적인 카리스마 운동과 알파(Alpha) 과정에서도 계속적으로 지속되었다. 그럼에도 불구하고, 신학적 미학과 성령이라는 두 주제가 십년 전과 마찬가지로 지금도 함께 성찰되는 경우는 매우 드문 것 같다. 아마 본인이 1장에서 제기한 이유들 때문인 것 같다. 이러한 계속적인 관심의 부족 때문에 이 책이 아직도 필요하다고 본인은 생각한다.

하지만 지난 몇 년간 삼위일체 신학에 대한 급증하는 관심은 우리의 주제를 보다 용이하게 접근하도록 만들었다. 본인은 4장에서 1970년대와 1980년대 삼위일체에 대한 새로운 관심이 생겨난 것을 언급하였으나, 이후 1990년대에도 많은 중요한 저작들이 출판되었다.[1] 그러나 이러한 저작들에서도 신학적 미학은 여전히 취급되지 않고 있다.

물론 아름다움 혹은 미학과 성령의 관계에 대해 질문하는 것은 유니테리언 입장에서도 가능할 것이다. 이 입장은 램프(Geoffrey Lampe)와 다른 이들의 경우에서처럼, "성령" 혹은 "하나님의 영"을 삼위일체 속에서의 한 독립된 인격 혹은 위체로 보는 것이 아니라 하나님이 인류에게 인격적인 관계를 가지는 방식으로 이해한다. 결론에서 본인은 삼위일체를 수용하지 않는 이들도 성령에 대한 보다 제한적

---

1 예를 들어 David Coffey, *Deus Trinitas: The Doctrine of the Triune God* (New York, 1999); Colin E. Gunton, *The Promise of Trinitarian Theology* (Edinburgh, 1991); Catherin Mowry LaCugna, *God for Us: The Trinity and Christian Life* (San Francisco, 1993); Jürgen Moltmann, *History and the Triune God* (London, 1991).

인 신학적 미학을 가질 수 있으며, 여기에는 유대교와 이슬람도 포함될 수 있을 것이라고 제안하였다.

하지만 우리는 폰 발타자, 조나단 에드워즈, 폴 에브도키모트 등과 같이 이 문제를 다룬 주요한 신학자들이 삼위일체론자였다는 사실을 간과해서는 안 될 것이다. 따라서 삼위일체론적 하나님에 대한 성찰 없이 이 문제에 대한 역사적 고찰은 거의 불가능하다. 더군다나, 본인이 조금 전에 언급했던 것처럼, 오늘날 신학자들 사이의 삼위일체에 대한 새로운 관심의 고조를 고려할 때 이러한 접근법은 특히 적절해 보인다.

4장에서 우리는 삼위일체에 대한 서방교회와 동방교회의 차이, 특히 성령의 발생에 대한 다른 견해를 다루었다. 이것은 동서방의 모든 에큐메니칼적인 대화에 있어 중심적인 문제이다. 하지만 아쉽게도 정교회와 서방교회(특히 로마 가톨릭 교회) 사이의 대화는 현재 침체상태에 놓여있는 것 같다. 제 2차 바티칸 공의회(1962~65)에서 보였던 가톨릭, 개신교, 성공회 사이의 우정의 정신이 이제 더 이상 정교회와 가톨릭의 접촉에서 발견되지는 않는다. 이러한 상황은 과거에서처럼 어느 정도는 정치적 상황에서 기인한 것이다. 예를 들어 1991년 이후의 소련의 붕괴는 정교회로 하여금 러시아와 주변 국가들에서 주도적인 역할을 하고자 하는 기대를 가지게 하였고, 서방의 라이벌 교회를 의심하고 견제하게 만들었다. 하지만 다행히도 이러한 정치적 상황이 몇몇 신학자들로 하여금 중재의 신학을 계속적으로 이어나가는 것을 막지는 못했다. 삼위일체에 대한 서방교회와 동방교회의 교리가 배타적인 선택의 문제로 여겨질 필요는 없는 것이다. 비셔(Lukas Vischer)의 『하나님의 영, 그리스도의 영』
(*Spirit of God, Spirit of Christ*)과 같은 작품들이 계속 출판되어졌
다.2 비록 제도적 차원에서 동서방 교회의 화해가 아직 이루어지지
는 않는다 해도, 서로의 입장에 대한 신학적, 역사적 이해가 보다
증가된 것 같다.

브라운(Frank Burch Brown)은 본인의 책에 대한 자신의 서평에서
미학의 중요성에 주목하는 신학 혹은 성령론이 어떻게 하나님의 존
재를 새롭게 상상할 수 있으며, 어떻게 목회와 예술을 재고할 수 있
으며, 또한 어떻게 환경윤리 혹은 해방윤리 같은 문제들을 다시 생
각할 수 있는지 질문하였다.3 그가 제기하는 다섯 문제를 모두 여기
서 다루기는 힘들 것이다. 하지만 다행히도 몇몇 질문들은 최근 다
른 신학자들에 의해 논의되었다. 예를 들어, 드 그러치(John de
Gruchy)는 인종차별정책 이후의 남아프리카 공화국의 상황에서 정
의의 문제에 주목하는 신학적 윤리를 제시하고 있다.4 그리고 그와
브라운 자신을 포함한 많은 이들이 교회 내에서의 예술의 역할에
대해 논의하였다.5 여러 윤리학자들과 신학자들이 환경문제에 대

---

2 예를 들어 Stephen T. Davis, Daniel Kendall, and Gerald O'Collins (eds.), *The Trinity: The Inter-disciplinary Symposium* (Oxford, 1999), 특히 여기서 Michel Barnes, Sarah Coakley 그리고 Joseph Lienhard의 글을 보라; Nonna Verna Harrison, "An Orthodox Approach to the Mystery of the Trinity: Questions for the Twenty-first Century," *Concilium* 2001/1, 58-65; 그리고 Christoph Schwöbel (ed.), *Trinitarian Theology Today: Essays on Divine Being and Act* (Edinburgh, 1995) 참조.

3 *The Journal of Religion* lxxiii (1993), 462-3의 서평을 보라.

4 John W. de Gruchy, *Christianity, Art and Transformation: Theological Aesthetics in the Struggle for Justice* (Cambridge, 2001).

5 De Gruchy, op. cit.; Frank Burch Brown, *Good Taste, Bad Taste and Christian Taste: Aesthetics in Religious Life* (New York: 2000); 그리고 Jeremy S. Begbie, *Voicing*

해서도 다루었다. 물론 이들 중 환경문제와 관련하여 신학적 미학을 성찰한 이는 거의 없지만,6 이들 대부분은 창조론의 중요성에 대해 주목하였고 또한 그리스도의 성육신과 구속에서 드러나듯이 세계에 대한 긍정의 중요성을 강조하였다.7

하나님의 존재를 새롭게 상상하는 것에 대해서는 이 책에서 하나님의 아름다움에 대한 본인의 진술, 또 이것이 삼위일체 인격들 간의 관계와 사역에 어떻게 연관되는지에 대한 본인의 진술을 다시 반복하는 것 이외에 본인이 무엇을 더 할 수 있을지 잘 모르겠다. 하지만 그러한 새롭게 구성된 하나님의 교리가 실제적 종교생활에, 특히 예배에 어떤 영향을 끼치는지 보다 자세히 논의하였을 수는 있을 것이다. 폰 발타자는 자신의 『주님의 영광』 첫째 권에서 아름다움을 무시하고 미학을 제거하는 것이 어떻게 단지 신학뿐만 아니라 기독교인의 삶 전체를 빈곤하게 만드는 값비싼 대가를 치르게 되는지 잘 분석하고 있다. 신앙의 행동에서 명상을 제거하고 단지 "듣는 것"8에 대한 배타적인 강조를 경계하며, 발타자는 이렇게 묻는다. "만약 기독교가 오늘날의 유머도 없고 심각하기만 한 개신교처럼 음울하기만 하였다면, 혹은 과대하게 조직화되고 과대하게 스

---

Creation's Praise: Towards a Theology of Arts (Edinburgh, 1991).

6 한편으로 생태학적 미학과 다른 한편으로 자연의 아름다움에 대한 초대 교부와 중세 신학자의 진술들에 연관시키고자 한 예외적 시도에 대해서는 Jame Schaefer, "Appreciating the Beauty of Earth," *Theological Studies* lxii (2001), 23-52를 보라.

7 Cf. Jeremy S. Begbie, "Christ and the Cultures: Christianity and the Arts," in Colin E. Gunton (ed.), *The Cambridge Companion to Christian Doctrine* (Cambridge, 1997), 101-18, 특히 107 참조.

8 Hans Urs von Balthasar, *The Glory of the Lord*, i. 45-57, 70-9.

콜라주의적인 우리의 가톨릭처럼 까다롭기만 하였다면, 어떻게 그러한 기독교가 보편적인 영향력이 될 수 있었겠는가?"9 이와 유사하게, 칼 바르트도 『교회교의학』에서 아름다움에 대한 자신의 유보적 입장에도 불구하고, 만약 삼위일체에서 하나님의 아름다움을 무시한다면 "우리는 광채도 즐거움도(그리고 유머도) 없는 하나님을 가지게 될 것이다"라고 말한다.10

이러한 진술들을 고려할 때, 하나님의 속성으로서 능력, 지혜 혹은 지식 그리고 선함에 배타적인 관심을 갖는 오늘날의 경향을 우리는 어떻게 보아야 할 것인가?11 물론 역사적으로 볼 때, 이러한 세 속성이 중심을 이룬 것이 사실이다. 그리고 이러한 셋 중 어느 하나를 강조하게 되면, 거기에 따라 우리의 하나님 관념도 분명 어떤 방향으로 굴절될 것이다. 최근(사랑을 포함하는 개념으로서의) 하나님의 선하심이 대부분 사람들에 있어 가장 중요한 속성으로 여겨졌고, 이것이 종교의 윤리적 측면에 집중하도록 도왔다. 과거의 세대들은 하나님의 능력에 대해 보다 강조하였고, 따라서 왕권이나 이와 유사한 권력관계에서 사용되어지는 용어들을 채용하였다. 하지만 만약 우리가 이러한 세 가지 속성들에 아름다움을 추가한다면, 혹은 가장 중요한 위치를 아름다움에 부여한다면 어떤 일이 일어날까?

그것은 사제들과 목회자들로 하여금 하나님의 아름다움에 대해

---

9 Ibid., 494.

10 Karl Barth, *Church Dogmatics* ii.1.661.

11 예를 들어 Keith Ward, *Rational Theology and the Creativity of God* (Oxford, 1982), 6장 참조.

설교하도록 만들 것이다! 하지만 본인의 견해로는, 보다 근본적인 대답은 "경배의 즐거움"이라는 말에서 드러나는 것 같다. 본인은 3장에서 하나님의 아름다움과 광채 등등을 언급하는 구약의 대부분 본문들이 시편에서 발견되며, 그들 대부분은 하나님에 대한 경배의 노래 혹은 사랑의 시라는 것을 언급하였다. 그러한 표현은 하나님의 현존에 대한 강력한 경험 혹은 하나님에 대한 열망에서 유래하는 것이다. 여기에 사용된 언어는 즐거운 경배, 경외와 예찬의 언어였다. 또한 하나님의 신성함도 하나님의 영광, 아름다움, 장엄함 그리고 거기에 대한 우리의 반응과 밀접하게 연관이 되어졌다. 이러한 우리의 반응이 침묵하도록 강요되고 하나님의 장대함과 사랑스러움이 느껴지지 못한다고 한다면, 몰트만이 지적하듯 기독교인의 존재는 사법적이고 도덕적인 범주들에 예속될 것이다. 여기서 가다머의 지적도 또한 경청되어져야 한다. 오늘날 미학적 즐거움은 대체적으로 일상생활의 피곤함으로부터의 순간적 탈출로서 여겨지지만, 미학적 실천이 유희, 상징 그리고 축제와 같은 보다 근본적인 경험들과 관계되어야 한다는 것이다.

몰트만과 가다머 둘 다는 삶에 대한 경이로움, 경외, 환희, 축하와 같은 어떤 근본적인 우리의 반응이 지니는 중요성을 지적하고 있다고 본인은 생각한다. 근본적인 인간의 반응에 대한 이러한 강조는 다른 철학의 분야에서도, 특히 종교에 대한 비트겐슈타인의 후기 저작들과 여기에 영향받은 필립스(D. Z. Phillips)의 저작 등에서도 볼 수 있다. 필립스는 우리가 제의를 이해하려면, 그것들이 무엇을 표현하고 있는지 그리고 그 배후의 인간의 반응, 예를 들어 어떤 사물을 장엄하거나 끔찍하거나 불길한 것으로 여기는 우리의 자연적 경향성을 이해해야 한다고 주장한다. 그리고 종교를 이해하는데 있어서도, 또 다른 하루를 하나님의 선물로 보는 것과 같은 반응을 이해해야 한다는 것이다. 이것은 과학적 설명과 반드시 상치되는 것은 아닐 것이라고 필립스는 본다. 우리의 논의와 관련하여, 일출의 아름다움은 그것을 하나님의 경이로운 선물로 여기는 것과 상치되지는 않을 것이라고 우리는 첨언할 수 있을 것이다. 오히려 그러한 아름다움에 대한 인식은 우리의 경외감과 감사의 마음을 확장시킬 것이다.[12]

만약 본인의 이러한 제안이 옳다고 한다면, 예배와 미학적 환희는 보통 여겨지는 것보다 더 밀접하게 관계된 것이라고 생각된다. 분명 예배는 본인이 앞에서 언급한 경외감, 경이, 즐거움, 감사와 같은 반응들과 관련되어야 한다. 만약 이러한 반응들이 교회와 사회 일반에 부재한다고 한다면, 왜 그런지 그리고 우리가 무엇을 할 수 있는지 질문해야만 한다. 우리들 대부분은 삶에 대한 짜증나는 "월요일 아침"의 태도를 지니고 있다. 일요일에조차도 그러하다! 이러한 태도는 원래 우리에게 있던 것인가, 아니면 습득되고 배워진 것인가? 아마 삶에서의 많은 피곤과 과로의 결과일지도 모르겠다. 하지만 본인이 앞 장들에서 언급한 보다 깊은 원인들도 존재할 것이다: 클라우델(Claudel)이 "굶주린 상상력의 비극"이라고 부른

---

12 D. Z. Phillips, *Recovering Religious Concepts: Closing Epistemic Divides* (Basingstoke and London, 2000), 203-7; idem, *Religion and the Hermeneutics of Contemplation* (Cambridge, 2001), ch. i, §4; ch. vi.

것, 예술이 단지 문화적 엘리트 몇몇의 관심사가 되는 경향, 대부분의 현대 종교의 도덕주의적 경향 그리고 "비전"이라 불릴 수 있는 것의 결과적인 부재(잠언 29:18의 '비전이 없을 때, 백성이 멸망한다'는 말씀이 떠오른다).

만약 아름다움에 대한 경이로움, 경외감 그리고 환희의 반응이 예배 속으로 합쳐질 수 있다면, 그래서 일종의 비전이 의사소통되어질 수 있다면, 이것은 교회적 삶에 근본적인 변화를 가져올 것이다. 이것은 조나단 에드워즈나 다른 이들이 이미 말했던 것을 단지 현대적 언어로 표현한 것이다.

하지만 악, 고통 그리고 십자가는 어떻게 되는가? 종교 사상가들은 종종 인간의 악에 어떤 이유를 부여하고자 신정론을 제시하였다. 하지만 종교는 고통을 설명하고자 시도할 때보다는, 의학적 보살핌과 같은 실제적인 도움을 제공함으로써 사람들로 하여금 고통을 극복하도록 돕고 또한 악이 극복될 수 있는 방법을 보여줄 때 더 설득력을 가지는 것 같다. 예술과 문학, 특히 후자가 여기서 중요한 역할을 할 수도 있을 것이다. 본인이 2장에서 언급하였듯, 자신의 책 『예술 속에서의 자연과 은총』에서 딕슨(John W. Dixon)은 기독교 예술의 여러 유형들을 기독교 드라마의 주요한 사건들에 따라 구분하고 있다. 그것들 가운데 그는 "구원의 예술"이라는 것도 언급하는데, 여기서는 예술가는 구원적인 예술 그 자체 그리고 구원의 결과로 변화된 세계에 사로잡히게 된다.[13]

그러한 예술이 다른 종류의 아름다움을 드러낼 수도 그렇지 않

---

13 John W. Dixon, *Nature and Grace in Art* (Chapel Hill, NC, 1964), 72.

을 수도 있을 것이다. 우리가 살펴보았듯, 십자가의 역설적 아름다움이라는 것이 존재한다. 또한 보다 일반적으로, 죄와 고통으로부터 태어나는 도덕적 아름다움도 있다. 후자는 소설이나 전기같이 오랜 기간 변화되어가는 삶을 묘사하는 문학작품에 가장 적절하게 표현되어질 수 있다고 생각한다.[14] 우리는 도스토예프스키의『죄와 벌』에서 라스콜니코프를 구원하는 소냐의 도덕적 아름다움을 예로 들 수 있을 것이다. 또한 그의 다른 소설『카라마조프의 형제들』에 나오는 알료사와 조시마 신부도 마찬가지다.

따라서 "구원의 예술"(the arts of redemption)을 "아름다움의 예술"(the arts of beauty)과 단순 대조하는 것은 너무 손쉬운 해결책이다. 우리가 보았듯, 아름다움에도 여러 유형이 존재하는 것이다. 하지만 교회와 관련하여 분명한 것은 아름다운 예술이 축제의 역할과 같은 중요성을 지니더라도, 구원의 예술이 종교적 이해를 양육하는 데 즉 구체적으로 말해 사람들로 하여금 악으로부터 어떤 해방의 가능성을 보게 만드는 데 보다 중요한 가치를 지닌다는 사실이다 (물론 여기서 예술적 혹은 문학적 가치라는 문제는 또 다른 문제이다).

본인은 구원의 예술에 대해 나중에 보다 자세히 다루고자 희망한다.[15] 이것은 본인이 이미 논의한 삼위일체의 "외적 사역"에 있어 성령의 영감과 동참의 역할이라는 것을 제외하고는, 어떤 구체적인 성령의 사역과 관련되는 것은 아니다. 하지만 그것은 종교적 이해

---

14 본인의 "Novels of Redemption," *Literature and Theology* xiv (2000), 249-60을 보라.
15 *Images of Redemption*이라는 저작을 계획 중이다. 또한 앞에서 언급한 본인의 "Novels of Redemption"과 "Redeeming the Past," *Religious Studies* xxxiv (1998), 165-75를 참조하라.

와 종교적 반응을 양육할 목적으로 이 책에서 본인이 언급하였던 예술의 종류들을 보충하는 것이다. 어떻게 그러한 것이 가능하고 또한 성서와 신학에 어떤 관계를 가지는가 하는 질문은 어려운 것으로, 다음으로 미루도록 하자.

# 참고문헌

## 성령과 미학의 관계에 대한 저작들

Ashton, Peter D., "The Holy Spirit and the Gifts of Art," *Theological Renewal*, 21 (July 1982), 12-23.

Balthasar, Hans Urs von, *The Glory of the Lord: A Theological Aesthetics*, trans. John Riches et al. (7 vols.; Edinburgh, 1982-1989), 특히 1권인 *Seeing the Form*, trans. Erasmo Leiva-Merikakis (Edinburgh, 1982).

Bulgakov, Sergius, *Le Paraclet* (Paris, 1946).

_____. "Religion and Art," in E. L. Mascall (ed.), *The Church of God: An Anglo-Russian Symposium* (London, 1934).

Delattre, Roland A., *Beauty and Sensibility in the Thought of Jonathan Edwards* (New Haven, 1968).

Edwards, Jonathan, *Essay on the Trinity*, ed. George P. Fisher (New York, 1903).

_____. *The Mind*, in *The Works of Jonathan Edwards*, vi. *Scientific and Philosophical Writings*, ed. Wallace E. Anderson (New Haven, 1980).

_____. *Miscellanies*, in *The Philosophy of Jonathan Edwards, from His Private Notebooks*, ed. Harvey G. Townsend (Westport, Conn., 1972) and in *The Works of Jonathan Edwards*, xiii, ed. T. A. Shafer (New Haven, 1994).

Evdokimov, Paul, *L'Art de l'icône: Théologie de la beauté* (Paris, 1970).

Faricy, Robert, "Art as a Charism in the Church," *Thought*, 57 (1982), 94-9.

Kuyper, Abraham, *Lectures on Calvinism* (Grand Rapids, 1953).

_____. *The Work of the Holy Spirit*, trans. H. de Vries (Grand Rapids, 1975).

Shaffer, Peter, *Amadeus* (London, 1980).

Weil, Louis, "The Arts: Language of the Spirit," in Gerard Austin et al., *Called to Prayer: Liturgical Spirituality Today* (Collegeville, Minn., 1986).

## 성령에 대한 저작들

Alès, Adhémar D', "La doctrine de l'Esprit en Saint Irénée," *Recherches de science religieuse*, 14 (1924) 497-538.

Balthasar, Hans Urs von, *Explorations in Theology, iii, Creator Spiritus*, trans. B. McNeil (San Francisco, 1993).

Berkhof, Hendrikus, *The Doctrine of the Holy Spirit* (London, 1965).

Bouyer, Louis, *Le Consolateur: Esprit-Saint et vie de Grâce* (Paris, 1980).

Bulgakov, Sergius, "Pentecost and the Descent of the Spirit," in J. Pain and N. Zernov (eds.), *A Bulgakov Anthology* (London, 1976).

Coffey, David M., *Grace: The Gift of the Holy Spirit* (Sydney, 1979).

_____. "A Proper Mission of the Holy Spirit," *Theological Studies*, 47 (1986), 227-50.

Coleridge, Samuel Taylor, *Confessions of an Enquiring Spirit*, ed. H. St J. Hart (London, 1956).

Comblin, José, *The Holy Spirit and Liberation* (New York, 1989).

Congar, Yves, *I Believe in the Holy Spirit,* trans. David Smith (3 vols.; London, 1983).

_____. *Word and Spirit,* trans. David Smith (London, 1986).

Evdokimov, Paul, *L'Esprit Saint dans la tradition Orthodoxe* (Paris, 1969).

Fedotov, G., "De L'Esprit Saint dans la nature et dans la culture," *Contacts*, 28 (1976), 212-28.

Florensky, Pavel, "On the Holy Spirit," in Alexander Schmemann (ed.) *Ultimate Questions: An Anthology of Modern Russian Religious Thought* (New York, 1965).

Hendry, George S., *The Holy Spirit in Christian Theology* (London, 1957).

Isaacs, Marie, *The Concept of Spirit: A Study of Pneuma in Hellenistic Judaism and its Bearing on the New Testament* (London, 1976).

Lampe, Geoffrey, *God as Spirit* (Oxford, 1977).

MacDonald, George, *A Dish of Orts* (London, 1908).

McDonnell, Kilian, "The Determinative Doctrine of the Holy Spirit," *Theology Today*, 39 (1982), 142-61.

_____. "A Trinitarian Theology of the Holy Spirit," *Theological Studies*, 46 (1985), 191-227.

Marmion, Columba, *Fire of Love* (London, 1964).

McIntyre, John, *The Shape of Pnematology* (Edinburgh, 1997).

Meyendorff, John, *Byzantine Theology* (New York, 1984).

Moltmann, Jürgen, *God in Creation: An Ecological Doctrine of Creation* (London, 1985).

Mühlen, Heribert, *Der Heilige Geist als Person in der Trinität, bei der Inkarnation und im Gnadenbund: Ich-du-wir* (Münster, 1969).

Pannenberg, Wolfhart, "The Doctrine of the Saint and the Task of a Theology of Nature," *Theology*, 75 (1972), 8-21.

Raven, Charles E., *The Creator Spirit* (London, 1927).

Smail, Tom, *The Giving Gift* (2nd edn, London, 1994).

Streeter, Burnett H. (ed.), *The Spirit* (London, 1928).

Taylor, John V., *The Go-Between God* (London, 1972).

Torrance, Thomas F., *Theology in Reconstruction* (London, 1965).

## 일반적인 저작들

Abrahams, Israel, *The Glory of God* (Oxford, 1925; reprinted in his *Foundations of Jewish Life: Three Studies*, New York, 1973).

Apostolos-Cappadona, D., (ed.), *Art, Creativity and the Sacred* (New York, 1984).

Balthasar, Hans Urs von, "Revelation and the Beautiful," in *Word and Revelation,* trans. A. V. Littledale (New York, 1964).

Barth, Karl, *Wolfgang Amadeus Mozart,* trans. Clarence K. Pott (Grand Rapids, 1986).

Begbie, Jeremy, *Voicing Creation's Praise: Towards a Theology of the Arts* (Edinburgh, 1991).

Berdyaev, Nicholas, *The Meaning of the Creative Act* (London, 1955).

Brown, Frank Burch, *Religious Aesthetics: A Theological Studies of Making and Meaning* (Princeton, 1989).

_____. *Good Taste, Bad Taste and Christian Taste: Aesthetics in Religious Life* (New York, 2000).

Bruyne, Edgar De, *Études d'esthétique médiévale*, ii, iii, (Bruges, 1946).

Davies, Oliver, *Living Beauty: Ways of Mystical Prayer* (London, 1990).

Dillenberger, John, *A Theology of Artistic Sensibilities: The Visual Arts and the Church* (New York, 1986).

Dixon, John W., *Nature and Grace in Art* (Chapel Hill, NC, 1964).

Drury, John, "God, Ugliness and Beauty," *Theology*, 76 (1973), 531-5.

Eco, Umberto, *The Aesthetics of Thomas Aquinas*, trans. H. Bredin (London, 1988).

_____. *Art and Beauty in the Middle Ages*, trans. H. Bredin (New Haven, Conn., 1986).

Farrer, Austin, *The Glass of Vision* (Westminster, 1948).

Fraser, Hilary, *Beauty and Belief: Aesthetics and Religion in Victorian Literature* (Cambridge, 1986).

Gilson, Étienne, *The Arts of the Beautiful* (New York, 1965).

_____. *L'École des Muses* (Paris, 1951).

Gruchy, John W. de, *Christianity, Art and Transformation: Theological Aesthetics in the Struggle for Justice* (Cambridge, 2001).

Gutmann, Joseph, *Beauty in Holiness: Studies in Jewish Customs and Ceremonial Art* (New York, 1970).

Harries, Richard, *Art and the Beauty of God: A Christian Understanding* (London, 1993).

Hazelton, Roger, *Ascending Flame, Descending Dove: An Essay on Creative Transcendence* (Philadelphia, 1975).

Hegel, Georg Wilhelm Friedrich, *Aesthetics: Lectures on Fine Art*, trans. T. M.

Knox (Oxford, 1975).

Hepburn, Ronald, *"Wonder" and Other Essays* (Edinburgh, 1984).

Jones, David, "Art and Sacrament," in Nathan A. Scott (ed.), *The New Orpheus: Essays toward a Christian Poetic* (New York, 1964).

Krug, Heinrich, *De Pulchritudine Divina* (Freiburg im Breisgau, 1902).

Leeuw, Gerardus van der, *Sacred and Profane Beauty*, trans. D. E. Green (London, 1963).

McIntyre, John, Faith, *Theology and Imagination* (Edinburgh, 1987).

Maritain, Jacques, *Art and Scholasticism*, trans. J. W. Evans (New York, 1962).

Martin, James A., *Beauty and Holiness: The Dialogue between Aesthetics and Religion* (Princeton, 1990).

Maurer, Armand, *About Beauty* (Houston, 1983).

Moltmann, Jürgen, *Theology of Play*, trans. R. Ulrich (New York, 1972).

Mothersill, Mary, *Beauty Restored* (Oxford, 1984).

Nichols, Aidan, *The Art of God Incarnate: Theology and Image in Christian Tradition* (London, 1980).

Osborne, Harold, "Revelatory Theories of Art," *British Journal of Aesthetics*, 4 (1964), 332-47.

Ouspensky, Leonid, *Theology of the Icon* (Crestwood NY, 1978).

Pelikan, Jaroslav, *Fools for Christ: Essays on the True, the Good and the Beautiful* (Philadelphia, 1955).

Reines, Chaim, "Beauty in the Bible and the Talmud," *Judaism,* 24 (1975), 100-7.

Sayers, Dorothy, *Christian Letters to a Post-Christian World,* ed. R. Jellema (Grand Rapids, 1969).

_____. *The Mind of the Maker* (London, 1941).

Seerveld, Calvin, *Rainbows for the Fallen World* (Toronto, 1980).

Sircello Guy, *A New Theory of Beauty* (Princeton, 1975).

Spargo, Emma J. M., *The Category of the Aesthetic in the Philosophy of St Bonaventure* (New York, 1953).

Steiner, George, *Real Presences* (London, 1989).

Tatarkiewicz, Wladyslaw, *History of Aesthetics*, ii, iii (The Hague, 1970, 1974).

Viladesau, Richard, *Theological Aesthetics: God in Imagination, Beauty, and Art* (New York, 1999).

Weil, Simone, *First and Last Notebooks,* trans. R. Rees (Oxford, 1970).

_____. *On Science, Necessity and the Love of God*, trans. R. Rees (Oxford, 1968).

_____. *Waiting on God*, trans. Emma Craufurd (Fontana edn., London, 1959).

Westermann, Claus, "Beauty in the Hebrew Bible," in Athalya Brenner and Carole Fontaine (eds), *A Feminist Companion to Reading the Bible: Approaches, Methods and Strategies* (Sheffield, 1997).

Wilson, John, *One of the Richest Gifts: An Introductory Study of the Arts from a Christian World-view* (Edinburgh, 1981).

Wolterstorff, Nicholas, *Art in Action: Toward a Christian Aesthetic* (Grand Rapids, 1980).

Zemach, Eddy, *Real Beauty* (University Park, PA, 1997).

# 찾아보기

성령과 아름다움

2019년 10월 21일 초판 1쇄 인쇄
2019년 10월 25일 초판 1쇄 발행

지은이 | 패트릭 셰리
옮긴이 | 손호현
펴낸이 | 김영호
펴낸곳 | 도서출판 동연
등   록 | 제1-1383호(1992. 6. 12)
주   소 | 서울시 마포구 월드컵로 163-3
전   화 | (02)335-2630
전   송 | (02)335-2640
이메일 | yh4321@gmail.com
블로그 | https://blog.naver.com/dong-yeon-press

ISBN 978-89-6447-534-8  93200

이 도서의 국립중앙도서관 출판예정도서목록(CIP)은 서지정보유통지원시스템 홈페이
지(http://seoji.nl.go.kr)와 국가자료종합목록 구축시스템(http://kolis-net.nl.go.kr)
에서 이용하실 수 있습니다. (CIP제어번호 : CIP2019041797)